# 香港 失政の軌跡

## 市場原理妄信が招いた社会の歪み

Leo F. Goodstadt
レオ・F・グッドスタット［著］

SONE Yasuo
曽根康雄［監訳・訳］

東京 白桃書房 神田

Some paragraphs were translated from Traditional Chinese version “失治之城—掙扎求存的香港”
under generous permission by Enrich Publishing (天窗出版社) in Hong Kong.

# はじめに

私は2013年に『豊かさの中の貧困――香港はいかにして繁栄の管理を誤ったのか』*Poverty in the Midst of Affluence: How Hong Kong Mismanaged its Prosperity*【未邦訳】という、陰鬱な本を著した。もっとも、そのときは別の危機が香港を襲いつつあり、全く手に負えなくなることには気付いていなかった。香港の住宅の劣化が急速に進んでおり、民間住宅に住む数百万の世帯の生活を脅かしかねない大惨事が起きる可能性があったというのに。香港の住宅の劣化は、十分な保守と専門家による管理がなされていなかったことから始まった。銀行や株式市場、医療サービスなどの地域社会の福利に不可欠なサービスは、市民を守るため、取り締まりが行われているが、それらと同様に、何百、何千もの住戸を持つ高層の集合住宅にも規制が必要である。しかし、健康のみならず安全をも危険にさらす、どれほど衝撃的な証拠がメディアによって新たに取り上げられても、政府は民間住宅に対し、銀行や株式市場に対するのと同様の責任を負うことを断固として拒んできた。そればかりでなく、経済的な損失も生じた。民間住宅の多くの家族は持ち家を実現するため、長年にわたって住宅ローンを何とか支払ってきた。にもかかわらず、より多くの民間住宅購入者が、それまでの投資のほとんどが無駄になるという予測に直面することになったのである。なぜなら、それらの住宅は10年単位で徐々に居住に適さなくなってきており、将来の買い手にとって住宅としての魅力が減退していたからである。

このような状況は、香港の他の分野における輝かしい実績と比較すると、信じがたい。政治改革をめぐる緊張感の高まりや過激な抗議運動の台頭にもかかわらず、香港は世界で最も安全で成功した社会の一つにランクされている。香港が中国に返還された1997年以降、香港経済は深刻な課題に直面してきたが、それから20年経ってみると、実質GDPベースで80％の経済成長を遂げていた。そしてこの間、労働生産性はシンガポールや米国などの先進国を上回るペースで上昇していた。それにもかかわらず、今世紀に入っても、香港はそこに住む家族に対して、安全かつ手頃な価格の住宅という、最も基本的な生活の基盤を保証することができなかった。

民間住宅への脅威が迫っていたにもかかわらず、なぜ香港社会の怒りを買うことがなかったのだろうか。香港は、政治的、財政的、社会的にあらゆる困難に直面しても並外れた成功を収めてきたが、生き残ることは決して簡単なことではなかった。平均的な家庭にとって最も重要だったことは、香港の政治的リスク、そして香港が中国へ返還された1997年を生き延びることができるかどうかだった。2012年に至るまで、香港の生活様式way of lifeについての不安や、2047年【香港基本法で定められた「一国二制度」が維持される期限】にどのような変化が起こるのかという不安が強まっていった。そのため、「香港の価値観」の維持が圧倒的な関心事となった。住宅や社会サービスの供給不足、それに影響を与える業務に関する不祥事といった問題は、優先順位がはるかに低くなっていた。

この現象を目の当たりにして、私は非常に心が痛んだ。私は1962年に住宅問題の研究のためにコモンウェルス奨学生として香港大学に着任し、講師として研究プロジェクトを続けていた。当時の香港の住宅事情は全体的に悲惨なもので、植民地政府が難民の流入を抑止するため、できるだけ居心地の悪い大規模な不法定住村squatter coloniesを作っていた。そのとき存在した民間住宅のストックは、老朽化したスラムの長屋がほとんどであった。しかし、その時代は将来の改善が約束されていた。植民地時代の公務員たちは、市民の必要に応えて公営住宅の建設計画に着手し、増え続ける新しい高層住宅の街区をより良く管理していた。

これらの計画はその後数十年の間に勢いをつけ進展し、2000年には香港の住宅危機はようやく克服されたかに見えた。しかし、実際には、民間住宅市場への関与を拒否した香港特別行政区の歴代行政長官Chief Executivesとその政治的任命者によって、民間住宅は必然的に恐ろしい災厄に見舞われようとしていたのである。所有者たちの管理と保守が不十分だったことで引き起こされたダメージは、さらに深刻化した。なぜなら政府の関連部門において既存の法律を運用し、さらなる立法措置を取り、技術的な解決策を開発するのに必要な人材や設備、資金がますます不足していたからである。2016年に至るまで、これらの問題に関し政府は、実行可能な解決策を見つけることができない、という絶望に近い発表をするだけだった。

さらに問題を複雑にしているのは、香港の価値観を守るという政府の取り組みに対する、市民の信頼感が低下していることである。この傾向は、今世紀の住宅危機を克服するにあたり、新たな障害を作り出している。老朽化し危険になった民間建築物から引っ越すべきほとんどの家族に対し新しい住宅を提供するために、公営住宅の供給を急速に増やすことが必須である。また、民間住宅の供給を需要に見合うレベルまで増やすことも同様に急務である。これらの目標を達成するためには、新たな建築用地の造成と既存の集合住宅の改修が必要である。しかし、一般市民は政府のプロジェクト提案に協力することに非常に消極的になっている。香港の価値観の中で、環境や郊野公園country park〔自然公園〕、公共・公益施設の質の維持への要求水準が高まっているためである。これらの問題に関し、政府に対する地域社会の不信感は強く、政府の住宅事業や用地造成に対する抗議が強まっている。

住宅問題は政府の失政mismanagementの最も深刻な例となっているが、悲劇的なことに、ほとんど同様の問題が政府全体に見られる。事実上、政府の全ての部門が基準を下回るサービスしか提供してきておらず、多くの場合、関連する法律を無視している。行政のほとんど全ての部署において、職員の不足と不十分な予算によるパフォーマンスの低下が起きている。

従って、住宅危機は、施政不全の全容を見るために、より広い文脈で位置付けられなければならない。この目的のためのケーススタディとして本書で選んだ失政の分野には、中等教育を修了した学生が大学への入学を拒否され、キャリアにほとんど役に立たない卒業証書を提供する業者によって搾取されてきた事例が含まれる。しかも、政府はそれを黙って見ていたのである。ケーススタディの他の事例は、公衆衛生、交通機関の危険性と建物の安全性に対するお粗末な管理によって引き起こされた、市民への直接的な脅威を検討している。これには、廉政公署Independent Commission Against Corruption（ICAC）〔独立汚職防止委員会〕の関与が消極的であったことについての検証も含まれる。

本書は、今後の香港の生き残りsurvivalの鍵を握る中国本土との関係に始まり、中国本土との関係で締めくくられている。第1章では、不適切な行政パフォーマンスの最も印象的な例として、香港基本法とその規定を、行政長官とそのチームが長年にわたってどのように選別的に施行してきたかが紹介されている。中国本土の起草者たちは、1997年以降も香港の社会サービスとその関連サービスについて、最低限それまでの水準を維持し、そして、より向上させることを意図していた。しかしこれらの規定は無視されてきた。行政長官は、市民が社会的権利を十分行使できない状況にあることについて、温《おん》家《か》宝《ほう》前首相が行った批判的なコメントadverse commentsに耳を傾けなかった。最後の章では、中国本土との関係がいかに誤って運営・管理されてきたかを振り返っている。香港の指導者たちは、地方レベルでの経済協力を阻んでいるのは中国本土の行政システムであると一貫して誤解しており、香港の平均的な投資家や企業家は中国本土で歓迎されるはずだと過大評価していた証拠が示されている。ここでもまた、中国の首相のアドバイスを聞き入れなかった。

本書は、過去20年間の香港で、弱い政府というパターンがなぜ常態化したのか、その理由を明らかにしている。行政長官たちは、香港とそのレジリエンス【復元力】resilienceに対する信頼を欠いていたのである。彼らは、香港社会の現実からあまりにも遠いところにいたため、香港という都市国家の傑出した能力を認識できなかった。彼らは香港の過去の成功を、ある種の歴史的な偶然の産物と見なしていた。彼らは香港の人々に、自分たちは中国本土の人々よりも劣っていて、彼らにすぐにでも追い越されてしまうと繰り返し警告していた。行政長官たちは香港の生き残りについて、中国本土に対し従属的な役割となる以外に自信を持ち得る理由はほとんどないと表明していた。その発言のどれもが、自分たちのリーダーが香港の利益を守るために奮闘するのだということを、一般の人々に納得させるものではなかった。

行政長官の否定的な態度は、北京の国家指導者からのメッセージとは正反対のものであった。今世紀に入ってから、３人の首相はいずれも香港が中国の発展に不可欠な貢献をしていることを強調してきた。習近平国家主席が返還20周年【2017年】の祝賀会で、香港の人々の卓越した成功とその能力に対する国家の信頼を強調したことは、非常に意義深いものであった。習近平国家主席は「わが国が順調に発展しているときは、香港はもっと順調に発展しているだろう」と述べている。

本書は、能力に欠ける香港のリーダーシップ、および何が間違っていたのかに焦点を当てている。「我々の義務は人民に対して責任を負うことである」と毛《もう》沢東《たくとう》は宣言した。「全ての言葉、全ての行動、全ての政策は人民の利益に適うものでなければならず、もし間違いが生じた場合、それは修正されなければならない」と毛沢東は続けた。幸運にも、民主化をめぐり激しい論争があったにもかかわらず、過去20年間、説明責任と開かれた政府という香港の特徴はますます強まった。こうした特質が、市民による政治指導者への協力と公務員への信頼を維持してきたのである。このような香港の政治システムの特質がなければ、本書を著すことはできなかったであろう。

本書の中国語（繁体字）版が出版されるまでの間に、世界経済は冷戦以来、最も深刻な政治危機に陥った。トランプ米大統領が中国やその他の国に貿易分野で攻撃を仕掛け、大規模な保護主義キャンペーンを開始した。中国の対応は冷静で洗練されている。中国は他のいかなる国よりも多く、米国の制裁に対処してきた。幸いなことに、世界貿易機関（WTO）の「世界貿易統計報告書2018」によると、2017年の世界経済は順調に拡大し、トランプ大統領による制裁の被害は限定的だった。

米国が中国に対し米国市場へのアクセスを制限しても、国際的な金融サービスの中心地としての香港の役割は堅固であり、香港はこの新しい挑戦に対してもこれまでのように容易に適応してきた。香港の実績は、驚くべきものではない。古くは1950年代に、中国の指導者たちは香港を通すことで西側諸国による禁輸を克服し、さらに中国本土で必要な国際金融・貿易を行うため香港をオフショア市場として利用することを指示した。これらはいずれも大成功を収め、さらに1978年以降、香港は海外から中国への資金流入源として、最大となっている。

香港の自由で競争力のある市場が、中国の成功の鍵を握っている。香港基本法の多くの規定は無視されてきたが、香港はビジネスの中心地として独自の地位を維持してきた。

**（第５条）香港特別行政区は、社会主義の制度と政策を実施せず、従来の資本主義制度と生活様式を50年間維持しなければならない。**

**（第６条）香港特別行政区は、法律の定めるところにより、財産の私有権を保護する。**

長年にわたり、国際社会は一貫して香港の自由、国家統制からの自由を当然のこととして受け止め、香港は中国が海外顧客とビジネスを行う上で理想的な拠点となっている。海外メディアや現地メディアが、しきりに北京とワシントンの対立を報道していたときも、香港社会がそれほど大きな危機感を持っていなかったのも頷けることである。中央指導部は、世界有数の国際金融、商業、貿易の中心地である香港の「中立」という独特の立場を守ってきた。

個人的には、香港の将来について悲観的になることはできないと考えている。香港の人々の政治的成熟度と社会的規律のおかげで、香港には生き延びるための条件が整っている。私は半世紀以上にわたり、政治的、経済的に最も危険な状況に直面した香港のレジリエンスを日常的に経験してきた。この社会で自分や家族、友人が危険にさらされていると感じたことは一度もない。それゆえ、私は香港の人々に、これからもずっと感謝の念を捧げる。

## 謝辞

私は、香港大学の香港人文社会研究所の施設を惜しむことなく使わせてもらえたことに感謝している。同研究所は研究を行う上で理想的な環境を備えており、2014年10月から17年6月までの時間を費やして、本書を完成させることができた。所長の梁其姿Angela Leung Ki Che教授には大変お世話になった。私の研究に最適な環境を提供してくれただけでなく、力強い励ましと私の研究への関心、さまざまな親切に強い感謝の念を持っている。また、私を辛抱強く見守ってくれた研究所のスタッフにも感謝しなければならない。

この本を執筆している間に、幸運にもWYNG財団から多額の研究助成を受けることができたことに、大変感謝している。香港の恵まれない人々や弱者のため、そしてより良いガバナンスの追求のため、同財団が私に示してくれた献身に深く感謝している。そして、同財団と関係を持てたことを誇りに思う。

香港の住宅プログラムと社会サービスの歴史的発展に関する私の研究は、過去数年間の政府檔案処Government Records Serviceの支援なしには不可能だっただろう。バーナード・ホイ・ソンタックBernard Hui Sung-tak氏と歴史檔案館Public Records Officeにおける彼の同僚たちのプロ意識と効率性のおかげで、私はアーカイブ資料のコレクションを作成することができ、それが長年にわたる私の仕事を容易にしてくれた。

いつものことであるが、私はダブリン大学トリニティ・カレッジTrinity College, University of Dublinにお世話になっている。特に、トリニティ・アジア研究センターのセンター長であるローナ・カーソンLorna Carson教授には、多くの厚意をいただいたこと、研究への熱意を共有してくれたことに感謝している。トリニティ・ビジネス・スクールの同僚たち、特に私の友人であるジェラルド・マクヒューGerard McHugh教授は、アイルランドでの滞在中、トリニティの施設の利用に便宜を図ってくれただけでなく、関心と励ましをもって私をサポートし続けてくれた。

香港大学出版社Hong Kong University Pressのスージー・ハン・ジアSusie Han Jia博士に心より感謝申し上げる。彼女はあらゆる面で優秀な編集者であり，とても手際が良いだけでなく、励ましを与えてくれ、高度にプロフェッショナルで、いつも辛抱強く、楽しい編集者である。ただし、この謝辞で言及されているいかなる機関や個人も、本書の内容の一部または表現されている見解について、いかなる責任も負うものではない。

21世紀に入ってからの香港は、私にとってより快適なものとなっている。これは、私の友人や中央政策組Central Policy Unit【1989年に設立された総督（返還後は行政長官）に対する助言機関、2018年にPolicy Innovation and Co-ordination Unitへと改組された】のかつての同僚たちが手厚くもてなしてくれたおかげである。ここで名前を挙げることができる、バリー・チャンBarry Cheung氏、ヘレン・チェンHelen Cheng氏、T・L・チムT. L. Tsim氏、リッキー・ユンRikkie Yeung博士、セシリア・チャンCecilia Chan教授、そしてとても親切に私の面倒を見てくれた彼ら彼女らの家族に感謝の意を表したい。

2018年1月　香港にて

レオ・F・グッドスタット

**香港 失政の軌跡** 目次



NotesとBibliographyは、『香港 失政の軌跡』フォローアップサイトからダウンロードできます。

https://topic.hakutou.co.jp/china/archives/category/hongkong/

## 凡例

・2018年（原著刊行年）の為替レート（年平均）は1香港ドル＝14.08円。

・香港・中国の人名・地名・組織名などは、基本的に現地の表現を常用漢字にして表記した。また必要に応じ英語表記も付記した。

ルビは基本的に日本語読み（平仮名）を付したが、難読のものは広東語の発音に近いルビ（カタカナ）とした。

なお、中国語・広東語で分かりにくい部署名などには〔　〕で日本語訳を加えた。

・訳注は【　】で示した。

・香港特別行政区政府は、行政長官の下に3人の司長（政務司、財政司、律政司）がおり、政務司・財政司は各「局」（日本の省庁に相当、2018年7月以降は13局）を統括する。局の下に署や処がある。現在の組織図は下記を参照。

https://www.gov.hk/tc/about/govdirectory/govchart/index.htm

なお、2002年に高官問責制が導入され、司長と局長は政治任用ポストとなった（詳しくは第2章を参照）。

# 序章

# 導入

香港特別行政区の歴代行政長官（香港ポスト提供）。
左上から時計回りに董建華（初代）→曾蔭權（二代）→梁振英（三代）→林鄭月娥（四代）

本書はサバイバルに関する本である。サバイバルと言っても、「貧困層」と公式に分類される100万人ほどの香港市民についてのものではない。また、同様に60万人と推定される障碍者についてでもない[1]。本書は、香港の政治的なサバイバルおよびそれに関連した憲政改革の問題——この種の不確実性が香港社会の重大関心事であり政治的アジェンダを支配してはいるが——についてのものでもない。以下の各章で精査するサバイバルに対する脅威とは、香港社会全体の幸福を規定する基盤のことである。

例を挙げてみよう。決して大きくはないマンションを購入するため貯金を積み立て、ローンで買おうとしてきたミドルクラスの市民たちが、子供世代に、安全で快適なマンションを相続させることが容易でないのはなぜであろうか。2009年以来、民間開発業者が建設した何千ものマンションがすでに劣化し安全ではなくなりつつあり、将来はもっと増えそうなことを示す証拠が次第に積み上がってきている[2]。

高等教育のための費用を支払う用意のある家庭で、大学に進学するのに十分な成績であるにもかかわらず、定員枠から漏れてしまった多くの高校生が、政府が支援するものの大学ではない教育機関に入るよう誘導されてしまうのは、どういうことなのだろうか。こうした高校生の多くは、営利事業として経営される副学士、ディプロマおよび、その他の大学以外の教育課程に進むよう奨励されてきた。しかし2008年以降、これらの資格はあまり社会的に評価されておらず、キャリア形成や高い給与に資するものではないとの警告が繰り返されてきた[3]。

人の命が危険にさらされていることが明らかなのに、なぜ香港政府は深刻な悲劇が起きるのを予防する措置をとらず、公衆の安全が無視されるのだろうか。

これらの事例に共通する原因は、本書で考察するように、歴代の行政長官と政府高官による誤った政策と行政の欠陥である。特に政府の財政政策は、香港のような先進的な都市を適切に運営する上で必要不可欠な質と量を伴った、公共サービスを提供すべき行政組織の能力を、継続的に低下させることとなった。

もう一つ、社会全体に影響する脅威のカテゴリーがある。香港基本法は、経済的にも社会的にも、香港のサバイバルを保証するものである。しかし本書が示すように、行政長官及び行政長官によって指名された高官たちは、基本法を恣意的に一部だけを運用することで、法的な根拠を傷つけた。さらに、香港の将来的なサバイバルを危険にさらすことで、香港政府は、ビジネスにおける最大の「顧客」である中国本土との経済関係を著しく損ねてきた。

## 香港の特質

各章を読めば、これまでの行政長官が熟慮の末に下したはずの多くの誤った決断と政策、そしてそれらを方向転換させることに極めて消極的だった結果、香港の近年の福祉および将来のサバイバルが危険にさらされていることがすぐに明らかになるだろう。欠陥のある政策と能力に欠ける指導者層が招いた結果に対し、香港市民は生活及びビジネスにおける多くの重要な分野で、大変な痛みを感じながら耐えてきた。

もっとも、香港を統治するのは難しいことではなかった。1997年から2017年の間、大混乱となり得た脅威の連続を乗り越えてきた香港の人々は、理想的な市民である。それらの脅威とは、1997〜98年のアジア金融危機、2007〜08年のグローバル金融危機、2003年の重症急性呼吸器症候群（SARS）騒動に加え、香港が投資し1000万人を雇用していた広東省における製造拠点について2007年以降撤退を迫られたこと、そして、2012年以降の政治問題に対する大衆の不満と抗議行動の増大である。

これらの逆風の中にあっても、香港のビジネスとりわけ国際金融センターは繁栄を極めた。2000年から15年の間、中国本土は、対内直接投資総額の約半分に当たる7000億米ドルを香港から受け入れた。同時に香港は、本土の法定通貨である人民元の国際化において重要な役割を果たした。香港は「世界最大のオフショア人民元の流動性を背景に、人民元建て貿易決済、資金調達、資産運用のグローバルなハブ」となった。香港は、全世界のオフショア人民元取引の75%を占めるに至る[4]。

労働倫理の高さは、香港の傑出した経済パフォーマンスの非常に重要な特徴である。2000年から10年の間、賃金の伸びが停滞する中、教育費と医療費は高騰し、住宅環境は悪化した。しかし、金銭的なインセンティブが欠けていたにもかかわらず、平均的な従業員の働きぶりは改善し続けた。この時期、香港の労働生産性は年平均3.4%上昇したが、これは同時期のシンガポール（2.4%）、米国（1.4%）、ドイツ（0.8%）を上回るものである[5]。

税収が示すように、企業の収益性は見事なまでに高まった。政府の財政収入に占める利得税【日本の法人税に相当】の比率は、1997年の20％から2017年は25％に上昇し、この間に実質GDPは80％以上増大した。政府の財政資金は潤沢となった。香港政府の2017年の財政剰余金は9360億香港ドルと1997年の約２倍となり、政府支出の２年分を賄うのに十分となった[6]。

しかし香港の統治に責任を持つ者たちは、香港の生活のあらゆる領域において、香港なら当然とみなされる水準を満たすのに失敗し続けた。この序章では、まず歴代の行政長官のプロフィールと、それぞれのリーダーシップのどこに問題があったのかを紹介する。それに続き、権力の座にあった人々の無能力および間違った信念が招いたダメージを説明した各章の概略を述べることとする。

## 優れた政府の崩壊

1997年７月１日、董建華《とうけんか》Tung Chee Hwa【C. H. Tungと呼ばれることも多い】は、自身の治政の将来に絶対の自信を持って香港の初代行政長官Chief Executiveの任に就いた。その楽観主義は、香港がそれまでに打ち立てた輝かしい業績によって正当化される、と彼は説明した。

> **今日の香港は世界でも最も自由で活気のある経済である。自由な企業活動と自由な貿易、細心の注意を払った金融システムの運営と低税率、法の支配、行政主導の政府、そして効率的な公共サービスが、我々の伝統を形づくっている。**

董建華は、香港には無視することのできない課題があることも、率直に認めている。すなわち、インフレーション、高齢化する人口構成、住宅の不足、失業などの問題である。しかし董は、香港がそれらの解決策を見出せると、強く確信していると語った[7]。

第四代行政長官の林鄭月娥《りんていげつが》Carrie Lam Cheng Yuet-ngor【Carrie Lamと呼ばれることも多い】が就任した2017年までに、香港が見かけ以上に変容してしまったことが明らかになった。しかも、それは非常に悪い方向への変容であった。董建華が誇った、香港の成し遂げた業績と香港政府が直面する課題を乗り越えられるという自信は、消え去ってしまった。林鄭は、就任後最初の演説で、香港の政策運営上の深刻な失政《ミスマネジメント》、すなわち政府の業績は満足できるものではなく、政策決定者が市民の強いニーズに応じることができていない、という点を強調した。林鄭月娥は「新しいスタイルのガバナンス」と「市民の強いニーズに対し、より適切に対応する政策」が必要である、と宣言した[8]。このような率直な発言は、正鵠を射ていた。

林鄭は、失政の是正に取り組むための改革案を選挙公約に盛り込んだ。「新しいスタイルのガバナンス」には、「既存の政策を見直すにあたっての客観的な調査と確かな根拠」が含まれる。プロフェッショナリズムと思われたものは、政策決定作業において、不確かな情報に基づく一般化や根拠のない想定に取って代わられていた。政策運営は確かに改善するはずであった。しかし残念なことに林鄭自身が、「確かな根拠」に基づくという点に反していた。選挙公約では、香港は長期的な危機に直面している、と主張していたのである。

**多くの分野における我々の強みと優位性は、近年、香港内の政治問題と海外の経済状況の結果、このままでは維持が難しくなっている。香港ではまた、過去数年にわたり社会的な対立と経済の減速を経験したことで、多くの人々が憂慮し、さらには落胆した[9]。**

これらのコメントは著しく不正確である。林鄭自身がこだわったフレーズである「確かな根拠」は、香港の社会的安定が「過去数年間に」目覚ましく改善したことを示している。犯罪率は、2007年から16年の間に29％低下した。労使関係は改善し、労働争議のために失われた労働日数は2007年の延べ8027日から16年には同169日へと減少した。これは国際的基準から見ても、特に低い水準である[10]。経済についても、2007年から16年の間にGDPが46％増大したという実績を、第四代行政長官がネガティブに捉えることは理解に苦しむ。2017年の財政教書演説において財政司司長Financial Secretary【財政や経済を管轄する香港政府の高官であり、重要政策を議論する「行政会議」のメンバー】が、経済分野について極めてポジティブな状況にあると報告したことを、林鄭がしっかりと聞いていなかったのは明らかである。

> **香港は、その経済規模は相対的に小さいものの、世界の中で最も先進的な経済の一つである。香港の１人当たりGDPは４万4000米ドルに達し、日本および欧州の多くの先進国を上回っている[11]。**

10年間にわたり政府高官を経験し、うち５年間は政務司司長Chief Secretary for Administration【行政長官を補佐し、全ての政策決定機関の協調を指導し、各部署の政策をコーディネートするのが職務。香港政府のナンバー２の地位】の職にあった林鄭が、取り組むべき課題に関し、誤りのある報告を香港社会に行ったことは、驚くべきことであった。しかしこれは何ら異常な出来事ではなかった。香港が引き続き成功していることを示す主要データに関し林鄭が混乱しているのは、香港が甘受してきた、歴代の行政長官と平均的な閣僚の能力の低さを示す症状であった。以下の章では、政府のトップたちの同様の思い違いを数多く見ることになる。

失政は、歴代の行政長官による多くのコメントや公約に始まる。それらは、直接的な政策決定によって市民からの信頼を勝ち取ることを狙ったものであったが、香港の生活者の現実と、香港の経済や社会の必要性からは大きくかけ離れたものであった。最初の３人の行政長官は、隠すことのできないレベルの無能力さに苦しんだ。董建華と曾《そ》蔭《いん》権《けん》Donald Tsang Yam-kuenの場合、結果として、破滅を招いた欠点について市民の前で自己批判をすることになり、梁振英《りょうしんえい》Leung Chun-ying【香港ではC.Y.Leungとも呼ばれる】は、２期目を担うのは不可能であると表明することになった。行政長官の欠点は、2002年に導入された「高官の」ministerial制度によって、より目立つようになった。資質が概して優れていない人物が、政府の要職へ政治任用されたためである。

## 居場所のないビジネスマン 董建華

董建華に政治的な才能がないことは、当初から明らかであった。董建華は財力のあるビジネスマンとして、社会的態度や政治的見解は香港の他の財界人と変わるところはなかった。彼は特に、香港の公共部門の経営能力や実績は、もともと民間企業よりも劣るものだという確信を財界人として共有していた。1998年に、彼は混乱した感情を語っている。「財界人というのは、収益を強く追い求めなければならない。私は収益を追求するために、行政長官の職に就いた。私は目標の損益を設定したなら、それ以外に何が起ころうとも気にしない」。しかしその１年後、彼は「政治家としては、その通りにはいかない。損益と現実の間で起きていることこそが、社会にとって重大だ」ということに気が付いた[12]。

2003年までに、中国の指導者は董建華の能力の欠如を容認することができなくなった。董建華は失敗であった。彼は、必要不可欠なスキルを持ち合わせていなかった。その年、中国の国務委員である唐《とう》家《か》旋《せん》は、董建華は政治経験のない「企業家」に過ぎなかった、と述べている。董建華は、彼には相応しくない職務において最大限の努力をした[13]。しかし唐家旋の証言は決定的な打撃となった。なぜなら唐自身が、香港もその一つである、欧米など世界中の政府と多くの折衝をしてきた中国の前外交部部長〔外務大臣〕だったからである。

結局のところ董建華に対する信任は、行政長官の職にとどまるため、必死の最終手段に打って出るしかないと感じるレベルにまで消え失せてしまった。2005年に彼は立法会で「能力の欠如と未熟さが、我々の政策決定能力と統治能力に対する信任を損ねてしまった」と告白した。

> 政策の策定にあたり、我々には「人々が何を考えているかを考える」「人々の差し迫った必要に取り組む」ということが欠けていた。第二に、我々には、ある政策を実施した場合の社会の許容能力へのインパクトと、そうした政策が、議論を呼び起こす可能性があることに対する認識が十分ではなかった。我々は、あまりに多くの改革をあまりに性急に導入したため、香港の人々に重い負担をかけることになってしまった。我々には、危機意識、政治的な敏感さ、政治的・経済的変化を乗り切るために必要な経験も能力も欠けていた。我々は、緊急事態への対応にあたって優柔不断であった[14]。

この自己批判は、彼の職務上の不適格性を正確に要約したものであり、その後半年で彼は職を辞した。彼の辞職は健康上の理由によるものである。彼自身の欠点について彼が公の場で述べたことは、それまでの７年間において香港の家計を苦しめた、残酷かつ正当化することが難しい緊縮財政策の導入、利益の低下、悪化した住宅事情、医療・教育費の高騰がなぜ引き起こされたのかを理解するのに役立つ。これらの苦しみは、実は董建華の個人的な選択によって課されたものだということを、彼は2000年の時点で公にしている。

**我々は皆、短期的には、再度バブル経済に戻った方が簡単であったろう。そうではなく我々は、恐らくより時間のかかる、より多くの取り組みが必要で、より学ぶことが必要となる別の道に進んだ。それは恐らく、短期的により苦痛を伴うものであるが、究極的にはより健全なものである**[15]。

しかし、彼の政策は「究極的にはより健全な」ものとはならなかった。ビジネス信認指数、とくに民間部門の投資は急落した。それが回復したのは2006年であり、2012年までは1997年の水準を下回った。平均的な家庭において、深刻な金融財産の損失を免れたのはごく少数であった。2004年に董建華が認めているように、公共支出を縮小するという決定は世界的に見ても1920年代以来最悪と表現しうるデフレーションをもたらした。「90％近くの勤労家庭」が「失業と収入低下」に苦しみ、「個人の財産」は「不動産価格の70％の下落」によって縮小した[16]。

もっとも董建華が辞任しても、彼の下で間違った方向に進んでしまった香港統治のやり方から脱却はできなかった。それとは逆に、彼の失政は遺産として残ってしまった。その遺産は、行政のほとんど全ての領域に禍根を残す有害な政策という形で存続したのである。

## 不出来な地元出身者 曾蔭権

董建華が健康上の理由で2005年に辞任したとき、香港社会は心の底から安堵感を得た。後継者の曾蔭権の下で、平均的な家庭のクオリティ・オブ・ライフが董建華のとき以上に悪化するなど、あり得ないように感じられた。曾が前任者のように、香港の普通の人々からかけ離れた存在であるとか、市民の幸福を感じ取ることができない（董のために公平を期せば、それは自覚がなかったためであり、意図されたものではなかったが）といったことは、起こるはずがないと思われた。

曾は低い社会階層からキャリアを重ねた。彼は、社会的なアドバンテージもなく、財界とのコネクションもなく、最低限の学歴しかなかったにもかかわらず公務員のトップへと上り詰めた。彼は、非常に深刻な政治的・経済的な課題の対応に必要な、専門的な判断を即座に行う技能を持ち合わせていたおかげで頭角を現した。例えば、1989年６月４日の悲劇【天安門事件のこと】後の政治的なパニックを落ち着かせるための複雑な政策パッケージを統括し、その際の対外貿易政策と交渉の全権を任された[17]。こうした経歴を経て、さらに財政部門で実務経験を積んだ後、1995年に財政司司長に指名されるに足る十分な資格を得た。そして、2001年に陳方安生《ちんほうあんせい》Anson Chan Fang On-sangが原則に関わる問題を理由に政務司司長を突然辞任すると、曾はその後任となり、董建華行政長官が１年にわたり熟考を重ねた上で導入した高官問責制Principal Officials Accountability System（POAS）の下、公務員のモラル維持に尽力した[18]。

しかし、曾は典型的な公務員とは異なり政治的に中立であろうとせず、財界の意図に細心の注意を払うが、公共の利益を擁護することには不安を感じていた。財界の利益に資することに公にコミットし、政策決定者のみならず公務員組織全体としても、それが最優先であるべきだと確信していた。このような考え方は、1996年の曾の初めての財政教書演説で明らかになった。彼はその演説で「私は政府全体としてビジネスフレンドリー business friendlyな環境を提供する義務があると信じている」と述べた。この発言が実際に意味するところは、財政教書の付属文書で説明されている。この文書が明らかにした彼の目標は、政府の政策決定における財界の重要度を引き上げることであった。「公務員は、その役割を行政官に限定すべきではなく、財界の支持者でありパートナーであると考えるべきである」[19]。曾は、このようなマインドセットを、その後のキャリアを通じ一貫して維持していた。

曾が定義する政府と財界との正しい関係は、良きガバナンスを損なうものであった。その後毎年のように、政府はほとんど全ての分野において深刻な不祥事の波に直面することになった。それは、安全ではない飲料水から海洋事故、危険な住宅から空港の管理不手際に至るものである。それらは驚くに値しない。公務員は、ビジネス関連法規や契約上の義務を遵守させるのに必要なリーダーシップ、動機、資源を恒常的に奪われていたからである。とりわけ恥知らずの事例は、労働法に違反した雇用者の起訴を可能な限り少なくする政策を公表したことである[20]。それと同時に、社会サービスと住宅を供給する政府部門とその関連組織は、行政長官と高官たちから悪しざまに言われた。こうして公務員全体に、第一の任務が、一般市民を犠牲にしても、ビジネスを推進することであると信じ込む根拠が与えられた。

曾が2005年に就任したとき、彼は注意すべき問題に十分気が付いていた。彼がリストアップしたのは、「低学歴・低スキル労働者の雇用上の困難、特定の職業における実質賃金の低下、ミドルクラスの二極化、収入格差の拡大、高齢化する人口構造」であった[21]。しかし彼は、それらを解決するための施策を打ち出さなかった。例えば、香港の貧富の格差拡大について多くの市民の間に広がった不安に対する対応は、解決策がないと強調することだけであった。収入の格差は、資本主義経済における「不可避の現象である」と彼は言い放った[22]。

政策決定者は、もはや自身の個人的な利益をも隠す必要がなくなった。2001年に曾が公営住宅計画の廃止を説明した際、彼はそれを復活させるのには何年もかかると明言した[23]。その意図は、彼が率直に認めているように、彼自身も含め民間人が所有している不動産物件の価値を下げる恐れがあるため、公営住宅が引き起こす可能性がある民間住宅との競合を終わらせることにあった[24]。

2011年までに香港市民は、政府高官は法規に反しても自らの不動産に対し、どのような改築も行うことができる、と思うようになった。申訴専員公署〔以下、オンブズマン〕は調査を行う必要があると感じ、「2011年以降、香港の相当数の政府高官、行政会議・立法会の議員は、彼らの所有する不動産の、不認可になると思しき建築について、メディアによる追及の対象となった」とオンブズマンはコメントした。その調査では、彼らに対する特別扱いfavouritismの明確な証拠は見つけられなかった。屋宇署Buildings Department〔建造物署〕は、市民の疑念を和らげるために、これらの高官たちに対する調査を優先するように努めた。しかしオンブズマンは報告書の中で、彼らへの特別扱いを完全に排除することはできない、と書かざるを得ないと考えるようになった。報告書の中では、屋宇署の人員不足のゆえ、また違法行為の容疑への対応能力の制約によって、その可能性が高まることが指摘されている[25]。人員、資金、その他の決定的な資源の不足は、本書のいくつかの章で示すように、優れたガバナンスを実現しようとする際に現れる共通の脅威であった。

曾は2008年になって、自身の立場が深刻な危険にさらされていることに気付いた。彼に対する信任が壊滅的に下落したことは、彼も公に認めている。

**人々はいくつかの問題について疑問を抱いている。香港特別行政区政府の核心的な価値は変化してしまったのか？　政府は信用できるのか？　政府は公**

平・公正なのか？　政府の能力は以前に比べて低下したのか？　政府は今も能力主義を踏襲しているのか？　政策形成過程において大衆の意見は考慮されているのか？[26]

実際のところ、曾は大衆の信用を回復するようなことは何もしなかった。その代わり、曾はより多くの時間と注意を財界リーダーたちに払った。なぜならば財界人の洞察力と助言が必要だと感じたからだ、と彼は後に立法会で告白している[27]。

曾への信任が低下し続ける中、それでも彼は政治的リーダーシップについての講演を行い、香港の行政長官として成功するために必要な本質的な資質を列挙した。曾は、その本質的な規範を以下の順序で提示した。

- 「高いモラルと倫理基準」
- 「香港の人々に対する熱情：人々の願いと雰囲気の変化を理解するため」
- 「より広い文脈における国家に対する熱情または愛国心は、香港のリーダーとして重要である。行政長官は中央政府に対して責任を負うことを常に忘れてはならない」
- 「リーダーシップにはヴィジョンが求められる。そのヴィジョンとは、人々に関連し、時間に関連し、実現可能なものである」

その講演の最後に至るまで、彼は解決すべき具体的な問題には全く言及しなかった。彼は「香港社会が関心を寄せる重要な問題」をわずか数語で取り扱った。それは「住宅、資産格差の解消、高齢者向けサービス」であった[28]。

2012年、信任の失墜に直面し、曾は董建華の例に倣うことになった。彼は、立法会において痛々しい自己批判を行った。もっとも、この屈辱的な出来事さえも、同情を勝ち得ることはなかった。彼は、自らの失政は意図的なものではなかったことを、市民に納得させようと試みた。「私の45年間にわたる公務員としての経験は『盲点』を作ってしまった。それによって私は、時間の経過とともに大衆の期待するところも変化し、政府に対する人々の要求も大きくなるという事実を見逃してしまった」と彼は訴えた[29]。

事実、上記の規範は何年も変わることがなかった。政府高官の疑わしい振る舞いを絶対に許さないという態度は、警察部門の高官の腐敗が暴露され、廉政公署Independent Commission Against Corruption（以下ICAC）〔独立汚職防止委員会〕が設立されるに至った1974年以来、社会規範となっていた。曾は、この規範が彼自身にも適用されることを見落としていた。自身が所有する不動産物件について認可を受けずに行った改築に関する嫌疑が、社会的なスキャンダルになるとは考えていなかったのである[30]。

曾は、権力の座にある者の特権への思い違いによって、非常に大きな代償を払わなければならなかった。彼に対する捜査は2012年に始まった。しかし、彼の裁判は2017年まで開かれなかった。この遅れは、香港のような法の支配に従う社会においては許しがたいものである。曾は、長引く捜査の経済的・心理的な緊張だけでなく、彼の日々の活動や人間関係に対する、メディアの容赦ない監視によって、プライバシーまでもが完全に崩壊し、相当なストレスに苦しんだ。しかし、曾の裁判は、香港の核心的価値の重要な例証であった。何人であっても、それが最高の地位や人脈を持つ者であっても、犯罪捜査や起訴からは逃れることはできないのである【曾は在任中の不正行為等で訴追され、2017年に禁固刑（20ヶ月）が下された】。

## 就任時から運命づけられた失敗 梁振英

第三代行政長官の梁振英は、市民からの信頼を勝ち取る能力がないため、彼の提案する政策がどんなものであっても、就任するとすぐ情け容赦のない批判にさらされた。香港の市民たちは、梁が香港の核心的価値を共有していないと感じていたようである。梁は香港市民の大半がサバイバルに関わるとみなす問題に対して、ひどく超然としてほとんど学術的とも言えるアプローチを採った[31]。

梁は、サバイバルに関する文化は必要ではないという彼の信念を、常に公言してきた。例えば1994年、香港の人々、そして彼らの将来に対する不安に対して、梁はかなり見下すような態度をとった。梁は1984年の英中共同声明の「主文」を吟味したと語り、「50年間不変」という特別な約束は「時代遅れの封印された環境」に属するものだと表現した。彼によると、不変の保証は、「12の短い段落」のなかに７つしかないという。彼はまた、香港市民たちの「パスポート、通貨（その兌換性）や教育制度」に関する憂慮は「世俗的な問題」だと言い放った。香港のほとんどの家庭にとって、これらは個人的なサバイバルに関わることである。梁はこれらのことに関心を持っていなかった。彼は香港基本法起草委員会の秘書長であったにもかかわらず、基本法によって、将来に不安を抱く人々が安心を得られるとはみなしていなかった。彼は、「これらの歴史的な調印文書」や「英中共同声明および香港基本法に明記されている『50年間不変』という文言」をあてにすべきではないと警告した。彼の分析によれば、それらの文書は何も保証していない[32]。彼の発したメッセージは、香港の人々にとって重要なものや基本法の文言がどんなものであったとしても、新しい政治的・経済的現実に適応する際に、香港特別行政区政府の活動が制限されることはない、ということである。

経済的なサバイバルについても、梁が同じように誤解していることは明らかだった。本土市場が完全に競争的であり、他の現代的な経済と同じように運営されていて、経済統合することで香港は本土市場へのアクセスを得られる、と確信していた。このような見方は、絶望的なほどに間違っている。1990年代以降、中国の中央人民政府が、市場ルールに基づいた経済秩序の確立に腐心していたこと、また地元の企業を保護しようと地方政府が課していた商業上・金融上の障壁を取り除くために四苦八苦していたことに、梁は全く気付いていなかった。中国本土は梁が述べたような理想的なビジネス環境を提供したことがない一方、香港もまた、彼が語ったように脆弱な経済ではなかった[33]。

梁は、彼自身も前任者と比べユニークな強みとみなすものを持って、2012年に行政長官に就任した。本土の高官たちとより密接な関係を持つことを保証する経歴と人脈を持ち合わせている、と彼は信じていた。植民地時代、梁は中国が香港政策を進めるのにあたり、重要な公的役割を担っていた。それによって、彼は北京政府から絶大な信頼を勝ち得たように見えた[34]。1997年の香港の行政会議Executive Council【行政長官の政策諮問機関で、構成員は政府高官、立法会議員、名士から行政長官が任命する】メンバーへの任命と、その後の同会議召集人Convenorへの昇格は、そうした人事を承認する中国の国家指導者から全幅の信用を得ていたことを裏付ける。

彼自身も、問違いなくそう考えていた。2013年、中央政府および地方政府が特権的なアクセスを与えてくれ、「強固な政府対政府のコンタクト」があることを梁は得意げに話した。彼のいう「暗黙の伝統」、すなわち従来、香港行政長官は年３回以上北京を訪問することができない、という伝統を放棄すると発表した。彼は、中国の首都に、以前より多く現れることになろう[35]。さらに、「内部の外交」と称する新たな交渉戦略を採用することによって、それまでは香港にわずかな重要性しか見出していなかった本土の官僚から譲歩を引き出せるであろう、と梁は確信していた[36]。

しかしながら、彼の期待は大きく外れた。就任後しばらくして、中国の国家指導者が、前任者たちよりも多くのアクセスを与える理由などないことに気が付いた。彼の北京訪問のアジェンダおよび頻度が中央政府によって管理されていることが明確になった[37]。梁の求めに応じて、いつでも北京の政策決定者と軽くディスカッションをすることなど、不可能だった。しかし、さらに悪いことが起きた。国務院香港マカオ事務弁公室主任の王光亜は、メディアに対し、梁との会見において、次のように述べたと明らかにした。「今後、国家主席および首相へ定例訪問する際には、行政長官はその業績を列挙するのではなく、至らなかった点について報告をすべきである」。このアドバイスは、梁の政権運営の質に対する最高指導者の懸念を示唆するものだと解釈された[38]。

政治的に面子を潰されるような出来事は続いた。2015年に北京を「定例訪問」した際に、中国政府のヒエラルキーにおいて、梁の公式な序列が「再定義」された。習近平《しゅうきんぺい》国家主席との公式写真を撮影する際のレイアウトは、もはや過去のものとは同じではないことを示すように注意深くセットされた。中国のように外交儀礼や席次に敏感な政治的風土において、彼の「降格」をこれ以上はっきりと示すものはなかった。梁自身が虚を突かれたのは明らかだった。彼のメディアに対する説明は、この出来事は「憲政上の中央政府と香港との関係を反映したものである」という意味不明のものだった[39]。梁のために公平を期すならば、香港が本土市場に公平なアクセスを得るという彼の目論見が失敗する中にあっても、彼は男らしくmanfully振る舞ったと言えよう。

香港社会との間に信頼関係を築くことができなかったことで、梁はその職務を遂行することができなくなった。政策を実現しようとする動きが、強硬な反対と敵意に満ちた抗議によって阻まれるという代償を払うことになった。彼の提案した政策は、極めて多くの場合、不完全なものであった。立法会議員、圧力団体、メディア、一般大衆の間の不人気ゆえに、決定的に重要な改革すらも停滞することになった。しかもうっかり、香港住民の大多数に対する彼の深い不信感を公の場で述べたことで、市民は梁への敵対的な態度を強めることとなった。2014年の新聞のインタビューで、香港の政治システムは、福祉社会を望む選挙民の圧力から行政長官を護り、ビジネスフレンドリーな政策が展開されることが保証されなければならない、と梁は言った。この目標を実現するため、月収１万4000香港ドル以下の香港市民――労働人口の半分が該当する――には、完全な政治的権利を与えるべきではない、と彼は言ってしまった[40]。

梁は、第三代行政長官選挙に立候補した当初に目指していた、これとは全く異なるイメージを忘れてしまったようである。2009年の演説で、自分は社会的弱者のグループの側に立っており、増え続ける政府の失政に対し怒りをあらわにしていた。梁は「返還前に植民地政府が成し遂げたものに比べ、過去12年間で香港の発展のペースは減速してしまった」「政府は、低所得世帯の必要に配慮し経済成長を加速すべきである」と発言したと伝えられる。彼は、董建華と曾蔭権が推し進めた支出削減を否定したのである。

政府はどのようにして事態を改善することができるか、と問われた際に、梁は「我々（香港）は、資金が不足しているわけではない。我々は、アイディアや能力が欠けているわけではない。過去10～15年間で欠けていたものはスピードである」と答えている[41]。

董建華と曾蔭権の失政に対するこうした率直な批判は、梁自身を批判にさらすことになった。彼は、２人の行政長官の下で行政会議召集人という高い地位にあったが、前任者の失政に抗議して辞任することはなかった。むしろ、董建華と曾蔭権の執政下での重大な失政については、彼自身にも責任の一端があった。このため、行政長官に就任した時点で、彼に対する信頼は限られたものであった。

しかし、彼の振る舞いが彼に対する評価を最も貶めた。先に引用したように、彼は、「スピード」の欠如が前任者たちの施政を機能不全にした、と訴えた。しかし、彼自身の「スピード」は、社会の最も喫緊の課題を解決するにあたり、前任者たちより劣ることが明らかとなった。行政長官に就任するやいなや、社会サービス関連の支出を今すぐに減額しなければ財政が危機的状況に陥る、との財政長官の予測の公表を容認したのである。この一貫性の欠如は、市民たちの知性にほとんど重きを置いていないことの表れであり、その代償は重かった。

董建華や曾蔭権と異なり、梁は自らの名声を取り戻すつもりはなかったので、自己批判は行わなかった。その代わり、政権末期において、任期中の業績についての自己告発ともいうべき報告を発表したが、それは自画自賛の業績一覧を意図したものだった。この『第４期香港特別行政区政府施政報告、2012～17年』（2017年６月）と題する報告書は、「我々の活動の進展と成果を要約」するためのものと梁は説明したが、実際には、何が間違っていたかについての説得力のある証拠を提供するものとなった。梁は2012年以降おびただしい数の公約を掲げたが、人員と資金についての長期的なコミットメントはほとんどなかったと言える。その結果、同報告書は、「コンサルテーション」の詳細、「パイロット」プログラム、「試験的な」施策で占められていた。さらに、可能な限り多くの肯定的な事項を徹底的に調べてリストにした形跡が認められる。それが一般市民にとってはほとんど関心がないことであっても、である。施政報告の発行そのものが混乱していたため、その内容は有用なものとは言えない。この文書は、上手に運営された政府あるいは優れた政治的リーダーシップの産物ではなかった。

本書で特に注目しているのが、同報告書の住宅に関する箇所である。住宅問題は、梁の就任時の最優先事項であったが、それは最も恥ずべき失敗となった。彼の施政報告では、なぜ実際とは異なる結果が得られなかったかが、結果的に明らかにされている。梁政権の住宅担当局長は運輸署も管轄していた。活動報告では、香港の交通関連の説明について、住宅危機の３倍も費やされている。このアンバランスこそが、梁政権において交通問題が政治的・財政的に優先度の高い案件であったことを反映している。

施政報告では、民間住宅における大きな脅威であった建造物の管理や保守にほとんど注意が払われていなかった。このような課題への対応策は、「住宅」の項目ではなく、「文化・娯楽・地域サービスと行政」の項目に埋め込まれていた[42]。梁は『樹木管理に関するハンドブック』も自身の業績に含めていた。2016年に発行されたこの資料は、「民間不動産オーナーと不動産管理会社の樹木管理に対する責任への認知を高める」ことを意図したものであった[43]。それは、政府が近代的な不動産管理システムを導入しようと取り組んでいた時期であった。香港の市街地における樹木管理を含めることは、問題を一層複雑にするだけであり、より安全な住まいを実現するという観点からは正当化できるものではない。これは良い行政とは言えない。

梁政権の第１期の任期が終わる頃には、彼への信認はずたずたになっていた。彼が言うところでは、家族に加わるストレスのため行政長官を続けるのは不可能だと悟った、とのことだ。行政長官という職が受ける圧力に対して、梁は董建華以上に脆弱であったことが明らかになった。

## 香港のサクセス・ストーリー 林鄭月娥

林鄭月娥が第四代行政長官という権力の座に上り詰めたことは香港の典型的なサクセス・ストーリーであり、他の３人の前任者とは非常に異なる。行政長官に任命されるまでの林鄭のキャリアは特筆すべきものであった。

彼女は、教育機会を最大限に活かした同世代の女性の中でも、飛び抜けた資質を備えていた。同世代の女性たちは仕事と家庭を両立させつつ、ボランティアとして、あるいは林鄭のように職業人として、香港社会に熱心に奉仕した。そして彼女たちは活躍した。それゆえ、林鄭の政治的に有利な点は、第三代までの行政長官に比べ、より大きな個人的な信任を香港市民から得て就任したことである。

林鄭自身は、自分の境遇を恵まれていなかったと表現している。彼女はマニフェストの最初の一文でこう宣言している。「私は草の根の家庭の出身であり、学生の頃は二段ベッドの上で宿題をしていた」[44]。もっともその頃は、聡明な女性が経済的理由から、相応の教育機会を奪われることはなかった。そのような障壁は、今世紀に入ってから出来たものである。彼女は、小学校・中学校で名門校に通い、香港で最高位の大学に入った。大学では、最初は社会福祉を専攻したが、１年後、より自由度の高いコースに変えた。彼女はまた、学業以外でも大学で自由を謳歌した。林鄭によれば、彼女は「中学・高校時代に社会サービスのボランティア活動」を行った後、大学生として「社会的共感や正義を勝ち取るための活動家」となった[45]。

林鄭は、行政精英成員 the élite Administrative Serviceとして公務員となり、世界的に有名な英国のケンブリッジ大学のコースに派遣された。香港に戻ると、政府内で野心を持つようになった。財政部門で長きにわたり実績を積んだことで、「社会的共感や正義」を守るために抗議するような、若き日の熱情を捨て去ることができた。彼女は財政部門において、社会サービスを政府が負担することは潜在的に中毒性のものである、という結論を持つに至った。香港の財政は常に不安定であり、コスト削減が絶対的な優先事項である、とも信じるようになった。彼女はまた、政府部門が民間部門のようなモデルを適用してこそ、財政的な安定性が確保されると確信した[46]。

2000年12月に社会福利署Social Welfare Department【社会福祉を管轄する香港政府の一部門。当時は衛生及福利局Health and Welfare Bureauに属していたが、2007年の改組により労工及福利局Labour and Welfare Bureauに属するようになった】の署長Directorに異動すると、彼女は同部門の運営と資金調達の改革を始めた。「全ての支出は、他の政策分野の犠牲の上に成り立っている」と彼女は宣言し、社会福利署の業務が、香港の年間予算の中で低い優先順位にしか値しないという印象を醸し出した。社会福利署の政策を実行するための資金不足を解消する林鄭の対策は、ビジネス界でパートナーを探すことであった。「民間部門の参加は、企業やその効率性を通じて、公共サービスに対してより経済的な解決策になり得る」と林鄭は主張した。社会福祉という職業と営利志向の財界との間に存在する非常に異なる動機は無視された[47]。その後、彼女は房屋及規劃地政局Housing, Planning and Lands Bureau〔住宅・都市計画・土地局〕【2007年に発展局Development Bureauとして再編された】の高官に転出したが、社会サービス分野に強力なレガシーを残した。そのレガシーは数年をかけて政策として形となった。もっとも、社会サービスの質と利便性に関し、それらを必要とする人々が大きな代償を払うことになった。

林鄭は、2007年に曾蔭権政権の閣僚として政治任用を受け入れたあとも、ビジネス部門を見習ってきた。彼女の最も重要な職責の一つは、民間住宅部門で大きくなった危機への対処であった。民間住宅では、保守の不足と不十分な管理によって、より多くの住宅が公衆衛生と安全性の面で脅威となっていた。彼女は、緊急的なメンテナンス手段と雇用創出をリンクさせることで危機に対処し、政府の役割を最小化することに成功した[48]。

政府による介入は最小限でなくてはならないという林鄭の固い信念は、2010年に保守が不十分で荒廃した建物が崩壊し死者を出した事故以降も揺らいでいない。この事故は、十分な職員が確保でき、安全規制が強化されていたならば防ぐことができただろう。しかしながら、建造物の安全を担当する閣僚として、林鄭は次のようにコメントした。「究極的には、建物のメンテナンスの責任は、所有者に帰属する」と[49]。このように政府が責任を放棄したことは、市民たちだけで対応することができない危険な環境で、市民をリスクにさらすことになった。

## 剝奪された権利

香港の風変わりな特徴は、憲法に相当する基本法とその適用が、司法上の原理としてよりむしろ財務上の問題として扱われるようになった点にある。政府は、経済学者の助言程度の根拠に基づいて、基本法が明確に規定する香港市民の権利を当然のように拒絶できると考えるようになった。第1章では、この逆説的な状況がどのようにして生まれたのかを述べるが、それは香港の存続に必要不可欠と通常考えられている「法の支配」と直接衝突している。

この第1章の分析は、基本法の草案者がいかに個人の社会権と公民権を守ろうとしていたのかを明らかにした。しかし、1997年に基本法が施行されるや否や、財界のリーダーや政治家、学者たちは、基本法のどの条項を適用しどの条項を無視するのかを決める重要な基準として、財務司司長の財政予測を用いるキャンペーンを展開し、大きな成功を収めた。基本法では財政条項が最優先されなければならないという決めつけは、民間部門が効率面で常に公共サービスを上回り、納税者の利益のためのより低いコストを保証する、というドグマと関連していた。こうして、社会サービスに対する政府の支出を疑問視するキャンペーンが同時に始まった。社会サービスに関わる政府プログラムは、高額すぎて実行不可能であり、かつ資源の浪費——曾蔭権の言葉を借りるなら「海に砂を流し込んで埋め立て地を作ろうとするようなもの」と香港社会を説得する努力が続いた[50]。

その結果、一般の市民は、基本法が定めるような社会権は、社会全体の生活の質とは無関係である、と信じるようになった。しかし、これは事実ではなかった。その後の行政長官たちは次々と社会権を無視したが、これは香港社会において、まともな住居に住む権利や、基本法が想定し香港自身の法規が定めた保健サービスと教育の基準が全体として、保証されなくなったことを意味する。政府には、質の高い行政を提供し、既存の社会サービスとその関連サービスを維持し、また必要に応じてそれらを改善する義務がある。第1章では、基本法の起草者たちには、政府からこうした義務を免除する意図はなかったことを明らかにした。

何よりも驚いたことに、政府とビジネスリーダーたちは、自分たちの政策の優先順位が基本法に直接違反していることに、全く無自覚であった。基本法を遵守しなかったことが施政を誤った主な原因であることを、本書は全体を通じて示している。

## 公務員から閣僚に至るまでの管理不全

2002年まで、董建華は政府を完全に掌握していた。行政長官の決定は、政治任用者、すなわち「閣僚」とその次席によって実行されることになっていた。第２章では、この「高官問責制」の導入が、上級公務員にどのように温かく歓迎され、大多数の評論家から称賛されていたか、それなのに、なぜ導入の結果が大変な期待外れに終わったのか、を検討する。

そもそも高官問責制には、導入当初から改革の効果を疑う強力な根拠があった。政治任用者たちは経験が浅く、彼らがそれまでの公務員よりも行政の質を高めるのが非常に難しいことは、常に明らかであった。この悲観的な見通しは、疑問の余地がないほどはっきりと形になっていた。

> メディアや政治家たちは公務員バッシングという耳目を集めるゲームに日々興じていた。それにもかかわらず、公務員のトップである我々は、世論調査において立法府のほとんどの議員を余裕でリードし、その状態を確保し続けている。アジア金融危機とこれに続く不況のため、政府全体の支持率は低迷したが、それでも素晴らしいことに市民の32%は、依然としてこの政府が、市民の意思によく対応していると評価している。同じギャラップ世論調査の結果では、同様の回答をした者の比率は英国では14%、米国ではわずか５%であった[51]。

この、事実をありのままに伝える発言をしたのは、政府官僚の林煥光Lam Woon-kwongであった。林の同僚の公務員たちは逆で、高官問責制の導入に楽天的な見解を持っていたが、林は彼らと袂を分かったのであった。林が公務員事務局の局長であったことから、かつての植民地時代に特別な思い入れ――あるいは郷愁さえ抱いていたのではないか、と思われるかもしれない。しかし、林については、そのような疑いは的外れである。彼は長年にわたり中央の人民政府に非常に深く関わっていたし、董建華と個人的にも親しい関係を結んでいた。彼の発言には正当な根拠があったが、耳を貸す者はいなかった。

かくして香港の閣僚制度はスタート当初から機能不全に陥り、その後も回復することがなかった。政治と行政に手腕を発揮できる人材のストックは、公務員以外にほとんど存在しなかった。このため、任命された大臣たちは経験も専門的な知識もない者ばかりだった。時間が経つにつれ、なんらかの地位にある者は、閣僚への就任を避けるようになり、その結果、閣僚の地位は、世間の尊敬を得られず、かつ多大なストレスをもたらすものとなった。政治任用者の信頼性についても、市民にきちんと示せないことがよくあった。例えば2017年に、林鄭月娥政権の古株メンバーsenior memberである邱騰華局長が、自分の統括する商務及経済発展局に新たに加わった２名の政治任用者の貢献について、メディアから質問を受けたことがある。このとき、邱局長は「非常に優れた公務員チーム」が自分を補佐していると答えたが、政治任用組については具体的にどんな役割を果たしているのかを示すことができなかった。局長は政治任用者が「私たちの能力を高め、より効果的なやり方で物事を進めることができる」という曖昧な希望を口にした。ただし、それが実際に何を意味しているのかは、誰にも分からなかった[52]。

公共サービスの水準は劣化した。法律や規制の執行は、力強さを欠くようになった。基本法の意図に反して、住民全体の生活の質は低下した。董建華が初期に政府の全ての部門と関連機関に対して、予算をただちに削減し、人員規模の大幅な縮小を行い、実業界のやり方を政府に採用させるという決定を下したことが積み重なって、管理不全はさらに悪化した。この生産性向上プログラムEnhanced Productivity Programme（EPP）は、1998年に立ち上がり、容赦なく実行に移された。このプログラムはそれ以来、行政に破壊的な影響を与えている。その後の20年間、公務員は利用可能な予算と人員が不十分であるにもかかわらず、新しくより良いサービスを提供するよう期待されたのである。慢性的な資金不足と人員不足によって、司法の執行を含む政府の基本的な責務が無視されたことを、本書は繰り返し示すであろう。

この状況が今から10年以内に変わる、という希望は、ほとんどないように思える。第四代の行政長官として就任するにあたり、林鄭月娥は、仕事量が継続的に増大していくので、どの階層の公務員にも深刻な負担がかかっていることを認めた。しかし、彼女の解決策は現実を無視したものであった。すなわち「各部署の責任者に対して、人員の需要を減らすことを求めた」のである。また彼女は「テクノロジーの活用」にも改善の道を見出そうとした。残念ながら、本書のいくつかの章が示すように、政府部門のITおよび関連する装備は、品質と供給の両面で全くお粗末なレベルにあった。さらに彼女は、将来的に公務員全体の数を３％増加させると約束した。しかし新たな人員は、「新たな政策とイニシアティブを実行している公務員への圧力を緩和するため」にのみ雇用されることになっていた[53]。この措置は、現在の公務員の負担軽減には何の役にも立たないだろう。

第２章では、緊縮財政がいかにして社会福利署のプログラム解体を招いたのかを示す事例研究も取り上げた。香港社会全体が必要とする社会サービスは、香港基本法によって特別に保証されていたにもかかわらず、緊縮財政はその供給を阻害したのである。またこの事例研究は、政府の行政サービスの基準がどのように劣化したのか、についても記述している。生産性向上プログラムが導入される前は、社会福利署は慈善団体——現在は「非政府組織」（NGO）と呼ばれる任意団体との非常に効率的なパートナーシップを構築していた。この関係は、植民地期の政府が「福祉」に向けた敵意に対抗するために出来上がった。医療、教育や社会事業の専門家は、社会福利署のソーシャルワーカーたちと非公式な提携関係を結んで、近代的な社会サービスのための施設の建設やスタッフの訓練および資金調達を進めた。この章では、このパートナーシップがどのように解体されたか、そして政府の福祉アジェンダから利用者への思いやりがどのように消されたかを示す。

## 居住不適

管理不全の最たる証拠は、香港のように繁栄し成熟した都市の人々に、安全で手頃な価格の住居を長い間、提供できずにいることである。第３章では、この危機が民間住宅に住む何百万もの家族の幸福をどれほど脅かしているかを描写した。節約を重ねて貯金をつくり、住宅ローンを組んでマイホームを購入した人々の多くは、この20年の間に、貴重な家族の資産がみるみる毀損され破壊されるのを目撃した。こうした損害が起きたのは、管理不全に加えて建物が補修されずに放置されていたためである。これらの建物の耐久性は、所有者兼住民の寿命と同じ長さになるようには設計されていなかった。さらに民間部門に手頃な価格の住宅が不足していたことで、建物を違法に細分化して賃貸住居を増築することにつながった。全体的に見て、民間部門の建物在庫では、危険で欠陥があり、所有者が到底改修できない建物の割合が増えている。2013年には、民間住宅建築の10%（160万戸の集合住宅を含む）が、居住不可に分類された。それ以外にも、30%が「深刻な老朽化」に分類されている[54]。

この惨状の主な原因は、疑いの余地もないほどはっきりしている。建物の安全性や健全性を確保するための既存の法律や規制を実行する担当者を、政権を担っていた者たちが十分確保しなかったためである。政府はまた、高層で高密度な香港の住宅団地の管理と保守の基準を、最新のものに改める新しい法律の制定をできる限り先送りした。他の分野では、ここまで香港市民が保護されずに放置されることはなかった。例えば、株式市場、金融機関、医療および法律サービス、食品供給業者などは厳しく規制されていた。

## 「見えない」スラム街の拡大

行政長官たちが採用してきた総合的な住宅政策は、平均的な家庭の窮状をさらに悪化させた。第４章では、香港の住宅供給の管理について、初代と第二代の行政長官が下した決定の過ちを検証する。彼らは、民間部門が政府よりもはるかに効果的に香港の住宅需要を解決できると確信していた。このため、房屋委員会Housing Authority【住宅条例に基づき1973年に設立された法定機関。低所得世帯の住宅ニーズを満たすために公営住宅計画を策定し実施する】の建設計画は縮小され、委員会が保有していた土地は売却された。香港では長い間、一握りの不動産開発業者が市場を支配していたので、競争が最小限になっていた結果、市場の猛威にさらされることになった[55]。彼らは住宅の供給を減らして価格を高騰させ、さらなる儲けを期待した。このような状況をいつまでも続けることはできなかった。公営住宅と民間住宅の双方で建設の必要性はますます切実となった。老朽化し危険な民間の建物から立ち退きを余儀なくされた人々の住み替えには、公共部門による大規模な住宅供給が不可欠であった。また競争原理の下での適正な購入価格または賃料を負担できる人々に対し、民間部門が供給を拡大し手頃な値段の住宅を提供する必要があった。

## 建設用地不足

しかし、これらの目標を早期に達成するのは、まず不可能だった。政府の建築計画は、十分な建設用地を見つけるのが非常に困難であったため、2016年までに麻痺状態に陥った。第５章では、政府自身が未開発の広い土地を所有していたにもかかわらず、なぜそのような状況が発生したのかを探った[56]。この章は、歴代の政府がなぜこれらの所有地の監督に失敗したのか、そしてなぜ違法な建設目的で農村の土地を使わせてしまったのか、を考察している。この過去の過ちを是正するための公的資金は未だに準備されていない。さらに、行政長官とその閣僚に対する信頼度が低下し続けていたため、前世紀並みの建設活動がなされるようにするための十分な支持を市民から得ることは、事実上不可能であった。この危機で梁振英は大きな挫折を味わい、2016年にどのような解決を図るのかとマスメディアに問い詰められたときには、今にも泣き出しそうだったと報道されている。その後ほどなくして、梁は次期行政長官選挙に立候補しないと発表した。

林鄭月娥の選挙公約は、建設用地の不足問題にかなり関心を払っていた。しかし林鄭はかつて、土地とそれに関連する問題の責任者【林鄭月娥は、2007年から2012年まで発展局局長を務めた】として５年間も担当していたにもかかわらず、行政長官として推進した解決策は意欲に欠けるものだった。彼女は30人のメンバーからなるタスクフォースを設けた。この委員会は、元銀行家が議長となり、３人の閣僚と５人の上級公務員、政界人、財界人および学者から構成されていた。タスクフォースの主な目的は、より多くの建設用地を造成するため今後の政府提案に協力するよう、疑い深い市民を説得することであった。特別委員会のメンバーの手腕によって、社会に安心感を与えることができるだろう[57]。

彼女のタスクフォースは、香港社会を安心させる能力があるかと思われた。タスクフォースの第一の目標は、将来の政府の提案に対して懐疑的な市民を説得することにより、より多くの住宅建設用地を造成することにあった[58]。残念ながら、公開諮問、特に土地問題に関する公開諮問は、香港の一般市民の関心を呼ぶことはなかった。あるメディアに掲載された、優れた調査に基づいた記事は、香港社会が抱く疑念を非常に明確にまとめている。

> 公開諮問は、市民をブロックするような形になり、高官問責制度のイメージを作り上げる手段になってしまったようだ。しかし、土地供給に関する事例が示しているように、その結果は往々にして市民を苛立たせ怒らせてしまった[59]。

タスクフォースによって念入りに準備された公開諮問は、林鄭月娥の全ての主要な政策協議と同様に、市民の不満を増幅させたように見える。本当に必要だったのは、高まる住宅危機を克服するための不可欠な基盤として、市民が受け入れられる計画を示し、社会の支持を取り付けることができる閣僚であった。

## 市場に翻弄される学生

責任ある政府の崩壊によって、香港のようなポスト工業化経済が競争力を維持するために必要な教育水準を保てなくなり、香港の生き残りに対する長期的な脅威が生まれた。その経過を示す最も深刻な事例は高等教育部門に見られるので、第６章はこの問題を取り上げた。

歴代の行政長官は、高等教育が香港の将来的な成功のカギであると訴え続けてきた。しかし過去20年間、大学への進学は、1989年に学部の入学定員数に課された上限により厳しく制限され、今世紀に入ってなお制限が継続している。その結果、大学の入学資格を持つ相当数の学生が、門前払いされることになった。行政長官と教育局局長は、こうした学生が副学士号と卒業証書を授与する民間の機関へと自腹で向かうことを期待した。

その結果、民間部門を高水準の教育プログラムの供給者とするモデルは、完全に信用を失った。彼らが授与した資格は、学術的にも市場においても、あるいは高額を投じた保護者の間でも、ほとんど信用されなかった。独立した調査機関が激しい批判の標的にしたのは、これらの機関における品質管理の欠如であった。しかし政府はできるだけ関与を避け、学生と両親が支払った金額に見合う価値を得られるよう保証しようとはしなかった。

## 危険にさらされる人命

第7章は、失政maladministrationが事実上、どこまでも容認されていることを示した。政府が公共支出を最低限に抑えるために、公共の安全に対する脅威さえも無視してきたことの例証として、四つの事例研究を挙げた。2003年のSARSの集団感染に対する対応は、香港および香港がそれまでに得てきた感染症管理への優れた評判に泥を塗ることになった。SARSは高官問責制が抱える欠陥についての、説得力のあるエビデンスである。SARS終息後に政府が行った調査は、行政長官が危機管理面でどれほど無能だったかを、また彼に任命された閣僚らの医療サービスと疾病管理に関する法的枠組みへの無理解ぶりを明らかにした。その結果、大混乱が起きた。またこのことは、医療サービスの質にも長期的な影響を与えた。政府は、SARSの蔓延と闘うための十分な追加資金の供給を拒否した。病院管理局Hospital Authorityの財政は、すでに2000年から縮小されていたが、SARSに対応するための費用を既存の予算から捻出しなくてはならなかった。このことは、将来の患者にも悪影響を及ぼすことになった。

2011年に人命を奪ったフェリー事故は、海事処Marine Departmentにおける不適切な人員配置が主な原因であった。しかし、この悲劇のなかで最も憂慮すべき結果は、海上の安全改善に関する独立調査の勧告を受理したにもかかわらず、海事処にそれらを実行するためのリソースが与えられない、と運輸局長が公然と認めた点である。

2010年、老朽化した建物の一画全体が倒壊したために死傷者が出た。このことは、市民の激しい怒りを招いた。そこが危険な状態にあることは何年も前から知られていたからである。政府の関係部局は、まことしやかに自己弁護を行った。すなわち、スタッフは過労のため安全規則の完璧な遂行ができない状態であった、と。そして危険な建物を点検するため、スタッフ増員と所有者の管理改善を支援するプログラムが導入された。これらの措置はあくまでも一時的なものであり、関係部門の閣僚たちはこの導入に際し、雇用機会を増やすための構想であることを主な理由として正当化していた。長期的な解決策は発表されず、市民はリスクにさらされ続けた。

最後の事例研究では、住居用の建物の管理と保守における不正行為について、ICACが対応を渋ったことを検証した。長年にわたって、この問題は民間部門における市民の苦情のうち最大のものであり続けたが、ICACは介入を避けようと10年以上もあがいていた。結果として、この分野での法の執行は、あるべき以上に難しい状態に置かれ、健康と安全、そして所有者の資産価値の保全に深刻な影響を及ぼした。

## 制約だらけの中国本土市場

歴代の行政長官は、香港特別行政区と中国本土との関係を最優先事項に据えていた。第８章は専らそれを議論するが、政治的な問題は取り扱わない。なぜなら、政治案件は複雑な憲政上の問題を含むため、香港レベルではなく国家レベルで決定されるものだからである。その代わり第８章は、香港の指導者たちが未来の香港にとって繁栄の基盤であると表現した、ビジネスを行う上での関係に着目する。中国経済に統合されなければ、香港は日増しに厳しさを増すグローバル市場で生き残ることができない、と歴代行政長官たちは繰り返し警告した。さらに彼らは、優れた技術力を持つ中国本土の諸都市が香港を追い越して、香港の没落をもたらすだろうと主張した。

残念ながら行政長官たちによる、本土とのビジネスの管理は惨憺たるものだった。彼らは中国本土の経済とその限界について驚くほど無知であった。彼らは、中国の中央と地方政府がどのように機能するのか、とりわけ地方の保護主義がどれほど強いのかをほとんど理解していなかった。2003年、中央人民政府との間に「中国本土・香港経済貿易緊密化協定」Mainland and Hong Kong Closer Economic Partnership Arrangement（CEPA）【中国本土・香港間の財・サービス貿易・投資を含む自由貿易協定。2003年６月に初めて締結されて以降、毎年その内容が補充協議として更新されている】が調印された。この「自由貿易協定」は、香港企業が中国全土で自由に経済活動を行うための「パスポート」となるはずだった。温《おん》家《か》宝《ほう》首相は期待しすぎないよう香港に警告した[60]。これは当然のことだった。本土には自由な市場がなかったのだから。むしろ地方政府は、中央政府に逆らって「行政による独占、取引の強制、市場の囲い込み」を続けていた[61]。10年が経っても、この国家政策は相変わらず軽く見られており[62]、CEPAは完全に施行されない状態に置かれていた。

行政長官たちは、ビジネスのことなら自分たちが一番よく分かっている、と信じていた。中国本土側が強い疑念を呈したにもかかわらず、第二代の行政長官は、中国の5ヵ年計画に香港を取り込ませようとした。首相をはじめとする多くの中国本土の高官は、国家の経済計画に香港を含めることは資本主義経済を維持すべきとする香港基本法の要件に合致しない、と警告した。さらに、香港政府には国家計画に必要な基盤がなかった。香港には、民間部門を統制する手段がなかったし、投資資金の流れに直接影響を与えることもできなかった。しかしこれらの制約は無視され、事前の調査もなしに国家計画に加えるビジネス分野が選び出された。実施してみると、これらは全く適していないことが証明された。もう一つ重要な点は、曾蔭権の国家計画への参入意欲は、肉類の価格に対する市民の批判や中国本土の食肉供給業者の独占的慣行に部分的に動機づけられていた、ということだ。

香港の製造業者が1978年から広東省で行ってきた広範な投資によって、広東省は中国の他の地方のモデルとなった。第8章は最後に、行政長官がいかにしてこの莫大な投資の保護に失敗したか、を描き出している。2007年までに、香港企業は広東省内で1000万人の労働者を雇用し、ほぼ海外市場向けに生産を行っていた。それ以降、この産業基盤は急速に縮小したが、それは市場の力がもたらしたのではなく、中国の経済発展政策の変化によるものだった。

曾蔭権は、自分が香港企業を守れないことに気付かされた。広東省側の交渉相手は、曾よりも行政上の地位が高かった。曾は引き下がらざるを得ず、せめて香港の中小企業のために譲歩してくれと率直に嘆願するほかなかった。長年にわたって、香港の企業はひたすら効率を上げ、延命を図ってきた。しかし結局のところ、これらの企業は大量に閉鎖せざるを得なかった。1978年に鄧小平《とうしょうへい》の呼びかけに応じて、中国の近代化を推進してきた香港の投資家や起業家は、多大な損失を被ったのである。

## 悲観が支配する政治

この本は全体を通して、将来を楽観的に見ることを嫌う香港政府の姿勢が、政策形成に決定的な役割を果たしてきたことを示している。このような将来に対する見方は、行政長官とその閣僚の大部分が、政治と行政の両面でも経験不足であったことがある程度影響している。しかし、それはまた「イデオロギー」の問題でもあった。彼らは、ビジネスや専門家のエリートと同じように、香港は絶えず財政危機に脅かされており、その原因は不満を抱えた社会が公共支出の増大を潜在的に要求するためだと確信していた。また中国本土の都市が近代化を遂げるにつれて、経済危機に見舞われるのは時間の問題である、と考えていた。彼らは、香港が前世紀に築き上げ、今世紀も機能し続けている生き残りの文化の強靭性を過小評価していた。

歴代の行政長官とその閣僚および財界のリーダーたちは、常に香港の将来について否定的な見方をしてきた。しかし生き延びるという点でいえば、香港経済は問題ない。2017年に習近平主席が認めたように、これまでの香港の金融とビジネスの実績は目覚ましいし、今後についても同様に見込みがある。「我が国が順調に発展しているときは、香港はもっと順調に発展しているだろう」と習は述べて、この楽観主義の根拠を次のように挙げた。

> 香港を信じよう。香港は、多くの有利な条件と独特の発展力に恵まれている。国際的に認められた法律制度、会計・法制度があり、成熟したサービス部門、汚職のない効率的な政府、そしてビジネスがしやすい環境がある。これらによって、香港は海外の投資家から全面的な信頼を得ている[63]。

今の香港には、高度なポスト工業化社会のニーズに応じたり、基本法が定める福祉と社会サービスの要件を満たすための、しかるべき規模の公共サービスを提供するのに必要な財政的な余力がない、という主張に対し、本書は力強い反証を示す。

2017年に、北京の中央政府で香港問題担当のトップである張徳江《ちょうとくこう》は、行政長官に不可欠な四つの資格に関するメモを公表した。その一覧には、必要な項目として「統治を行う能力があり、かつ香港市民に支持されていること」が含まれていた[64]。初代から第三代までの行政長官は、この条件を満たしていなかった。最初の２人は率直に自らの失敗を認めていた。また３人目は家族の幸福を優先せざるを得なくなり、長官職に留まろうとはしなかった。

政府のお粗末な実績に対して、市民は年々ますます憤りを覚えるようになっている。この不満は、2010年以降、立法会選挙で抗議グループに勝利をもたらし、政府の計画に対する批判的な態度をますます強めている。本書は、行政長官とそのチームの選出に高い要件を課していれば、政府に対する不満は後退したであろうことを示した。基本法の優れた点に対する地域社会の認識が高まれば中国の指導者たちの不安も和らぐことになろう。

昨今の複雑な環境の下では、分析と議論の双方で客観性を保つことが非常に重要でありかつ難しい。幸いなことに現代の香港には、重要かつ安心できる特性がある。つまり深刻な失政や暴政による事件が起きれば、このオープンな社会でそれを隠蔽することは事実上不可能である。何か過ちがあれば、情報の驚くべき奔流によって、ほぼ即座に一般に公開され、毎週のようにそれが続く。その範囲は、立法会とその下にある委員会やパネルによる問い合わせから、司法や裁判所による再審理、ならびに審計署署長Director of Audit〔会計検査署署長〕やオンブズマンによる調査にまで及ぶ。

このため、本書が分析した失政とその結果を示す引用およびデータは、ほとんど全て行政長官とその閣僚の声明、政府が一般に提供した情報、および公式の調査と照会の結果に基づいている。本書の厳然たる調査の結果は、これら政府の公式情報源に基づいている。これらが明らかにしたのは概して、信じられないほどあけすけで自ら罪を認めているようなものばかりであった。したがって、それぞれの事実と主張の根拠については、全て完全な形で示している。ただし、例外が一つある。定期的に発行される基本的な統計については、『香港統計月刊』Hong Kong Monthly Digest of Statisticsもしくは『香港統計年刊』Hong Kong Annual Digest of Statisticsを参照していると考えていただいてよい[65]。

市民がいまだに非常に高い説明責任を政府に要求でき、行政長官や閣僚、その他の政治的任命者といえどもこれを免れないのは、香港の誇りである。この、権力から独立したチェック機能は、政治体制の誠実さを保つ上で特に重要であり、この後に続く章が次々と証明している。香港が生き残りをかけてもがく中、オープンで説明責任を負う行政は、香港の中核的価値観において依然として強い力となっている。

第 **1** 章

# 基本法：奪われた権利

コロナ禍にあった2020年12月、高官問責制度により任命された
高官たちの基本法忠誠宣誓式（香港政府新聞網提供）

香港基本法は極めて優れた模範となる憲法であり、香港の人々は幸運である。基本法は明確で包括的で公正であり、香港社会全体から尊重され続けている。香港の固有のアイデンティティを、経済的な成功を、法の支配を、個人の自由を維持するための青写真として、これまで非常にうまく機能してきた。

歴代行政長官や高官たちは、絶えず基本法を引き合いに出し、繰り返し基本法への奉仕を誓ってきた。しかしながら彼らは実際には、基本法の一部の条項のみを厳守すべきものとみなし、その他の条項については無視してきた。恐らく最もよく言及され、最も遵守されてきたのは、107条である。

**香港特別行政区の財政予算は、歳入に基づいて支出を決めることを原則とし、収支の均衡に努め、赤字を避け、域内の総生産額の伸び率に相応するものとする。**

香港の統治者たちは、経済状況や財政制約が香港社会全体に与えかねないダメージにもかかわらず、政府の支出を最小限に押さえることが実現されるべき原則であると、この条文に基づき主張してきたが、重要な例外が一つだけあった。経済成長を最大化することを名目に、歴代行政長官や財政司司長は、インフラプロジェクトへの投資や、財界の利益につながることは気前よく実施してきた。一方で政府の各部門・機関への支出に対する制限が、いかにそれらの組織の効率を低下させ、また行政サービスを改善し法と規制を施行する能力を弱めようとも、無視してきた。

その結果、大きな犠牲がもたらされている。最も目立つ犠牲者は、例えば病院の患者や【小中高の】学校の生徒や高等教育機関の学生、そして低所得の家庭だった。だがそれだけではなく、政府が適切な支出を拒んだことにより、市民の安全を脅かす民間住宅部門の危機も深刻なものになった。この財政の失政《ミスマネジメント》は、基本法の条項を選別的に施行したことに端を発する。

歴代行政長官や財政司司長の政策は、社会サービスの向上などに充てることができる財源が潤沢にあると主張した首相時代の温家宝《おんかほう》の見解とも矛盾する。彼は香港の財政は崩壊の瀬戸際にあるという主張を明確に否定する発言を行っていた。

## 無条件の権利

社会問題に関して、基本法は香港社会全体の福祉を対象として定めている。基本法は、直接的にも間接的にも、予算を確保し行われる社会サービス、およびそれへのアクセスを、1997年の水準より低下させることを決して認めていない。例えば「医療および衛生事業の発展と改善」や「教育の発展と改善」は政府の責任として定められている。これらの社会サービスは、最低でも1997年以前に提供または助成されていたのと同様の条件で利用可能であるべきなのだ[1]。しかし、政府はこの義務を十分果たすことができないでいる。

36条もまた政府が一貫して露骨に遵守を拒んできた条項である。これは「香港住民は法により社会福祉を享受する権利を有する」と定めている。この無条件に享受できる権利の重要性は、それが香港の人々の人権および公民権と共に並べられていることからも明らかである。この条項は、個人の自由、すなわち司法の場で独立した法的代理人を持つ権利および政府機関を訴える権利の直後に置かれている。この「社会福祉」の約束の後には、「結婚の自由」および「自由に家族を持つ権利」が続く。「福祉」は香港の人々の未来の幸福を支える基礎の一つとなるはずだったのだ。

基本法起草委員会は明らかに、社会サービスに関して1997年以前の水準以上とすることを憲法で保証することを目指していた。委員会のメンバーであり、後に基本法の「四大護法」【四大守護者】の一人と呼ばれるようになった蕭《しょう》蔚《い》雲《うん》教授が、この目標について説明している[2]。彼の記すところによれば、委員会のメンバーたちは、香港基本法施行後の政府が、香港の福祉事業の対象範囲を拡げその質を向上させるべきであることを当然とみなしていた。それゆえ145条は「これまでの社会福祉制度に基づいて、香港特別行政区政府は経済状況と社会の需要に鑑みて、独自にこの制度を発展させ改善させる政策を策定する」と定めているのである。その記述には、1997年以前の制度を解体したり縮小したりする余地はない。

実のところ起草者たちは、植民地でなくなった後の政府が、社会サービスを拡大しようとし過ぎることを懸念していた。彼らは「発展と改善」に際して、「慎重なアプローチ」を呼びかけていた、と蕭教授は記している。ただしそれでも、すでに得た権利の維持とその将来的な拡大は、基本法の中で敢えて意図的に言及されているのだと彼は指摘している。

> 「基本法」中の住民の社会福祉についての条文は、すでに香港住民が享受している水準の社会福祉を法的に保護することに主眼を置いている。住民が未だ享受していない社会福祉についても、経済成長に鑑みて段階的に導入することが可能である[3]。

起草者たちは、新たな事業への取り組みが可能だということを明確にしており、特に「労働者の退職後の保障と福利厚生」の必要性について明言していた[4]。

## 中央政府の見解

これらの明確な条文が、保守的な財政政策を定めた107条を不適切に解釈したために、ほぼ例外なく無視されてきている。これが可能になった背景には、香港の人々が、法と財政に向き合う際の指導者たちの態度を、専門的で誠実なものであるとみなして信頼してきたことがある。その結果、基本法に定められた、香港に相応しい社会サービスを享受できるという香港市民の権利について、政党、福祉団体、業界および学界の専門家、そしてメディアは概して政府の、財政規律を重視する見解を受け入れてきた[5]。もし議員やボランティア組織が政府による事業の削減や料金・代金の値上げに異議を唱えたとしても、政府のスポークスマンは、基本法の定める予算の制約に従うために必要な措置であったと返答したことだろう[6]。そのような公式声明が基本法の誤った解釈に基づいていたとしても、政府の説明は権威あるものとして尊重されてきたのである[7]。

特殊な権益も絡んでいた。実業界は福祉国家建設につながるのではという懸念から、政府による社会サービス関連支出の増加に反対するキャンペーンを積極的に行ってきた。例えば名門企業の一員にして某政党の主席でもある人物は、同僚議員たちに対して、「低熟練労働」に就く労働者たちは現実を直視するべきだと述べた。「社会の需要を満たすことができないのなら、残念ながら彼らが社会から排除されてしまうことも至極当然だ」、と彼は言った[8]。そのような見解は、完全に基本法に反するものである。

中国の中央指導部は、このような事態を認めていなかった。温家宝《おんかほう》首相は

2011年の全国人民代表大会【中華人民共和国の最高権力機関であり立法機関、年に1回開催される、略して全人代ともいう】の後、香港情勢に関するコメントの中で、社会サービスの費用負担について歴代行政長官と財政司司長が採用してきた判断基準を否定した。彼のメッセージは明確でシンプルなものだった。

> **十分な政府収入と潤沢な外貨準備があるのだから、香港はそのような有利な条件を最大限活用して社会のセーフティネットを改善し、特に社会的弱者に気を配ることで、香港の人々がより良い生活を送れるようにするべきだ[9]。**

彼の発言は、既存の社会サービスは不十分であるというもので、支配層のエリートへの明確な非難であった。首相は、包括的な社会改革プログラムは財政崩壊につながるという歴代行政長官と財政司司長および実業界のお馴染みの主張はあまりにも大袈裟であり、それゆえ現在の状況は受け入れがたい、と考えていた。

翌年も首相は「社会的公正、物価の安定、住宅供給、教育、医療などの大きな問題を解決するため、格別の努力がなされるべきである」と述べており、同じメッセージを繰り返す必要があったようだ[10]。彼は、適切な社会サービスの提供や満足な住宅供給を行うために支出することが、基本法に抵触するという政府の主張は正当な理由を欠いていると分析していた。しかしながら、これらのコメントは、香港の指導者たちに無視された。本章の後半で述べるように、2017年、李《り》克強《こくきょう》首相が第四代行政長官に対し、クオリティ・オブ・ライフが優先されるべきだと明確にしたことで、ようやく首相の考え方が浸透するようになった[11]。

## 終審法院：政府への有罪宣告

法廷もまた何年もの間、政府の社会サービス政策を非難しようとしてこなかった。社会権の議論になった際、裁判官たちは、その「経済的な負担可能性」についての政府の説明と統計を額面通りに受け取ってよいと思い込んでいた。その結果として裁判所は、そのような事業への支出が増えれば、香港の財政的安定が脅かされるという政府の抗弁を認める判決を下す傾向にあった[12]。

2013年になってようやく、社会福利署に対する訴訟が終審法院【日本の最高裁に当たる香港の最上級裁判所】で審議されることになった。そこでは、財政上の安定を理由に個人の権利を剝奪するような政府の慣行は認められないという判決が下された。「政府は、節約のため支出を削減すると主張することは可能であるが、節約それ自体は法に適合する目的とはなり得ない」と終審法院は宣告した。判決文には「もし支出の削減により、公衆の利益のために政府が遂行すべき責務が放棄されることになるのであれば、その手段で実現される節約は基本法に適う目的とはなり得ない」と続けられている。終審法院はまた、香港の予算実績を精査した上で、十分な社会サービスのための費用が危険な赤字につながるという証拠はない、と結論づけた[13]。

政府は終審法院の調査結果に対し、社会福祉関連支出が深刻な財政負担となるレベルまで増大してしまうだろうと警告した。各界の議員や多数のメディアからも、追随するかのように危機感が表明された。中には、政府は全人代常務委に要請して、裁判所の決定を覆す基本法上の権限を行使させるべきだとする声もあった。結局、政府はそのような大胆な施策は不要であるとの結論に達した。高官たちは、社会サービスを削減したり、市民の負担を増加させることへのフリーハンドは、終審法院の判決からは実質上ほとんど何の影響も受けないだろうと考えたのだ。行政長官と高官たちは引き続き、過去にもしてきたのと同様に、差し迫った財政危機を予見して見せさえすれば、自分たちの都合のいいように基本法を解釈することができた[14]。

## 破られた約束

社会政策を決める際に、基本法の関連条項を否定することは、董建《とうけん》華《か》の時代から行われていた。1997年の就任を控えた彼は、市民に、政権の達成目標として魅力的なビジョンを提示していた。彼の約束は香港社会全体の願望を満足させるものだった。「香港は安定し、公平で、思いやりにあふれ、民主的な社会になる——その基礎は機会の平等と公正な競争だ」と彼は宣言した。彼が誓ったところによれば、「自力更生self-relianceを促進するとともに、高齢者や恵まれない人々を保護する社会福祉制度」がもたらされるはずだった[15]。

彼は社会の全ての階層の生活を変え得るような「ニューディール」を提言し

ようとしていた。彼の約束は具体的なものだった。

- **「香港の全ての人々に、近代的でバランスの取れた教育を与える」**
- **「より多くの市民が、持ち家を手に入れる夢を、可能な限り早く、実現できるようにする」**
- **「高齢者たちのための包括的な政策を策定し、高齢者に安心感や帰属感、生きがいを与える」**[16]

彼の公約は、1997年以降の社会サービスの発展についての基本法の規定ともよく合致しているように思われた。しかしながら香港の人々はすぐに、董がこれらの公約をそのまま実行する気などないことを知った。「公平equitable」「思いやりにあふれるcompassionate」という言葉には非常に限定的な解釈が施された[17]。本来の三つの目標も、結局全て放棄された。個人が受けられる教育の質は、すぐに親の懐具合に依存するようになった。公営住宅事業は民間デベロッパーとの競合となるのを避けることを名目に、2002年までに大部分が解体されてしまった。建設用地の供給が縮小するとともに、公営・民間住宅の建設は減少した。2011年になると、この誤った政策は、その帰結があまりに深刻なものとなったため転換されることになったが、2017年になっても政府は、未だに公営住宅事業と建設用地の供給を、2002年以前の水準に戻すことに苦闘している。高齢者と彼らの安心はというと、政府は未だに年金整備のための審議会を開くばかりで、定年後の資金援助のために設立された強制性公積金Mandatory Provident Fund（MPF）制度の改革は、財界の既得権益に阻まれてしまっている。

董は就任に際して、「香港人が儒教の倫理を再発見することを呼びかけ」てもいた。彼の定義によれば、それは「対立・権利・個人主義よりも、合意と調和・義務・家庭主義と集団主義」を求めることであった。香港社会は「個人的な権益の追求よりも文化的な義務への呼びかけ」に動機付けられることになった。また高齢者、弱者、障害者、病人のケアは、家族の責任ということになった[18]。董の主張は、事実上、そういった社会的弱者は自ら生存手段を見つけるべしというものだったが、これは財界や専門家たちのエリートにも広く共有された見方だった。もし政府が給付を行えば、関連の費用がビジネスの効率性を蝕み、利益の減少と増税につながるだろうというのが彼らの間で支配的な確信だった。董自身も「貧困削減問題についても、政府は香港のこれまでの成功を支えてきた、自由市場の原理に忠実に従う」と説明している[19]。つまり、政府は困窮した人々に対して基本法が目指していたような保護を与えることに、何の意義も見出していなかった。

## 絶望的な事例

第二代行政長官の曾《そ》蔭《いん》権《けん》も董建華の方針に従ったが、重要な違いが一つだけあった。彼が社会サービス関連経費に反対した理由は、費用負担面だけではなかった。実際、彼はあるとき、「政府は節約する必要がない」ため予算上の困難はないと認めたことすらある。全ての人により良いクオリティ・オブ・ライフを実現することは、達成可能な目標であった。「我々は予算の均衡を保つことが可能であり、香港社会は、我々皆が望む、より綺麗な空気、より良い病院、より長い寿命、より良い社会福祉、より良い道路、より良い全て、を実現するための手段を確保できる最も優れた進め方に集中すべきだ」と彼は認めた[20]。しかし彼は同時に、困窮した人々のための支出は何のためにもならないと確信していた。彼は「政府は自らの財源を用いて貧者を支援すべきではない。必ず失敗する」と述べ、それは「海に砂を流し込んで埋め立て地を作ろうとするようなもの」だと言った[21]。この主張は、基本法が宣言した、香港の人々の社会福祉サービスを受給する権利を完全に否定するものである。

曾蔭権はその任期中、香港が貧困を根絶することなどできはしない、というメッセージを語り続けた。2006年、彼は世界の先進都市はいずれも移民を引き寄せており、貧しい状態でやってきた彼らは、その状態に止まる運命だと述べた[22]。後の機会には、短期的なあるいは簡単な解決策を想定することなど無理な話だと主張した。

> この問題を真に解決できた者などいないのだから。我々にできるのは雇用と社会階層の上昇によって、さらには教育を通してこの格差が埋まることを希望するのみであり、社会の特定の人たちが永遠に貧困のままにとどまることは我々も望んでいない。一定の期間をかけて、人々が自らの地位と収入を改善できることを望んでいる[23]。

2011年になっても、彼は貧富の格差は避けがたく、改善できないのが資本主義の特徴であると香港社会に説き続けていた[24]。

実際には、香港への移民は大陸当局により厳格に規制されている。それゆえアジアの多くの都市に見られるような貧しく困窮した人々が無制限に流入するような事態に陥ってはいない。さらに、香港がどうにもならないほど貧困を輸入しているという曾の主張は、センサスのデータとも一致しない。これらの統計は、2011年までに新たに大陸から流入した移民の平均世帯収入が、2001年の移民よりもはるかに豊かであったことを示している。それに加え、2011年までの間に大陸から移住してくる市民の教育水準は驚くほど向上しており、現在は香港全体の平均に匹敵する[25]。

曾は社会サービス関連の支出、特に経済的に自立できない者への支援は、社会に対する詐欺行為のようなものだと確信していたらしい。どうやら彼は香港を、疑わしい資格で福祉サービスに殺到する人々に脅かされた街として見ていたようである[26]。彼の偏見に満ちた見方を示すひときわ顕著な例は、老人への不信だった。彼は高齢の市民は大した理由もなく医療を受けようとすると疑っていた。高齢者たちは夜明け前から医院に並び、「朝の飲茶仲間と待ち合わせをしている」のだ、と[27]。彼は衛生局長に「我々の医療介護資源が高齢人口により濫用されていないか」調査するように命じている。彼自身が「中国文化にあふれる」[28]と形容したことがある香港社会において、老人への敬意を欠いたこのようなコメントは驚くべきものである。行政長官は高齢者の基本法上の権利を保護しなかったどころか、公式報告の中で、彼らを診療所や病院の施設を圧迫する存在として非難したのである[29]。

## 伝統の維持

次の行政長官である梁振英《りょうしんえい》は、多くの面で董時代への逆戻りとなった。梁もまた「誰もが安心して暮らし、働けるような、公平、公正で、思いやりがあり、調和の取れた社会」を誓って就任した。病気の者はみな必要な治療を受けることができる。高齢者にも適切な介護を保障する。学生たちもみな自らの教育水準に見合った仕事を見つけられるようになるだろう[30]。それらの計画を実現するのに必要な専門知識があるように思われていた彼だったが、残念ながら実際には、政治的にも行政的にも到底手に負えないことばかりであった。これは住宅問題という、彼のような職業的背景を持つ人物【梁振英は測量士資格を持ち、不動産コンサルタントとしてキャリアを積んできた】が指揮するには最適であったはずの事柄に関して特に顕著であった。かつて行政会議の召集人などを歴任し、政治的には決して素人などではなかったはずの彼が、なぜそれほど身動きがとれなくなってしまったのだろう。彼はそれまで10年以上、ほぼ全ての主要な政策の議論と承認に関与していたというのに。

梁は前任者と同様、社会サービスおよび関連事業に資金を投入する危険性を主張し続け、社会権が香港人に与えられた法的権利であるということについて、全く認識していないように見えた。むしろ彼は香港社会において、社会サービスへの需要が高まる潜在的可能性について、エリート層が抱いていたパラノイアを共有していた。普通選挙についても、2014年に外国人ジャーナリストに対し、懸念すべき事柄であると語った。もし選挙が「完全に数字上のゲーム、数字的な代表制」になったら、毎月の収入が（平均月収の）１万3400香港ドル以下の、すなわち人口のうち相対的に貧しい半数が「政治と政策」を支配することになるというのだ。

この危険を避けるためには、行政長官の候補者について「福祉国家建設を目指すべきという、人気取りのプレッシャーから候補者を遮断し、政府がビジネスフレンドリーな政策をとることができる」ようにするための「スクリーニング」が必要であると彼は語った。彼の分析によれば、それぞれの階級が自らの利益を守ろうとする階級闘争が進行中であるということであり、彼自身は実業界とその利益こそが香港にとって最も良いものであると信じていた。よって「ポピュリスト的な圧力がかかることが、抗議者たちの求める完全自由選挙の要求に反対すべき重要な理由」であると梁は語った。同時に彼は、自らの態度がもたらした社会の緊張状態も自覚していた。「社会階層間の移動と経済的に負担可能な住宅が欠如している」ことが広範な抗議運動【彼の任期中には2014年の雨傘運動をはじめ大規模な抗議運動が頻発している】につながったと述べている[31]。

彼の政治的な分析は基本法の政治、そして社会に関する条項を無視していた。普通選挙の拒否は、45条に定められた基本法施行の発展に関する原則に直接抵触する。「最終的な目標は、行政長官が、指名委員会によって『民主的手続きに従い』候補が指名された後に、『普通選挙』で選出されることにある」。政府が月収の低い者と財界に近い者を区別すべきだという梁の議論はこの条文に反していた。彼が基本法の社会サービスの改善を求める条項を認識しなかったこともまた、基本法に抵触している。

梁は自らの政策が招いた、香港社会に広がる反感を憂慮していた。彼は就任にあたり、扶貧委員会Poverty Commission【貧困問題に対応するために董建華時代の2005年に設立された政府部門。曾蔭権時代の2007年に解散していた】を復活させたが、貧困人口の収入不足は深刻なままであり、2015年段階において人口の14％が貧困層と分類されている。政府はこの数字を３年連続で100万人以下（この年には合計97万人だった[32]）におさえることができたと得意げであった。梁は総じて、長期的な福祉支出を可能な限り少なくしようとした。代わりに彼は過剰なほどの短期的イニシアティブを採用し、立法会などでこれらの政策に言及することで、保健・社会福祉サービスを必要とする人々が強く求めてきた長期のプログラムに十分な資金が提供できていないのではないかという静かな批判をかわそうとしてきた。

この取り組みはうまくいかなかった。扶貧委員会の運営全般の責任者は、当時の政務司司長であり、後に行政長官となる林鄭月《りんていげつ》娥《が》であった。彼女は2016年に、「本年の貧困削減措置は、断続的なバラ撒きだけ」であり「福祉事業は、何の中身も伴っていない政府の情報操作だ」との攻撃にさらされた。彼女はそれに答えるため、委員会の活動を列挙した。だが、言及に値する具体的な成果を見つけようとする彼女の試みには、どこか絶望的な雰囲気があった。結局、追い込まれた彼女は「貧しく困窮した人々を支援するための政府のコミットメント」を示すため、「専門のウェブページの立ち上げに加え、110回ものプレスリリースを行った」[33]と委員会の行った広報活動を引き合いに出すほかなかった。

５年の任期の最後に、社会保障手当申請者に求められていた、最も品のない条件の一つである、親への援助を行わないことを宣言する「衰仔紙」the bad son statement【直訳すれば悪徳息子声明】への署名を廃止したことは、梁の業績として挙げられるだろう。しかしこの譲歩も公共支出を抑えるための措置だった。彼はこれを社会保障の基準を満たす高齢者の減少に関連づけ、申請のための最低年齢を60歳から65歳に引き上げた[34]。このような取引は基本法の精神に背くものと言えよう。

## 忠実な信徒

林鄭月娥は、第四代行政長官として指名に向けた選挙活動の際は、基本法をそれなりに尊重していた。「我々の制度の利点、我々が享受する権利と自由は基本法によって保障されている」と、彼女の選挙マニフェストは紛れもなく宣言している。ただし彼女は福祉その他の社会サービスへの権利を定めた条項については言及していない[35]。

この政策分野において、彼女のマニフェストが提示した原則は、あまりにも漠然としたものだった。

> **貧困削減であろうと高齢者のケアや恵まれない人々の支援であろうと、政府は以下の原則に忠実に政策を策定する：児童優先**（pro-child）、**家族優先**（pro-family）、**就業優先**（pro-work）、**受給者優先**（pro-user）。

このリストには「ビジネス優先（pro-business）」も含まれるべきだっただろう。彼女のビジネス優先の姿勢は、彼女のマニフェストが「医療福祉職」ではなく「医療産業」に言及していることからも明らかであった。その専門用語の背後には、民間部門により多くの役割を担わせることで公共支出を抑えようというはっきりとした思惑があった。例えば彼女のマニフェストはこう宣言している。「官民連携に加えセクター間、職種間の協力を進め、医療、ヘルスケア業界全体を集約、強化する」。この「強化」の一例は「専門家や病院のサービスへの需要を減らす」ための取り組みであったが、それらの事業は過去15年間、深刻な資金不足に悩まされており、すでに十分機能していなかった。

林鄭月娥は、高齢者についても曾蔭権が行った仕打ちよりはましな扱いを約束した。「高齢人口は公共財政の脅威ないし重荷とみなされてはならない」と彼女のマニフェストは述べている。しかしここでもまた、公約は漠然としており、例えば老人ホームのケア施設の深刻な不足などの問題を全面的に解決する計画を提示するのではなく、実験的な計画や限定的なイノベーションの導入から主に構成されていた。彼女はこれらの限定的なマニフェストを2017年の施政報告にも律儀に取り入れている[36]。

林鄭月娥が社会サービス関連の公共支出に対して警戒心を持っているのは驚

くべきことではないのだろう。彼女は2000年に社会福利署署長に就任したときにも同じような態度をとっており、それを華々しい昇進の過程【林鄭は、曾政権時の発展局局長、梁政権時の政務司司長を経て行政長官に就任した】で維持し続けた。例えば行政長官になる前年、高齢者政策を扱う際に、彼女は、香港社会が高齢者たちの介護を支える費用について、恐ろしい警告を発している。高齢者支援制度の最も深刻な欠陥の一つは、政府が包括的な退職スキームを設立できていないことにある。しかし彼女は、その解決の可能性について協議する中で、香港社会に「費用のかかる皆年金制度」か「高齢者のニーズを満たすための医療・福祉サービスの強化に十分な資金を提供できないという結末」の二者択一を迫ったのだった[37]。彼女のコメントは、事実上、高齢者の福祉を保証するための包括的で現実的な解決の模索から、政府がすでに手を引いてしまっていることを示していた。

## 社会権の死と埋葬

基本法の起草が進み、その内容が公表されていくにつれ、1997年までに、人々の間で、社会権に関する意識が相当に高まった。そのため著名なソーシャル・ワーク研究者である周永新《しゅうえいしん》Nelson Chow Wing-sun教授は、人々の福祉に対する期待が高まると予測した。彼は、基本法が香港の人々に「社会福祉への権利」を与えたのだから、「政府に対する社会福祉への要求が強まる傾向が反転することはありそうもない」と信じていた。

周教授は、「脆弱な」家族に社会的弱者の保護を分担させようとする董建華が立てた目標を実行するのが難しいことに気付いていた。社会サービスの需要に供給が追いつかなくなり、憂慮すべき状況が生じるであろうと彼は主張した。そのような状況の下でも、政府は基本法に定められた低い税率を維持するという義務に従うため必要な予算を用意できない、と周は明言した。1998年、周は政府に対し、社会福祉を享受する権利は最も貧しい人々に限定されるものだと社会に警告を発するよう、勧告した[38]。

そんな未来を恐れていたのは周教授だけではなかった。著名な実業家でもあった立法会議員は、基本法が起草されるはるか前の黄金時代をこう振り返っていた。

> かつて香港には「CSSA」(Comprehensive Social Security Assistance)〔総合社会保障援助計画〕【収入・資産が一定水準に満たない香港市民に対し、社会福利署が現金で生活費を支給する生活扶助制度】もなく、職業紹介事業もなく、従業員再教育計画Employees Retraining Schemeもなかったが、社会全体に自助努力を惜しまない精神があった。香港人は、たとえ職を失っても、困難を厭わなければ必ず生計を立てることができるという信念を持って、再び挑戦した。しかしながら、昨今では香港人は自らを顧みず社会のせいにするようになった。ただ政府に依存し、自己を反省しない消極的な心理になってしまったのだ[39]。

基本法の起草者たちが思い描いたような、社会サービス関連支出を増やしていくという希望は、すぐに政府によって打ち砕かれることになった。1997年、ハーバード大学から調査団が招聘され、当時の香港の健康保険制度およびその長期的な負担について評価を行った。その調査結果は、将来の財政的困難を予測していた。政府は社会政策の策定において、控えめな予算こそが基本法の定めた最も重要な義務であると主張するための、新たな武器を手に入れたのだった[40]。これにより社会権への攻撃が激化した。

翌年、実業界の大物らから構成された地位の高い諮問機関が、長く続いた香港の経済的成長により、一部の労働者の勤労意欲が削がれていると主張した。労働者たちは「早く豊かに」というメンタリティと「依存文化」を身につけてしまっており、政府に「非現実的な期待」をするようになっている、と[41]。このような主張を裏付ける統計的な証拠は一切なかった。労働組合が非常に弱く、ストライキも滅多に起こらない香港のような社会において、労働者が甘やかされているという主張は馬鹿げたものだった。加えて1997年以前、賃金上昇が停滞し所得格差が広がっていた時代においても、労働生産性は立派な水準を達成していた[42]。しかしこの中傷は、社会サービスを制限する政府のキャンペーンにおいては、有効な武器となった。

歴代の行政長官および政府高官たちは、香港のような繁栄を誇る社会であれば当然提供すべき教育、医療、社会福祉サービスを実現する、長期的な視野に立ったプログラムを提供できない理由として、世界市場の好ましくない状況とその香港実業界への悪影響を、しばしば理由に挙げてきた。例えば2002年、財政司司長の梁錦松《りょうきんしょう》Antony Leung Kam-chungは、香港がアルゼンチンのような財政崩壊に陥る可能性があると主張した。彼はその年の予算演説で、香港への警告として同国の不幸な財政状況に言及し、再び緊縮財政への呼びかけを繰り返した。ラテンアメリカの国家との比較は馬鹿げたものであり、ましてや彼自身が以前、香港が同様の災難に見舞われるリスクはないと明確に語っていた。彼の変わり身の動機は明らかだった。公共支出を削減する言い訳を探していたのだ[43]。

高官たちは、ときには大っぴらに基本法を否定する意思さえ示すことがあった。そのため早くから、ある衛生福利局局長は、1997年以前の政策は「社会福祉制度の『発展と改善』」を推進するためのものであれば変更も可能であるという基本法の要件を引用しておきながら、局内の福祉部門への補助金を削減しようとした。これらの削減には、認知症の親、特別なニーズを持つ子供や重篤な障碍を抱えた子供に対する悪影響を最小限にするための配慮が欠けていた。彼は、「基本法を狭く解釈したとき」、NGOへの財政支援制度に彼が行ったこれらの変更が違法であることを公に認めていた[44]。局長はそれでも実行し、不幸な結果がもたらされた。

NGOは福利局のサービスの実に80％を担っており、その実施のためには補助金が必要だった。諸団体は「福祉サービスのクオリティおよび持続可能性」が深刻に脅かされていると警告を発していたが、この危険は、当時の香港経済の落ち込みと付随する「一層複雑化しつつある社会問題」によってさらに悪化していた。さらなる問題は、NGOの業務が労働集約的であることだった。人員の基準は法令や許諾条件により定められており、余裕を持った人員配置を行う余地はほとんどなかった。2008年までに、社会サービスの困窮は深刻なものになり、明らかに基本法に違反した状態になっていた[45]。政府は、社会のほとんど隅々にまで、社会サービスはそもそも賄い切れないものである、と信じ込ませることに成功したのだった。

2009年、立法会の法律チームは社会保障費の削減について、予算の制約を理由にした大雑把な議論を展開したが、これもまた、例によって、エビデンスによる裏付けを何も持たなかった。

**我々は、経済的に弱い立場に置かれた人々に効果的かつ持続可能なセーフティ**

**ネットを提供することを目指す一方で、社会のさまざまな階層の間の利益に合理的なバランスを保つ必要もある。社会サービスの長期的な持続可能性を視野に入れた上で、財政上の制約と増加し続ける需要を考慮し、公共の資源を割り当てるための合理的な基準が求められる。**

立法府の法律の専門家たちは、このようなレトリックが緻密な検証に耐えるものではないことに、気付いていたはずだ。だから彼らは世論を引き合いに出す必要があった。ただここでも彼らの主張は一般論に基づいており、具体的なデータを伴うものではなかった。

**急増する福祉支出に対し、香港市民の不安が高まっており、一方、既存の「CSSA」の住居規定は緩すぎるため、より厳しいものにする余地があるというのが社会のコンセンサスである[46]。**

いずれにせよ「市民の不安」を理由に、基本法の条文の施行が停止されるべきではない。政府の統計はそうした中傷が謂れなきものであることを示している一方で、そういった不安は、社会保障申請者を貶める政府のテレビ広告が煽ってきたものであった[47]。

## 政府の反撃

このような政府の立場は揺るぎないものに思われたが、2013年に終審法院は、これを基本法に反していると宣告した。すでに触れたように、裁判所は基本法が定めた社会福祉を受給する権利及び、適切な教育、その他の社会サービスは蔑ろにされてはならないと宣告した。しかしながら翌年、財政司司長の曾俊華《そしゅんか》John Tsang Chun-wahが、裁判所の決定を、膨大な統計データの山の中に葬り去ることに成功したように見える。彼は著名な経済学者と会計の専門家を２名ずつメンバーに含む、長期財政計画のための小規模なワーキング・グループを結成した。同グループが発表した計量分析と社会予測を組み合わせた報告は、すぐに予算に関する一般通念の一部となった[48]。

同グループの働きにより曾俊華は、経済破綻がすぐそこに迫ってきているため、政府が教育、医療サービス、社会福祉という、社会サービスの三つの分野における支出増加に歯止めをかけなければならない、という予測を提示することができた。増大する費用のために、香港の伝統的な均衡予算が破綻してしまう、とワーキング・グループは主張した。彼らが示したシナリオは三つあったが、いずれも長期的な赤字を招くとの展望だった。懸念されてきた危機がすぐそこに迫っていることも予測されていた。曾俊華は、2014年の財政予算演説でそれらの予測をこうまとめた。財政崩壊が起こるまでの年数は、

- ７年：過去のトレンドが継続し、３分野の社会サービスの費用が年に３％増加した場合
- ８年：３分野の社会サービス費用の増加が年平均１～２％に抑えられた場合
- 15年：三つの社会サービスのプログラムを現在の水準で凍結させた場合

実際はワーキング・グループの提言には、異論を挟む余地があった。彼らの予測は、香港経済を脆弱で、特にグローバル経済の変動の影響を受けやすいものとして仮定していた。財政司司長はこれまで巧みに回避してきたものの、公式の統計は繁栄を誇る香港経済が歴史的にも類稀なる回復力を発揮してきたことを示しており、これは彼にとっても厄介な問題になりかねなかった。例えば、2014年の財政予算演説では、彼も財政的、経済的破綻の脅威が現に存在するわけではないと認めざるを得なかった。「１人当たりのGDPが３万8000米ドルである香港は成熟した経済であり、過去30年間、実質GDPは年平均4.6％成長してきた」と彼は語った[49]。政府の財政剰余金残高はGDP全体の３分の１にまで達しており、これは22ヶ月間、税金、固定資産税、諸料金などの収入がなくても全ての政府の活動を賄えるほどの額だった。公債の残高が積み上がっているわけでもなかった。これほど強靭な財政は他の先進国経済においてもほとんど例を見ないものであり、それだけに財政司司長の将来への悲観はなおさら奇妙だった。

しかしながら、曾俊華は、ワーキング・グループの提言を直ちに実行に移した。抜け目のない彼は、市民の警戒感を招くことを避けるため、社会サービスのみを直接に攻撃することはなかったが、その代わりに３年にわたる「効率促進」計画を立ち上げた。政府の各部門は今後３年の間に運営経費を２％減少さ

せることを求められた。最も打撃を受けたのは、市民からの需要があり、当然ながら勝手に削減することのできない学校や病院やそれらの関連事業などの社会サービス部門だった。これらの領域は労働集約的でもあり、財政削減は当然、人員削減や賃金削減につながった。これらのサービスのクオリティも影響を受けることになり、病人や社会的弱者の待ち時間も延びることになった。財源縮小とともに社会サービスの供給も縮小し、董建華・曾蔭権政権の政策の二の舞となった[50]。基本法が再び軽んじられたのだ。

## ビジネス優遇

歴代の財政司司長は毎年、福祉は賄いきれないと主張してきたが、財政予算演説の中で個人事業主たちへの税負担の軽減は続けてきた。彼らに課される最高税率は15％であり、すでに世界的に見ても税の負担が最低水準だったにもかかわらず、である。同様に不動産所有者にも頻繁に固定資産税ratesの還付が行われた。やっかいな政治問題となるほどに、財政黒字が拡大していたというのが真相だったのだ。解決策としてとられたのが、2007年に始まる「一度限りの減免」と呼ばれる減税政策だった。黒字が絶え間なく増加したため、2018年からは恒久的な軽減措置となった。

このような財政措置を実行するにあたり、そもそも恵まれない人々には、最も低い優先順位しか与えられていないのは明らかであった。例えば2008年には、利得税profit tax・物業税property tax【資産所得税（家賃収入に対する課税）】・薪俸税salaries tax【給与所得税】に対する減税や免除は280億ドル相当であったが、恵まれない人々への追加の補助金は、その数字の半分強にとどまった。加えて、「政府は今後長期的に、富裕層からの徴収を年に65億香港ドルずつ削減していく」とされた。しかし、恵まれない人々への「長期的計上」は合計2.87億香港ドルにとどまった[51]。立法会の研究弁公室の2017年の報告によれば、同年の財政予算演説で発表された「一度限りの救済」措置のうち、64％が「薪俸税・利得税・物業税支払者への余剰歳入の還付」に割り当てられており、社会保障の受益者など「庶民と恵まれない人々」の支援に当てられたのはわずか16％であった[52]。

社会サービス以外の目的、特に政治的な利益につながる実業界向けの政策支援に対しては、いつでも財源があるようだった。その端緒となったのは1999年、グローバルなIT業界の投資を引きつけるための「サイバーポート」計画に78億香港ドルの支援を行ったことだった[53]。同プロジェクトは想定されたほどの成果を上げることができず、実業界内部でも批判された。

中小企業への直接の助成金も、それがビジネスにほとんど貢献しないという証拠が山のようにあったにもかかわらず、同じ時期に開始された。現在まで続くこの制度であるが、当初は詐欺や公的財源の不適切な利用につながる危惧が高いとして、金融業界や香港金融管理局Hong Kong Monetary Authority（HKMA）【中央銀行に相当】から反対されていた[54]。彼らの危惧はもっともだった。後に審計署署長〔会計検査署署長〕の二つのレポートによって、中小企業による助成金の濫用が蔓延していることが明らかにされている[55]。この制度の恩恵を受ける企業や労働者は比較的少数だったにもかかわらず、2012年に、財政司司長は中小企業貸付保証プログラムを延長し、1000億香港ドルを供出した[56]。

2017年には、香港の中小企業助成金は国際的な側面も持つようになった。パリで行われたOECDの会談に出席した担当の高官が、この補助金は香港の経済が創造力に富んでいる証であると自慢げに宣言したのだ。香港は5億香港ドルの「試験的プログラムを開始し、中小企業が先端技術を用いて生産性を高め、ビジネスプロセスを高度化する補助」を始めた、とのことだった[57]。中小企業への新たな補助金から期待される具体的な利益については、何も示されなかった。

林鄭月娥の行政長官選挙時のマニフェストも、この気前のよい態度を維持することを約束していた。彼女は「2段階の利得税課税制度を導入し、何万もの企業が40％の減税を受けられる」ようにするという計画だった。「中小企業、スタートアップ企業」の200万香港ドル以内の利益には【法人税として】16.5％ではなく10％の税金が課されることになった。それに加えて、「海外の一流の有名企業が香港に進出する」ことを促すための減税措置も用意されることになった[58]。オープンで洗練された経済を持ち、すでに最低限の税率を定めていた香港にさらにそのような優遇が必要であったかは疑わしい。さらに、彼女が国際企業を誘致しようとした狙いは、香港のためではなかった。それらの企業の大多数の利潤は香港以外で生み出されるものであり、どちらにせよ自動的に香港では免税となるのだから。

## 課税の真相

財政司司長たちは、社会サービスへの予算を絞る主な理由として、基本法を引き合いに出し、財政赤字を避けなければならないと説明してきたが、実際のところ重視されたのは個人的な利益と商業的な利益であり、課税を抑制すること、あるいは可能であれば減額することが真の理由である。この文脈において、ほとんどと言ってもいいほど無視されているのが、1997年以前の課税環境の柔軟性である。それは、今日の基準に照らしても、柔軟性がないわけでもなければ、より低額なわけでもなかった。返還直前の20年間には、利得税の税率はかなり変動している。1980年代には3年間18.5%になったこともあったが、1990年代にはピーク時でも17.5%にとどまった。これらの変動により、財政司司長はビジネス環境の変化に適応することができた。税率の不確実性が財界のパニックを引き起こすことはなかったし、経済も引き続き繁栄した[59]。

個人が納付する税に関する統計が引用されることも稀だ。今世紀に入ってから、平均的な納税者が納める税金の額は総収入の7.5%以下である。全世帯の所得総額の60%を占めている上位20%の高額所得者も平均して10%以下しか支払っていない[60]。平均的世帯のみならず高額所得者にも低い税率が定められているこの制度は、香港が富裕層に与える、他国に例を見ない税の特権のうちのほんの一部でしかない。キャピタルゲイン、配当金、相続財産は全くの非課税である。香港域外での利益や給与も課税の対象外となっている[61]。高額所得者への税率を引き上げたとしても基本法の低い税率を維持すべしという原則に違反しないことは明らかであろう。

1997年以前の課税制度を維持するよう定めた基本法の条項の遵守についていえば、政府は基本法起草者たちが想像しなかったであろう、全く新しい税金を、ほとんど何のためらいもなく導入しようとした。唐英年《とうえいねん》Henry Tang Ying-yenは、財政司司長時代の2003年から07年の間、一貫して商品及服務税（GST）【日本の消費税に相当】の導入を強力に進めていた。背景として挙げられたのは、高額所得者が薪俸税により過大な負担を強いられているということであり、政府は同税の導入により、これを解決することが可能であると主張した。これは「『支払能力』原則に基づき」課税の網を広げ、「社会の公民としての責任感を高める」[62]ものになるとされた。この提案は、世論がほぼ一致して拒絶し、財界の大物たちも声高に反対した。

財政政策に関する議論において、同様に見過ごされてきたのは、基本法により特別な重要性を与えられた社会サービスの財源を確保しないことが、いったいどのような予算上の帰結を生むのかということである。顕著な例を示しているのは教育である。植民地政府と実業界の協力者たちは義務教育の導入に強硬に反対していた。例えば1964年には財政司が、無償義務教育の導入には直接税を2倍以上に引き上げなければならない、と述べているが、これは全くの誇張であったことが後に明らかになった[63]。

1970年代には、義務化される前でさえ、すでに相当数の児童が全日制の中等教育を受けていた[64]。財界の大物たちはこの潮流を自らの利益を脅かすものとして見ていた。1978年にはある立法会議員（繊維業界の大物であった）が、16歳までの無償義務教育導入について、「より多くの若者が雇用よりも全日制教育継続を選ぶ危惧」があるとして反対した[65]。同年に始まった無償の中等義務教育は、もちろんそのような危機を招くことはなかった[66]。

1998年以降、政府は過去の教育システムの不備に直面するようになる。公式の統計によれば、同年から香港の景気後退が始まったが、CSSA受給者のうちの相当数は、1970年代に全日制教育を全く、あるいは一部しか受けられていなかった労働者だった[67]。学校への資金供出を渋った植民地期の政策の犠牲となり教育を受けられなかった労働者たちが、職を見つけることができなくなり、生存のために政府の支援を必要とするようになってしまった。

今世紀にも、高等な教育分野において、同様の脅威が現れている。第6章で詳しく述べるように、政府は公立大学の入学者数を1989年の水準以上に引き上げることを拒んでいる。その代わりに、政府は、自己負担型のポスト中等教育課程を推進したが、結果として就職市場において、ほとんど何の信頼性も持たない卒業資格が生み出されてしまった。学生の就業見込みは疑わしいものとなり、基本法が保証しているのとは異なる状況になってしまっている。林鄭月娥の選挙公約は社会サービス、特に教育に対するより潤沢な予算の確保を約束しており、前任者たちの緊縮策からの大きな方針転換となるかと思われた。しかしながら、彼女の実際の計画は設計が不十分で、苦境に喘ぐポスト中等教育分野に限定的な改善しかもたらさなかった。従って実質的に、旧弊が打破されることはなかった。

## 首相の勝利

長期的な財政赤字がもたらす財政へのダメージと経済的損失に関する調査委員会の警告は、政府【の主張】にとって極めて有利なものだった。同委員会の報告は、政府の年度予算がすでに基本法の定める「財政の慎重な管理」に違反するギリギリの水準であることをほのめかしていた[68]。しかし同委員会は突如、2017年にその役割を終えた。

同年4月、林鄭月娥の任命式で、李克強首相は、彼女に与えられた三つの使命の一つとして香港人の福祉を挙げた。彼女は「生活の質の向上に注意を払わな」ければならない、と李首相は述べた[69]。前任者たちの頃とは異なり、この首相の指示にはそれなりの効果があった。調査委員会の政策提案が破棄されたのだ。ただ抵抗がなかったわけではない。8月の段階では、林鄭月娥はまだ調査委員会の分析は基本的に信頼できるものである、と擁護していた[70]。10月になってようやく、彼女はその悲観的な予測から距離を置き、年度予算の起草に採用しなかった[71]。

しかし、「生活の質」は、李克強首相が求めたように優先的な取り組みになっているとは言い難い。林鄭行政長官は、2017年の施政報告では2回しか言及せず、18年の施政報告に至ってはわずか1回にとどまっている。

## 小結

香港政治において支配的な地位を占め、行政長官の選出にも大きな影響力を及ぼす実業界にとって、社会サービスへの支出は呪いのようなものだった。そして行政長官や高官たちも、実業界と同じような考えを持っていた。香港の支配層は、これ以上の社会サービスは「賄いきれない」と嘆き、基本法の下での市民の権利を否定してきたが、一方で給与所得者や不動産所有者に対する減税、中小企業支援のための優遇融資の存在は、実際には政府が長く潤沢な収入を得ていたことを示している。

1998年以降、行政長官と財界の大物たちは、香港は市場を失う瀬戸際にあり、財政崩壊を防ぐには社会関連サービスを削減しなければならない、と繰り返してきた。これらの破滅が到来するという予言は、オープンで競争力があり、柔軟性に富んだ香港経済を決定づけてきた、ある特徴を無視している。すなわちそれは、政治的、経済的に不利な条件に常に適応してきた、生き残りの文化である。これだけを見ても、香港基本法に定められた社会的恩恵を享受する権利を行使するからといって、その繁栄が脅かされることはない、と香港市民が主張するのももっともだ。また、過去の輝かしい実績に照らせば、行政長官や財界の大物たちの、香港社会がこれらの権利を濫用する恐れがあるという主張にも正当性はなくなる。香港が将来の困難にいかに立ち向かうかを考える際には、その歴史を無視するべきではない。

本章では、基本法上の権利や社会正義、思いやりのある政府が、いかにして政府の財政管理の波によって消し去られているかを取り上げてきた。しかし香港社会はそれでも、権力の座にある者たちが、香港にとって正しい選択を行うのに際し、概ね誠実で、最も相応しく、最善の情報を得ていると信じ続けてきた。そのため基本法は起草者たちの意図に反して、選別的に行使され続け、基本法が明確に与えているはずの重要な権利が香港の人々から奪われているのである。

# 第2章

# 公共サービスに見る高官制度の失敗

雨傘運動のさなか、抗議の垂れ幕がかけられた香港政府庁舎［香港特別行政区新政府総部］前の陸橋（2014年、曽根康雄撮影）

董建華《とうけんか》は行政長官としての任期を、行政サービスへの高い評価を語ることから始めた。

> 安定した財政管理、完成度の高い法規制、将来を見通したインフラ計画などは、香港の公共サービスが提供する一部に過ぎない。それは全体として、能力の高い人々によって率いられた、オープンで、説明責任を持つ、先進的な行政の模範である。どの国も、そうした行政を持つことができれば幸運と思うだろう。私はそのような行政を維持することを保証する。公共サービスの質を維持することは、我々香港に住む者と海外のパートナーたちが、将来への信頼を共有するにあたって極めて重要である[1]。

しかし1998年以降、この名誉ある地位は、急速に失われた。行政は、行政長官とその政権チームの政治経験と能力の不足、実務スキルの欠如、誤った政策、中国本土との関係を望ましい形で管理する能力の不足などにより、その後の20年にわたり厳しい試練を受けることとなった。

何よりも深刻だったのは、基本法とその財政に関する条項を曲解したことである。前章で述べた通り、権力にある者たちの最大のドグマが緊縮財政となり、行政サービスが予算削減と人員整理の最優先の対象となった。本章では、行政サービスが効果的に機能しなくなり、そして社会全体の福利を損なう痛ましい結末を招いたことを示す。その中で、政策立案過程が、香港の繁栄を築いた市民に相応しい、高い水準の行政サービスをどのように提供するかよりも、ビジネスのロジック追求に支配されていたことに焦点を当てる。

本章は歴代の行政長官たちについて述べることから始める。初代の董建華は、中国への主権返還後、香港市民が愛国主義、国益、新時代への純粋な熱狂などに支配されるようになり、政治への関心を失うだろうと考えた。その見通しは誤っていた。市民の政治活動が活発化するのに伴い、香港特別行政区政府に一定の説明責任を果たさせるべく、董は高官を指名制とする仕組みの導入へと傾いた。すなわち、政策を決定し、それに対する市民の支持を集め、また政府の各部署を統括することに責任を持つキャリア官僚は、政治的に任用された者に取って代わられた。だが、董の狙いは失敗に終わった。この制度は、４人の行政長官の施政に困難をもたらした。

そこで、まず初めにビジネス界のやり方を模倣しようとした行政サービスの顚末について分析する。行政長官は、社会のニーズを満たすのに必要な公務員が確保できないことから生じるコスト――経済的および社会的な――に無頓着であった。スタッフの不足は、1998年に董が生産性向上プログラム（以下EPP）を導入したときから始まった。その目的は、公的支出を削減し、公的機関をできるだけ民営化し、政府の各部署にビジネス界のやり方を取り入れることであった。しかし、その過程で政府各部署は、法執行を含む基本的な職務の遂行に必要な資金と人員の、急激な不足に見舞われた。

その後20年間、追加的な財源を手当てされることなしに，新たなサービスをより良く提供するため、行政機関は奮闘しなければならなかった。営利目的や期間限定ではない必要不可欠な社会サービスについても、事情は同じだった[2]。その長期的な影響として、政府組織における汚職や、公的財産や安全を危険にさらすことを含む違法行為にも見て見ぬふりをしたことなどが挙げられる。また、人員不足によってほとんど全ての政府部門でスキャンダルが起きた。メディアによって報じられ、審計署〔会計検査署〕やオンブズマンによって調査され、立法会で非難され、追い詰められた政府各部門のトップは、それらを認めるほかなかった。しかし、行政長官はそのほとんどに注意を払わず、稀に担当閣僚がしぶしぶ認めるという程度だった。

本章の最後で、恐らくはEPPの最も重大な被害者であろう社会福利署の末路について論じる。同署の機能不全は、極めて多くの世帯に深刻で長く続く苦痛をもたらした。皮肉なことに、もともと同署は必要なサービスを提供するために、決して官僚的もしくは「国家統制的な」手法を用いようとはしていなかった。それとは逆に、同署の専門家とボランティア（正式には「慈善」団体）であるNGOとは、非常に効率的な協力関係を発展させていた。社会サービスの提供には、長期的な計画と訓練が必要である。また、NGOは利益やボーナスを目的としているのではなく、プロフェッショナリズムと私的献身とを動機としているものである。にもかかわらず、その協力関係は2000年から計画的に解消され、必要なサービスはビジネスのロジックに基づく制度の下で提供されることになったのである。

## 権限の移譲

初代行政長官が就任した時点での重要な課題の一つは、香港の行政機構を新たな政治環境にどのように適応させるかであった。基本法は、立法会の権力をひどく損なっていた。立法会は引き続き財政に関して重要な拒否権を有した。立法会議員は政府の財政予算案を税と支出の両面で拒否できた。議員はまた、各司長と高級官僚に説明を求めるため召喚することもできる。しかし、彼らは「法律を制定する主体」ではなくなった。基本法は「政府の政策」と「政治構造もしくは政府の運営」に関する法案を提出する権利を議員から奪った。これらの制約の影響は極めて深刻なものだった。議員は政府の法案を検討し、批判し、修正を提起することができる。また政府の業務実績について議論することもできる。しかし、議員たちは、以前は持っていた、立法する能力の大部分を失った[3]。何年にもわたり、議員の役割が限定されたことにより、政府高官と直接選挙で選出された議員との間で培われた信頼関係が失われていき、その結果、議事妨害や同様の抗議活動によって立法会の議事進行が滞ることとなった[4]。

立法会が一時的な「臨時立法会」【英中合意により、英国統治下の立法評議会の全議員がそのまま返還後の立法会に移行する（直通列車方式）こととなっていたが、最後の総督パッテンにより選挙制度が変更され、直接選挙による議席数が大幅に増加した。中国側はこれに反発し、返還直後に臨時立法会を成立させ、選挙により第１回立法会が成立するまでの間、立法機能を担うこととした】（その議員のうち10人は1995年の立法評議会選挙で落選していた）に取って代わられた1997～98年、優れた政府を構成する上で、選挙によって選ばれた議員からなる立法会がいかに重要であるかが明らかになった。指導的な地位にある憲法学者によれば、選挙の洗礼を受けていない「臨時立法会」は、選挙が導入される前の植民地政府の時代に見られた「パトロンと縁故の政治への大規模な回帰」をもたらした[5]。臨時立法会議員に任命されたメンバーは、財界と専門職従事者の代表が大部分を占めていた。そうした議員が財務管理やビジネスの専門能力を持つのは確かだが、董建華の政策を生み出した1997～98年のアジア金融危機とそれによる景気後退を前に、完全に混乱していたことは明らかだった[6]。

デフレが経済を襲う中で、当時財政司司長であった曾《そ》蔭《いん》権《けん》は、他に選択肢はないと主張した。すなわち、「厳しい真実は、我々が暮らすこの世界には安易な道はなく、良い経済が約束された地などなく、仮にそれが存在したとしても、私はその地に人々を導くことができるモーセなどではない、ということである」[7]。しかし、立法会の直接選挙が実施された1998年５月以降、政治環境は劇的に変化した。新たに選出された立法会議員は、経済危機に抗うことなど不可能だ、との主張を退けたのである。諸政党は董と財政司司長に協力し、彼らが景気後退に対抗する有効な手段を見出すことができるよう、政治的抗争をしばらく棚上げした。その後１ヶ月以内に政府は経済回復に向けた二つの政策パッケージを策定した[8]。

並行して政府は、行政に職務遂行能力および専門的能力が欠如していることを裏付けるような、一連のスキャンダルに見舞われていた[9]。管理体制の重大な不手際を示す一連の失敗が、市民を不安にさせた。1997年に鳥インフルエンザが発生した際には、疫病に対し通常取られる対策が迅速に実施されなかった[10]。また、1998年の新空港開港にあたっては、江沢民《こうたくみん》国家主席が出席する公式の開港イベント時までに、その諸施設を完全に稼働させることができなかった[11]。房屋委員会Housing Authority〔住宅委員会〕【住宅条例に基づき1973年に設立された法定機関、低所得世帯の住宅ニーズを満たすために公営住宅計画を策定し実施する】では、1996年に遡る建設事業に絡むトラブルが明るみになった。2000年に立法会の調査が房屋委員会の相当な数に上る管理の失態を明らかにすると、市民の怒りは一段と強くなった。これらの、市民の批判を招いた事例に対しての公式の対応は、しばしばミスリーディングで露骨に市民を欺くもののように見えた。例えば、政府高官は当初、空港問題は大した問題ではないと取り繕おうとしたが、新たな立法会の成立によって速やかに、ずっと協力的な態度となった[12]。

## 過剰な期待

臨時立法会が信頼を失い、行政のスキャンダルが蔓延していくと、董建華への風当たりは日増しに強まった。立法会議員と政党、財界指導者、高級官僚の間では、行政の質の低下に対応する最も効果的な方法は、政府の説明責任を強めることだとの合意が形成されていった。この目標を達成する最も簡単な方法は、高官を指名制とする仕組みの導入だと広く信じられた。それは官僚組織の外にいる適任者が政府各局を率いるという仕組みである。彼らは、自らが監督・管理する事業やサービスに対して、また変化する状況や市民の期待に対応するための新たな政策に対して、個人的に責任を負う。高官を指名制とする仕組みは簡潔で、分かりやすい制度と見られた。それは先進国のほとんどで採用されており、説明する能力を高める制度と考えられた。

高官を指名制とする仕組みが正しい解決策であるかどうかについて、当初董建華は懐疑的だった。董は香港に同制度を導入することはそれほど簡単なことではないと懸念していた。第一に、香港の政治システムは不完全であり、普通選挙もなお実施されていなかった。1999年に董は「このアイディアを考慮するのにふさわしい時期ではない」と警戒心を示し、その導入を求める声に反対した。「高官を指名制とする仕組みの導入は政治体制全体の改革を伴う」ので、そうした政策の実施には相当の注意が必要だ、とも董は述べた。基本法に基づいた緊急性という点で優先されるべきなのは、その他の「大きな変更」を検討するより前に導入され実施されなければならない、民主主義に基づくイニシアティブを通した「香港の政治的発展のための将来設計」だ、と董は続けた[13]。

しかし、説明責任の強化を求める声は日増しに強くなっていった。2001年末、董は、政府の司長や局長である高級官員を政治的に任命される閣僚へと転換するための制度設計を懸命に進めていると発表した[14]。翌年、董は、高級官員は「高官問責制」（Principal Officials Accountability System, POAS）の下で任命されることになる、と発表した。それらの高官は行政長官によって任命され、行政長官に責任を負う政治任用者となる。彼らは公務員に代わり各部署のトップとなり、「政策策定、政策決定の説明、経済政策の提案、立法会および市民の支持を取り付けること」といった職責を負う、と説明した[15]。簡単に言えば、公務員は政府の運営に責任を負わなくなるのである。高級官員の新しい地位は、後任の行政長官となった曾蔭権がスマートに説明した。すなわち、「簡潔に言えば、もし（ある公務員が）上司である高級官員の指示に従わなければ、その公務員は解任されるか、少なくとも左遷されるということである」[16]。

にもかかわらず、行政システムの急進的な再編は、危険なギャンブルだった。行政長官に責任を負う政治任用制は、香港市民が求めている、オープンかつ説明責任を果たすような政府を導くのか、あるいは管理体制が、董建華統治時代の初期の極めて恥ずかしい行政サービスの失敗を避けるようになるのか、見通しがはっきりしているとは到底言えなかった。ところが、ほどなくして、新しいシステムの根本的な弱点が全面的に明らかになった。董とその政治任用者たちは、優れた政府にとって最も重要なテスト、すなわち危機管理に失敗したのである。次々と発生した不手際は、新しい任用者の信用を失墜させるか、そうでなければ彼らを屈辱的な立場へと追い込んだ。

・2002年、株価が低い株式を上場廃止にするという香港証券取引所の議論を呼ぶ提案が承認されたが、それは即座に市場関係者を激怒させた。報道によれば、当初、財経事務局局長はその決定を事前に知らされていなかったと語った。しかし、後に彼は、簡単な説明を記した書面を受け取ったが、それを読んでいなかったことを認めた。提案は最終的に撤回された。
・同年に、著名な教育者だった教育局局長は、香港中文大学と香港科学技術大学の意向にかかわらず、両大学を統合する計画を明らかにした。その提案は数多くの抗議を受け、撤回された。同局長は私的見解を表明したにすぎず、政府の政策ではなかったと釈明した。
・2003年３月、財政司司長はその財政演説で、車両税の初回登録時の税率の大幅な引き上げを提案した。その直後、メディアは同局長が増税発表前に新車を購入していたことを報じた。同司長は辞任した。
・保安局局長は不人気な治安維持関連法案【基本法23条で香港が独自に制定すべきとされている法】を何としても成立させたいと考えた。しかし2003年７月、50万人の大規模抗議デモが行われた。同局長は辞任した[17]。
・重症急性呼吸器症候群（SARS）の大規模感染が2003年に発生した。董政権はそうした緊急事態を処理する「明確な指揮命令系統または緊急対応策」を準備していなかった。政府の「最高レベル」は、前線に立つ専門家のリスク拡大の警告を無視した。医療領域でも政府は法規に従うべきとする董と彼の政治任用者の杓子定規の考え方により、感染拡大を阻止する手段の導入が妨げられた[18]。衛生局局長はスケープゴートにされ、感染拡大の阻止に向けて個人的に相当な努力をしていたにもかかわらず、辞職せざるを得なかった。

董の後任の行政長官が任命した人々によるスキャンダルが表面化するにつれ、高官問責制には、不適格な閣僚の任命や閣僚の不適切な行為を抑止する効果がないことが明らかになった。例えば、2011年に曾蔭権が、閣僚とその他の行政会議メンバーに対し、彼らが所有する不動産にある違法な建築を更生するよう警告せざるを得なかったことは、広く知られている[19]。実は、曾蔭権自身が法令違反を犯していたことも後に報道された[20]。メディアは、高い地位にあるエリートの閣僚とその妻らが、法的に禁止されている住居改造を行っていることが継続的に無視されている、という事態を暴露した[21]。不動産に絡むこれらのスキャンダルは、曾政権に対する市民の信頼を著しく低下させた。

三代目の行政長官が就任するまでに、閣僚職の社会的権威の低さのため、招聘を受ける人を見つけることが極めて難しくなっていた。加えて、行政長官にのみ説明責任を求めるべきでないこと、閣僚職への抜擢あるいは解任が行政長官の好き勝手にできるものではないこと、が分かってきた。行政長官による閣僚職への抜擢において、中国本土の官僚が決定的な役割を果たしていた。解任においても中国本土の官僚の承認が必要だった。閣僚職の人選に関して、2002年に董建華行政長官が高官問責制を導入した際に期待していたような絶対的な権限はなかった。

高官問責制は社会の信頼を得られなかった。被任命者は（行政長官に従う義務は別にして）、ほとんど絶対的な権限を委嘱されたが、その職位に相応しい資格を有している者は稀だった。自らが率いる部署の責任と法的義務について、何も知らないまま就任した被任命者もいた。立法会へのロビー活動もしくは社会の支持を取り付けることに長けた人材も少なかった。誰も選挙で選ばれておらず、市民からの評価は限定的だった。

## 政府内の連携

高官問責制はもともと、行政長官の指揮を妨害するとされる、行政の官僚主義からのフリーハンドを得るものと信じられていた。将来的に、行政長官が政策立案や、政府内の優先事項、政府各部署間の調整を直接管理するものと考えられていた。董建華政権の司長や局長らの主要官員は、董に対してのみ責任を負うため、行政長官は、ある政策課題に深刻な問題が生じた際に、担当閣僚たちに個別に対応する必要があった[22]。この大変な挑戦に対し、董の経歴が何ら役立つことはなかった。香港のように複雑だが洗練され、また世界経済の一部を構成する先進的な社会において、「政治任用される」閣僚に相応しい人物をどのように見つけるのか、という難題を抱え、董の負担はさらに大きくなった。

董建華は、それ以前の政府における調整の仕組みを解体した。高官問責制が採用される前は、政府部署間の高度な協調を担保する統合的な行政の仕組みがあった。しかし高官問責制の下では、政府部署間の協力体制を担保する明確な手段は存在せず、政府の管理は、自己完結的ないくつもの「サイロ」で共有された。それは民間では有効な管理手法であったが、次第に「政府内の協調」が機能しにくくなっていった。

董の後任者たちは、より大きな罠にはまってしまった。同一の政策課題に対する責任が、しばしば複数の閣僚の間で分割されたり、相互に共通性が全くない複数のサービスの監督を多くの部門が命じられたりした。これを如実に示した事例を、以下に示そう。

- 2006年当時、衛生福利及食物局〔医療・社会福祉・食品局〕局長というポストには一定の合理性があるとみられた。しかし2007年に、政府は労工及福利局〔労働・社会福祉局〕局長を新設し、労工処と社会福利署に責任を負うこととした。もっとも、労工処と社会福利署それぞれが責任を負う役割・目標・法定義務について、両者に重なり合う部分はなかった。例えば、社会福利署のサービス受給者の多くは、彼らが高齢者か障碍者であるとの理由から労働市場から排除されていた[23]。
- 2007年まで、房屋及規劃地政局〔住宅・都市計画・土地局〕局長というポストがあり、その職務の組み合わせは合理的なもののように見えた。その後、運輸及房屋局Transport and Housing Bureau〔運輸・住宅局〕【香港の交通と住宅に関する政策責任を担う政府機関】局長のポストが新設された。その語順や二つの職務の組み合わせを正当化したり、運輸を優先させたりする明確な根拠はなかった。都市計画・土地・建築物に対する責任は、民間住宅の流通量管理の監督と併せて、発展局局長が負った。このうち最後の職責については、民政事務局【市民教育、青少年政策、地域・コミュニティー関係、スポーツ・レクリエーション、文化・芸術などの政策分野を担当する部署】局長も重要な役割を果たした。

第三代行政長官の梁振英《りょうしんえい》は、2012年の選挙マニフェストで、行政機構の再編を政策課題の一つに挙げた。梁はその仕事を、新たに任命された政務司司長で将来の後継者となる林鄭月《りんていげつ》娥《が》に託した[24]。林鄭は30年にわたる高級公務員としての輝かしいキャリアを持つが、政務司司長の職務を恐ろしいものと捉えているように見えた。「近年の政府の仕事は非常に複雑だ」「一つの部局だけで（全体的な）問題に対処できない」と林鄭は述べた。しかし根底にある原則に言及することを忘れなかった。「政府内の異なる部門は、一つの方向に一つの思いで一つの決意の下で、香港市民に奉仕しなければならない」と彼女は宣言した。とはいえ、どのようにすればそうした団結が可能なのかについては、曖昧なままだった。「我々は多少なりとも連邦政府のような存在にならねばならない」と彼女は主張した。しかし、その目的のため高官問責制をどのように改革するかについて、明言はしなかった。

林鄭月娥は行政長官に就任するとすぐ、閣僚間の責任分担が改められていないため行政効率に悪影響を与えていることを率直に認めた。翌年の施政演説では、ようやく現実を直視したものの、すぐには行動に移さなかった。

> **現在の運輸及房屋局は業務負担が重過ぎるので，二つの政策局に分割し、住宅政策と土地政策を調整するための新たな局を設置すべきだという意見を多く聞いている。その必要があることには私も概ね同意しており、それをいかに実現するか今後さらに検討していきたい[25]。**

その後、政務司司長は立法会で、政府全体の業務効率を向上させるために政策局の再編成が必要であることを認めた。彼は「政府の構造や政策局の役割分担の如何にかかわらず、政府は一体となって運営されている」と主張した。これについては、のちほど説明する[26]。

行政機構の再編に関する林鄭の重要課題の一つは、「市民の心に響く、より生活に密着した政策」を実施することだった。最初の行動計画は、公営住宅に住む市民が多い地区に関する問題に焦点を絞った。「彼らの多くは社会保障制度の下にあり、その購買力は非常に低く、普通の商店で買い物をすることは難しい」。これは社会福祉制度に対する意図せざる告発だった。すなわち、社会保障の傘の下にある大多数の人々は、ほとんど生きてゆくのがやっとの存在だ、と政務司司長が認めたのである。林鄭の解決策はしかし、不十分な社会福祉の給付を拡充することではなかった。「屋台、零細ビジネス、個人起業家」の賃料を補助することで「それらの店舗数を増やすこと」だった。林鄭はまた、独占的手法を用いて価格をつり上げている店が存在することも指摘していた。不公正取引から香港市民を守る「競争条例」Competition Ordinanceが２ヶ月後に発効することになっていたが、それにより彼女が提案した補助金の意義が薄れる事実については、言及しなかった。これは「やっているふりをする」政治‘gesture' politicsだった。それは市民の「心に響いた」かもしれないが、低所得者の日々の暮らしぶりは大して楽にならなかった。

林鄭月娥はまた、権限の移譲で行政が実績を挙げやすくなることを示そうとした。林鄭が自慢げに引いた事例は公共エレベーターだった。地区レベルの関係者との綿密な話し合いの後、林鄭は「さまざまな部署と協調」しつつ、移動に困難を来している人々が陸橋や歩道にアクセスできるよう、「香港中に」エレベーターを設置する計画を開始した[27]。計画細部の優先度については異論もあったが、この計画は社会福祉の観点からは高評価を受けたように見えた。

実際には、この政策は、よりオープンで世論に敏感な政府と思わせる「やっているふりをする」政治のもう一つの事例と言えた。というのも、運輸局局長が後に報告したところによれば、公的な関与は最小限に限定され、せいぜいエレベーターの追加設置に関して区議会に提言を呼びかけた程度だった。もっとも、実際の政策決定は、その区議会ですら蚊帳の外に置かれて行われたとも言える。設置場所の技術的な適合性の判断は、局長が詳細に説明した、極めて複雑な要因に依存していたからである。いずれにしても区議会は、追加される三つのエレベーターの設置場所について提案できたとはいえ、路政署Highways Department〔幹線道路署〕がエレベーターに対する完全な管理権を持ち続けているのは明らかだった[28]。2017年にエレベーター計画実施の失敗をめぐり、林鄭を困惑させるほどの批判が起きた。メディアはこの計画が、本当は林鄭の計画したものでさえなかったのに、ここまで遅れることは実に嘆かわしい、と指摘したのである。それは2009年に始まった事業だったのである[29]。

2017年に行政長官に就任したとき、林鄭は政府各部門を連携させる方策を見出そうとなおも格闘していた。彼女は「政府各局・各部門はそれぞれの“サイロ”の中で行動することを止め」、「互いに協力して市民が直面する問題解決に当たるべきだ」などと、一般的で曖昧な発言を繰り返した[30]。

このような中、行政サービスは一致団結し、財政資金が許す限り社会が必要とするサービスを確実に供給することを求められた。しかし、政策立案や政策の失敗に公務員が責任を負わなくなり、またどれほど的外れなものであっても部下たちが政治任用された高官の決定に逆らうことはできない、という状況が生まれたことに市民が完全には気付いていないのを隠れ蓑として、高官たちは身を守ることができた。さらに、必要があれば政府部署は自ら財源を見つけることができると社会は誤解し、また立法会が持つ公的支出全般への管理権限に関しても、社会は十分に理解していなかった。必然的に、政府が実現できなかった約束や欠陥のある政策、部分的にしか執行されなかった法律についての責任を公務員が負うことになり、彼らに対する信用は傷ついた。

立法府は、こうした誤解を助長してしまった。立法会の専門家会議や委員会が、政府部局との公開の討論と質疑を行う際、公務員たちが政府を代表して多くを語った。このことは、公務員は政策立案になお責任を負い、政策遂行に全力を傾け、従って失敗した場合はその責めを負わなければならない、という印象を市民とメディアに与えた。つまり、政治的任用者たちは、大きな危機か大惨事が起こらない限り、安全な場所にいることができたのである。

## 安上がりな政府

行政が取り組むことになった最大の挑戦は、董建華の提案した極限までの財政支出削減策だった。この政策は返還後の20年間の香港市民全体の生活水準に影響を与えた。董は1998年の施政方針演説において、これまでの組織と実績を否定しつつ、行政全体の改革を行うことを明らかにした。彼が就任直後に国際的な基準に照らしても高い品質と評した行政サービスへの激しい非難は、EPPの導入から始まった。給与削減という残酷な決定が、その本質だった。董は、1997～98年のアジア金融危機を引き合いに出して支出削減を正当化することもできたが、そうはしなかった。極めて単純に、EPPの目的は行政サービスを改革することだと述べた。董は三つの主要目標を提示した。

- 我々は政府各部局、関連機関に対し、新規サービスもしくはサービス改善の提案を求める。ただし政府は追加的な資金提供はしない。
- 担当の責任者に対し、2002年までに経常支出の５％相当の生産性向上を求

**める。**

**・担当の責任者は、期限の定めのない雇用に代わり、契約で期間を定められた雇用をより増やさなければならない[31]。**

董建華はこれらの目標を、香港市民が異議を差し挟むことなく尊重すべきドグマのように提示した。董の後継者たちも、このモデルを決して捨て去ることはなかった。

## 植民地時代の模倣

董建華を擁護するならば、公的部門にビジネスのロジックを導入しなければならないという彼の信念は、彼のオリジナルではなかったことに触れておくべきだろう。数十年前には、増税を通じて社会保障を拡充すべきとする英国植民地省と労働党の圧力に抗い、植民地政府は財界とともに「小さな政府」の考え方を守った。香港政庁高官たちは1967年、財界の利益を守るべく、リベラルな総督であるデイヴィド・トレンチ卿Sir David Trenchの意向を無視し、病気・健康管理・退職に関わる各種給付の導入を推奨する公式報告書の実施を阻止した[32]。財政司だったジョン・カウパースウェイト卿は、総督が支持した強制皆退職金計画について、英国本国の反財界勢力の陰謀の一部だとする完全に誤った情報を根拠に抵抗した。カウパースウェイトの勝利があまりに完璧だったため、以後の植民地時代は、強制退職基金や国家年金改革のような同様の提案は、ことごとく却下されることとなった[33]。

香港の「小さな政府」という理念は、国家介入は最小限であるべきという、1980年代に西側諸国で勢いを増した考え方によって強化された。植民地政府の高官たちはこの流れに乗った。彼らは、世界中の公共サービスをより競争的、創造的に、そして強いコスト意識を持たせていくという方向性の下、公共サービスのあり方を作り替えていく「新公共管理」哲学'New Public Management' philosophyの熱心なファンになった。香港の高官たちは、世界の近代化と成長を牽引するとみなされていた、先進的なビジネスの文化を持つ香港のコングロマリットをよく観察していた。彼らは、公的部門も同様の企業モデルに従うべきだと考えていた。その企業モデルの具体的な最初の一歩は、1987年に踏み出された。総督のデイヴィッド・ウィルソン卿（後に侯爵）Sir David Wilsonは、公務員の今後の増員は限定されたものになると宣言し、香港政庁の高官任用の見直しのため国際的な経営コンサルタントと契約することとなった[34]。

無駄をそぎ落とした公務員制度の実現に向けた改革の呼びかけは、相当に歓迎された[35]。しかし香港の持続的な繁栄によって、ポスト産業化社会への期待が高まる中、植民地政府の上層部には、公務員数のゼロ成長目標をどのように達成するのかについての警戒もあった。布政司【現在の政務司司長に相当】のデイヴィッド・フォード卿Sir David Fordは1991年、「新たな学校、新たな住宅不動産、新たな病院」には、より多くの人員を必要とすると警告した。フォード卿は、「ゼロ成長政策」の下では、既存のサービスを削減しないと新規に雇用することができない、と指摘した[36]。

EPPを始めるにあたり、意識的か無意識的かはともかく、董建華は植民地時代の遺産を受け継いだ。公務員の効率性に関して利用可能なデータは存在したが、董は自身の目標を正当化する事実や統計を提示しなかった。それらの統計データは、EPPのような急激な引き締め策は不要であることを証明していた。1991年から97年の間に人口は23％増加したが、公務員の数は５％減少していた。公務員報酬は同期間に政府支出の28％から21％に低下していた。

こうした数字は、上級職の外国籍職員を地元香港人に替え、新規採用者の教育水準を引き上げるという、1990年代に進められた秀逸な人事管理政策の反映だった。これらの改革は政府の専門性を持続的に引き上げた。それは同時期に、軽工業依存から国際的な金融センターへと産業構造を転換させたダイナミズムに非常に似通ったものだった。行政サービスの管理者たちがサラリーに見合った業績を挙げ、経費と職員の大胆な削減を進めつつ生産性の改善を果たしたのは明白だった[37]。しかし、その効率性の改善がこれからもずっと続くとも考えられなかった。

そのことは董にとっても彼の後継者にとっても、何ら関心事ではなかった。董は自身のビジネス上の経験から、行政サービスを効率化し、創造的な組織へと一変させることができるリーダーとして適任だと自己評価していた。董は、行政が、容易に削減可能な大量の無駄な業務と非生産的な人員を抱えていると思い込んでいた。もっとも財界は、公務員たちが民間とは違い、行政パフォーマンスの改善に関して圧力を受けることはない、と強く信じていた。報酬、年金、住宅補助などは公務員の効率を最大化させるインセンティブにはなっていない。民間部門と異なり、役所の「マネジャー」はコスト削減や生産性の向上に失敗したとしても容易には解雇されないものだ、と考えていた。

## 公務員の協力

行政自身が、董建華の思想を特別行政区政府の組織文化の一部とすべく協力した。政務司司長の陳方安生《ちんほうあんせい》と彼女の周辺の高級官僚たちは、一貫して董に反対していたと噂になっていたが、彼らにはEPP、人員削減、そしてサービスの外注を全面的かつ熱心に後押ししたことを示す、覆すことのできない事実がある。さらに、彼らはそれらの主要な目的は、政府支出の削減ではなく、行政パフォーマンスの向上だと純粋に信じていた。陳方は当初、EPPを通じた人員削減によって浮いた資金を元手に、新たな政策を実施し、過去の公約を果たし、必要な人への社会的セーフティネットを拡充することができる、と語った[38]。2000年にはさらなる人員削減策を支持した。陳方はその政策により、「広範な民間部門の参加を得て、情報技術の採用といったことにも取り組み『小さな政府』原則を支持することで、政府部局はより良い、より効率的な公的サービスを提供できるようになるだろう」と述べた[39]。しかし、これらの見通しはすぐに信頼を失った。

高級官僚たちは、そのような手段が全体として支持を受けていると信じていた。彼らは財界とともに、EPPとビジネス式の目標設定で、税率を下げることができるだろうと考えた。実際、利得税の税率引き下げも検討された[40]。庫務局局長【予算局長、当時は兪宗怡《ゆそうい》】によれば、行政全体が計画に賛成だった。「EPPは今では公的部門において誰もが知っている名称である」と兪は述べた。「全ての政府部局および政府の補助を受ける機関は、このチャレンジに積極的に応えている」。その結果はもっぱら有益なものであろう。EPPは「政府支出の削減ではなく」「公的サービスの管理と実施の改善を目指す、政府の長期的な努力の一部である」と兪は主張した[41]。しかし、公共予算の管理を指揮できる兪のポジションであれば、もっと良い理解がなされていてもよかった。

行政サービスのモデル・チェンジを図った董建華の試みが失敗したのは、公的支出を最小限に抑えなければならないとの強迫観念のせいだった。例えば、香港の人々はたとえ金銭的に恵まれない境遇にあっても、ともあれ教育水準の向上、そして高齢者や弱者の介護を改善する手段を自身で見つけるだろう、と彼は信じていた。董建華が1998年に持ち込んだこのような思想は、政策立案に永続的な影響を与え、後任の行政長官たちも忠実に実践した。

曾蔭権が行政長官の職を引き継いだが、彼も平均的な家庭の実情を理解しているとは言い難かった。財政司司長として社会保障分野に対して行った支出・職員の大幅削減が、サービスを受けるまでの待ち時間の遅延をもたらし、またいくつかの事業を中止に追い込んだという事実に気付いていなかった、と曾自身が2005年に語っている[42]。董建華と同じく曾蔭権は、支出目的にかかわらず、公的支出をできるだけ低水準に維持することに心血を注いだ。例えば、曾は2006年、香港を「アジアの世界都市」へと育てる政策に関わったが、ある関係者によれば、曾はあらゆる提案に対して「そのカネはいったいどのように調達するのか」とことごとく否定的に反応したという[43]。

## 批判に遭う行政

董のEPPは、その行政的・政治的限界を露呈することとなった。そもそも改革を思い付きで、全面的で厳格な緊縮キャンペーンという形で始めたことが大きな間違いだったのである。あらゆる公的サービスの５％の支出削減という董の要求は、すでに極めて高い効率で運営されている部署と、管理水準が平均程度の部署とを区別していなかった。支出の５％削減は、顕著に責任が重くなり、より多くの人手や財源などを必要とする政府の部署の業務遂行の妨げになった。それら全ての問題は、公的部門で雇用される人員の削減の問題だった。董にとって、人件費削減こそ人員の過剰と非効率性を示す真の指標だったのである。

董は反対に遭わなかった。例えば、陳方安生政務司司長はどういうわけか、より良い教育、高齢者ケア、公営住宅などは、カネを使わなくても達成可能だと信じ込まされていたように見える。陳方は、政府の重点を「より多くのカネを使う約束から、実績を残す約束」へと、董が転換させたのだと語った。「香港社会に対する、人々の暮らしについての董の公約」は、より良い政府であることを示すものだとも述べた[44]。不幸にも、董の公約では政府の業績が改善しなかった。本書のどの章でも言及するように、彼の行政「改革」は、香港市民に大きな害を与えただけだった。

董は、市民は悪影響を受けないと強調した。「これらの改革を行うに当たり」「サービスの水準を決して悪化させない」と董は宣言した[45]。しかし、それは守られることのない約束だった。公的サービスと実業との大きな違いに関する理解力の不足は、破滅的な結果をもたらした。一般企業においては業績や人気ランキングの測定は単純明快である。製品や部門が利益をもたらしたか。ノーであればそれらは抹殺されるべきだ、という考え方である。しかし公的サービスは失敗が許されない。もし失敗すれば、社会は崩壊の危機に瀕する。「小さな政府」の公約があるとはいえ、政府が引き続き提供することを市民が望むサービスは数多い。医療、病院、警察、消防、廉政公署（以下ICAC）〔独立汚職防止委員会〕、航空安全、銀行・金融・株式市場の監督管理、国際貿易交渉などがその例である。

企業式のやり方が広く浸透するのが好ましいという董の誤った考え方は、彼自身の限られた経営管理能力の産物だったとも言える。もし董に、世界規模の銀行もしくは薬品会社の最高経営責任者、さもなければ高級官僚の経験があったならば、政府の広範にわたる職責を担う上で有益な準備になったことだろう。これら三つのポジションのいずれかを経験していれば、極めて多くのスタッフで複雑な組織を運営し、厳格な法律と規則に従いつつ多様な製品・サービスを生産する、有意義な訓練になったはずだからである。これに対し、海運会社の企業人としての背景を持つ董の最大の職務は、むしろ父親から引き継いだ会社の倒産を何とかして免れることだったのである。著名な研究者であり、後に董政権下で行政長官直属のシンクタンクである中央政策組Central Policy Unitを率いることになる劉《りゅう》兆《ちょう》佳《か》Lau Siu-kaiが観察した通り、董は官僚システムを動かすのに必要な経験を欠いていた。そればかりか、辞職する直前に自ら告白した通り、その職務に必要とされた政治的スキルも有していなかった[46]。

## クオリティコントロールの破綻

外部に委託する政府の仕事は増加し、民営化も加速したが、特に政府のみが供給しうるサービスについて、その質を担保する手段があらかじめ検討されるべきだった。医療、福祉、住宅、教育に責任を負っていた政府部局が最も脆弱だった。「監督」と「研修」が解決策となることは言うまでもなかった。しかし、政府部署や関連組織の予算が削減され、余剰人員が生じ、その役割がビジネス界と比較される形で批判されると、サービスの質を維持するのが困難になった。

EPPが始動する前の10年間、政府の業績は問題なく向上させられるとの見通しが強すぎ、突然実施のペースを落とすことが難しかったため、サービス低下のリスクは当初、過小評価されていた。また、計画の初期段階での成果について報告された、専門性の向上と待ち時間の短縮に関する目を見張るデータによって、政府の高官たちはEPPの利点についてミスリードされた。しかし、それとは逆の結果が表面化するのは避けられなかった。EPPは――営利を目的とする――企業のやり方を公的部門に適用する仕組みだった。慎重に行われた調査報告は、EPPが社会の福祉に有害なものであると結論付けた。この調査を行った著名な研究者は、「病院での通常の治療や学術プログラムがしばしば弾き飛ばされるか、脇に追いやられた」と指摘した。「市民は受益者負担の原則の下、より高い料金を支払わなければならなくなる」「多くの人々は経済学的な計算に基づき設定された、高額な社会サービスを利用できなくなる」とその研究者は記している[47]。

EPPによる行政改革は多大なコストを発生させたが、それはビジネス界の修辞的ドグマによって注意深く隠蔽されていた。この調査報告は、EPPの実践を次のように容赦のない言葉で要約している。

> 第一にEPPは社会的価値と経済的価値の適切なバランスを無視している。第二に、EPPは政治的な説明責任を弱める。第三にEPPは公務員の士気をくじく。EPPは政府のカネを節約し、そのような予算・金融制約の下でも同水準の公的サービスを提供可能とする。しかし、EPPで公的サービスがより高価なものとなっていること、市民があまり声を上げていないこと、公務員もあまり関わっていないこと、にも注意を払うべきである。これら三つの副作用は、もし適切に対応できなければ、社会の安定と政府の正当性を危うくするだろう[48]。

政権内では、その業績と利用可能な人的資源・財源の関係について心配する者は誰もいなかった。立法会のある専門委員会は、現有の人員では増大する需要を賄いきれなくなる問題が長年の間にいかに深刻化したかについて、注意を払うよう促した。同委員会は、2000年以降に人口が大幅に増加したにもかかわらず、人員削減に関する当初案は撤回されなかった、とはっきり指摘した。しかし、公式の回答では、人員の追加こそ解決策であるとの提言が退けられた。代わりに一連の月並みな手段が、適切な是正策として提示された。すなわち「人的資源の再配置、業務手続きの見直し、業務のリエンジニアリング等々」【リエンジニアリングはその頃流行っていた、業務効率化を指すバズワード】である[49]。これら空虚な一般論は、まさに行政長官と政府高官たちがいかに行政の日常的な現実から遊離していたか、を雄弁に物語っている。

政権内の誰も、人員不足が民間部門および公共部門にもたらすダメージについて気にかけていないように見えた。とりわけ重要な事例は、正確な統計データを無視する姿勢だった。正確な統計は優れた政府の生命線である。それがなければ、政策立案者は目隠しで政策を起案しなければならず、そして、政策効果の検証は想像上のものにすぎなくなる。民間企業が効率的に経営を行う上で、政府からの信頼できる包括的なデータの提供は死活問題となる。2013年、政府統計署の一部人員が10年間にわたり調査データを改竄してきたと報じられ、政府は厳しい批判にさらされた[50]。この非難は、実質的に全ての政府のレポートの信頼性を損なうことになるため、極めて深刻に受け止められた。

これを受けて、大掛かりな調査が実施された。統計数値が改竄された時期、政府が要求する統計は増加していたが、その職務を正確に実行できる人員が不足していたとする事実が明らかになった。主要な調査に携わる専門のフィールドワークのチームが、2003年に解散させられたことが、事態を悪化させた。それは専門家とジェネラリストの区別を廃止することで得られる成果を増やそうとする、政府全体のキャンペーンの一環として実行された。調査では、統計スタッフに悪意のある詐欺的行為や違法行為を認めることはできなかったが、業務への信頼性の確保と政府統計の質の維持において、潜在的な脅威になりうると報告された[51]。

市民の安全が脅かされている場合においてさえも、人員は削減された。例えば、屋宇署〔建造物署〕の技術者および調査スタッフは2013年、忍耐の限界に達し異例の反抗に出た。彼らの職責は、建造物を調査し、安全対策を守らせ、また、違法建築を撤去することである。その職責を有効に処理するには当時の人員数では不十分だった。同署の統計によれば、2001年から12年に、未処理の業務が大きく積み上がった。同期間に約32万の違法建築の撤去命令が出されたが、約20％の所有者は命令に従わず、危険は除去されなかった。

問題物件の増加に対処する同署の唯一の解決策は、「執行の優先順位付け」を約束することだった。緊急の補修に関し、法秩序に則って迅速にそれを執行しうる能力があるふりをすることが同署はできなかった。興味深いことに同署は人員不足をはっきりと認めなかった。その代わり、同署のスポークスマンは「現行の予算割当制度を通じて、人員増とポスト増を申請」していたと釈明したのである。要するに、この発言は、屋宇署はより多くの人員を必要とし、増員を求めたが、それに必要な予算の割当は財務担当部署に拒否された、と言い換えることができるだろう[52]。

非常に稀なことながら、政府の部局が誤った政策を取りやめ、通常の業務を再開することができた事例もある。房屋委員会はそのような例外的な機関の一つである。1997年に董建華が就任する前に、すでに住宅担当の政府高官は、民間に任せるやり方の方がより効率的であると確信していたため、公営賃貸住宅の管理をできるだけ多く民間に移すことを決めた。そして、建物の維持管理の責任は1999年に借主に移行した。しかし、その決定は全く道理にかなっていなかった。董自身が1997年に認めた通り、房屋委員会の管理する公営賃貸住宅の借主の大部分は「ベッドしか置けないようなアパートもしくは不法占拠者の住む掘立小屋程度の、ひどく老朽化し、荒れ果てた物件」から引っ越した人々だったからである。彼らに、維持管理に必要な配管工や電気技師、修理する作業者を見つけることを望むのは難しいだろう。公営賃貸住宅の管理体制は瞬く間に崩壊し、多くの借主は受け入れがたい環境の中に住み続けるほかなくなった。こうして房屋委員会は2006年までに、維持補修に再び責任を負うほかなくなった[53]。

## ごたごた続きのEPP

植民地政府による人員削減の初期段階において、社会福利署の外部委託や民営化による予算削減、特に人件費削減の青写真を描くため、民間のコンサルタントが雇われた[54]。政府自身による調査では、社会保障の水準と福祉サービスの供給について、その基本的な需要がかろうじて満たされているとの結果が示されていた[55]。にもかかわらず、その予算は過剰であり、社会に頼る文化dependency cultureへの初期段階にあるとして、絶え間ない攻撃を受けていた[56]。その結果、香港のどの公的サービスも企業モデルを追求しなかったのに、社会福祉分野が企業型の自前の資金調達を迫られ最も大きな打撃を被った。もっとも、皮肉なことであるが、社会福利署は実は1970年代から、業務の外部委託を進め、香港社会にサービスを提供するのに大きな成功を収めていた。

香港における近代的な社会福祉システムの基礎は、1950年代に築かれた。医療、社会福祉事業、教育の専門家が、特別な支援を必要とする子供や身体障碍者、高齢者などにサービスの提供を始めたのが先駆けとなった。サービス提供に際して、彼らはNGOを組織した。それらは単なる心優しいボランティアが運営する「チャリティ」ではなかった。1960年代までにその多くは高度な専門性を持つ組織となり、良質なケアを提供する近代的な福祉サービスの開拓者となった。社会福利署の専門的なソーシャルワーカーはNGOと活発に協力し、同署が協議の上で策定した「５ヵ年計画」に基づいて、実務的な連携を図るようになっていた。

しかし、その５ヵ年計画は2000年までに停止され、NGOとの実務的な連携も終わった[57]。政府資金を投じる個別事業に対しては、新たに競争入札制度が導入され、やがて、サービスの供給の不足や質などの問題に関して、次第に政府の説明責任を弱めることになった[58]。当初、政府は事業の遂行状況の監視は、EPPの下で強化されると自信を持っていた[59]。複数のNGOが、この楽観主義は見当違いであり、香港が複雑さを増しつつある社会問題に直面している中で、社会福祉サービスの質と持続性は深刻な危機にあると警告した[60]。しかし、彼らの抗議は無視された。

社会福利署による協力関係とその未来志向の計画は、欠くことのできないサービスを担うNGOへの委託コストを賄う安全で効率的な助成制度を創り上げていた。このシステムを解体しようとする政府の効率促進弁公室（同組織がEPP推進にあたっての調整に関して中心的な役割を担った）の圧力は何年も続いた。「最高のやり方」とは何かが定義されていなかったが、同弁公室は2009年に「NGOや慈善団体との契約は民間のそれに似たものであることが最高のやり方である」とした[61]。この主張は、弱者に社会サービスを提供するという点で、NGOの役割が、民間企業とどれほど大きく異なるのかを無視していた。NGOは営利を目的としないものだからである。

NGOは、精緻に設計された政府助成金制度に、もはや頼ることができなくなった。競争原理を取り入れた政府事業への入札か、もしくは不確実性が高い資金の自己調達のどちらかを強いられるようになった。政府は社会福祉サービスの整備、そして最も緊急性を要する同サービスの不足問題の解決においてすら、計画し公約することを頑なに拒否した。それによって、政府の社会福祉への直接的な関与と社会への説明責任は弱められた[62]。

ビジネスのやり方にヒントを得た新たな行政のモデルを構築する作業は2004年に完了した。その目的は「“サービスの供給”から“社会投資”へのパラダイムシフトを実現するための、新たな戦略的方向性」を提供するためだと社会福利局局長は説明した。加えて、公的資金を代替すべく、民間企業との協力関係の進展を期待するとも局長は語った[63]。一方、老人ホームへの入居の空きを待つ間に亡くなる高齢者が増加した。また、精神的、肉体的に障害のある人々の施設入居への待機期間が長くなった[64]。特別な教育が必要な子供たちは、全く優先されなかった[65]。

2011年に至っても、公的な委員会の長期計画における勧告から判断する限り、ケアを行う専門家の価値とその品質は、政策立案において顧みられなかったように見える。

> 過去において、実業界と専門家たちは、香港の社会福祉サービスの供給において相互補完的な役割を担ってきた。しかし近年、その役割は変化・多様化し、社会福祉の担当部署と共有する経験や知識、社会福祉サービスや関連計画に関する指導・訓練、そしてスタッフのボランティア活動への参加促進などが含まれるようになった。実業界の社会福祉への関与は、社会福祉サービスに関する新たな発想を刺激し、知識の移転を可能とし、職員の相互関係と忠誠心を向上させ、そして企業の社会的責任と社会的イメージを高めたのである[66]。

この記述に関して、企業幹部がどのような形で「指導・訓練」を「社会福祉サービスや関連計画」に対し行うのか、もしくは実業界におけるキャリアを通して、社会福祉サービスのプロフェッショナルの経験や専門能力より優れた、「新たな発想を社会福祉サービス」をもたらすことができる確実な能力がどのように得られるのか、理解に苦しむところである。専門的なソーシャルワーカーに対して企業的な管理スタイルを採り入れるべきという圧力が高まると、十分な質を伴っていたサービスが劣化してしまうことは、政府においても、かつてのパートナーであるNGOにおいても、もはや問題ではなくなったようだ。皮肉にも、ビジネスのやり方を勧めるこの報告書の根本的な欠陥は、「マーケット」の分析が完全に欠落していたことだった。社会福祉サービスの需要とその供給に関する現状と将来予想のギャップに関するデータは、全く記載されていなかった。統計的情報がなければ、新たな施設、設備、人材訓練の拡充、採用計画などに関連する長期的な支出計画の優先度について、事実に基づいた分析は存在しようもなかった。

やがて行政長官となる林鄭月娥の昇格は、社会福祉サービスの提供にあたり、市場がより優れていることが示されるだろう、という見当違いの信念を強めた。2012年に政務司司長に昇進した後、林鄭は増加する高齢者人口への対応を優先課題とした。ビジネスにおけるやり方が、社会問題化していた高齢者の在宅看護の深刻な不足を克服する方法だと彼女は主張した[67]。しかしそのビジネス的な手法は、政府の安老事務委員会〔高齢者委員会〕が疑問視していた。同委員会は民間が適切な品質の高齢者在宅介護を提供できていない深刻な状況を明らかにした。それによれば、市民は満足と言うにはほど遠いこれらの民間施設の利用に非常に及び腰なので、その3分の1は利用されていないという。対照的に、政府の助成を受けた、寄付で運営される施設は高い水準を維持していたので、施設は需要に追い付いていなかった。入居までの待機期間は（受け入れ施設のタイプにより）22ヶ月から40ヶ月にも及んだ。

安老事務委員会は、政府の助成を受けている施設の、入居までの長い待機期間は、低価格のために助長されている、という意見を否定していた。「高齢者（および恐らくその家族）は政府の補助を受けた施設の質をより信頼している」と同報告書は如才なく指摘した[68]。民間施設ではスキャンダルが増え、また、その低水準なケアサービスの質を是正する法律が制定されたのは当初予定から5年も遅い2011年だったので、老人介護が必要な高齢の親族を持つ家族には、民間施設における介護の品質に神経質になる、もっともな理由があったのである[69]。

## 小結

長年にわたり公共サービスが失政《ミスマネジメント》の下にあったにもかかわらず、うまく乗り切ったのは驚きというほかない。懸念されるのは、それがいつまで続くのか、ということである。生産性は無限に向上するものではない。特に住宅部門や社会福祉部門における変革が危機から破滅へと悪化するにつれ、仕事量は容赦なく増加した。政府各部局は、とりあえずの業務処理法を見つけるしかなかった。すなわち、限られたスタッフや利用できる予算などでも対処できるよう、職務には便宜的に「優先度」がつけられた。いかなる法律や規則が効果的に執行できるか、高級官僚たちが決めなければならなかった。市民からの苦情のどれを無視すべきか、医療・社会保障に絡むリスクのうち何を見逃すべきか、どのようにすれば重大な統計や資料を参考にすることなく微妙な決定を下すことができるのか。

政府高官たちは、行政が解決策を見出すには、人的資源・財源が足りないとたびたび立法会議員および香港社会に警告した。しかし両者とも、行政長官たちに対して、十分な財源と人材なしには政策も公約も実行できない、という現実に注意を向けさせることはできなかった。

その現実は、社会福利署とNGOの協力関係の解体の後、特に明白になった。ただし、香港政府はEPPの目標値のみを動機として行動したわけではなかった。政府は政治的にかなり有利な立場をも得ることになったのである。福祉事業は今や競争入札によってNGOに割り当てられるようになった。この新たな「ビジネスの」関係においては、「好意的な態度」goodwillが重要だと信じられた。多くのNGOは、より多くの、そしてより良きサービスのためではあっても、公的な政策もしくはキャンペーンに疑義を差しはさむことは、もはや得策でないと考えるようになっていた。NGOの役員たちは、政府高官によって「トラブル・メーカー」と見なされることを心配した[70]。社会サービスを必要とする人々のために声を上げるというNGOの力は消滅した。

それにもかかわらず、香港の制度には、生き残りのため、意図しなくとも何らかの改善策を作り出すレジリエンスresilienceがある。政治家、学界、メディアからの止むことのない批判にもかかわらず、行政の場合、高い信頼を保つことができた。それは、今世紀に実現した驚くほどの高い説明責任に非常に多くを負っていた。政治任用者と政府の全体的な運営は、行政、立法会の各種委員会・研究会、審計署、オンブズマンの間に形成された実務的な協力関係によって、市民からの監視を受け続けた。

政府の各部門は、これらの組織が求めれば、最大限に自由かつ率直に、政府の業務に関する失態や欠陥に関連するどのような証拠も提出した。その結果、行政長官とそのチームは、その結末が政治的にどれほど好ましくないものと予想されても、1997年以前よりはるかに高度な香港社会の監視を受け続けた。それは現代の、繁栄する社会として香港が生き残るために克服すべき脅威を監視することを意味し、香港市民にとってかけがえのない安心をもたらしている。

第 **3** 章

# 脅威にさらされた民間住宅

銅鑼湾Causeway BayのハイサンプレイスHysan Placeの中層階から見た裏通り。
屋上屋がある古い建物と近代的なビルが混在している（2012年、曽根康雄撮影）

香港の住宅担当の閣僚であった張炳良《ちょうへいりょう》Anthony Cheung教授は2013年に「誰もが夢を持っている」、「多くの香港人にとっての夢とは、子供たちを健やかで幸せに育てられるマイホームを持つことである」と語った。1990年代にはその夢が叶い、香港には「人々が誇りを持って暮らせる住まいの物語があった」と局長は続けた[1]。そのような劇的な改善は民間住宅にも見られ、持ち家比率は1971年の18%から、97年には52%に上昇した[2]。香港の歴史において、初めてまともな住宅が十分に供給されるようになった[3]。

20世紀末には、過去の悲惨な香港の住宅事情は、歴史のゴミ箱に捨て去ることができたと考えてもよさそうに思われた。しかし21世紀に入ってから、運命が劇的に反転し、民間住宅はその被害を最も被った。住宅所有者も入居者も、建物の保守不足が予想をはるかに超える規模に達し、彼らの住宅が、さまざまな脅威にさらされていることに気が付いたのである。2010年には、公式に「都市部の時限爆弾が爆発し、負傷者や死亡者が出るのは時間の問題」と表現された[4]。大勢の家族が、危険で健康被害が出かねず、人が住めるような場所ではない民間住宅に住んでいた。「老朽化し、過密状態で放置され」ている「惨憺たる居住水準の住まい」となり果てた建物が増加していく、と公式に予測された[5]。

民間住宅ストックの破壊を食い止めることに対し、政治的指導力が弱く、行政が混乱し、政府が消極的な姿勢しか取らないことによって、危機が発生するようになった。もっともそれ以上に重要なのは、行政長官やその政治的任命者、そして大多数の議員が、行政を「労働集約的」な業務であると認識しなかったことにより引き起こされた杜撰な管理である。香港の住宅問題は、行政サービスに必要な作業量を処理するのに十分な管理者と専門家を確保しない限り、解決することはできなかったのである。しかし政府が上げうる成果と、そのために活用できる人的資源や財源の間の相関関係については、権力者の誰も気にとめていないようだった。

## 劣化と腐食

都市の衰退は、民間部門の住宅に住む100万世帯のクオリティ・オブ・ライフに対する今世紀最大の脅威となっている。市区重建局Urban Renewal Authority（以下URA）〔都市再開発局〕の初期調査では、2010年までに、少なくとも

11万世帯が健康被害をもたらしかねず、安全でもないとされていた民間所有の建物に住んでいることが判明した。建物の老朽化は驚くべき状態に達しており、民間住宅として流通していた住宅の居住水準は恐ろしいレベルに達していた。民間の典型的な集合住宅の住戸は、平均で約46.5㎡【原文では平方フィートで表示、１平方フィート－0.093㎡】の広さを持ち、３人以上の家族が住む「家」であった。その多くは配線や電気設備に欠陥があり、火災を起こす危険性が高かった。共用部は不潔で、配管からの水漏れが頻繁に発生していた[6]。

なぜこのような恐ろしい居住環境を、香港のように十分に発展したポスト工業化社会が受け入れられたのだろうか？　このような寛容さの多くは、香港の住民の多数が、より劣悪な環境で生まれたか育ったことによる。1950年代に工業化が進み、毎年100％を超える驚異的な輸出成長率を続けたため、民間の不動産セクターは、新たな製造業の繁栄の中で豊かになった家庭から生まれる、無限の需要を享受するかに思われた。1955年から65年にかけての新築民間住宅建設への投資は年平均110％増加した。当初、住宅の急増で、香港の住宅の質は大幅に向上することが約束されているかのように思われた。1941年の日本軍の侵攻前に建設された３～４階建ての過密で不衛生なバラックは、大規模な高層建築に取って代わられていった[7]。1959年には、将来の香港の景観を決定づける超高層ブロックのプロトタイプが市場に登場した。それは平均46.5㎡を超える1000戸近くの住宅を擁し、香港の住宅の標準となった[8]。住宅建設ブームは1970年代に加速し、20世紀末までほとんど途切れることなく続いた。

しかし、これらの巨大な新築高層住宅は急速に過密状態に陥り、通常よりはるかに早く荒廃が進んだことで、建設が始まって間もなく、危険性が指摘されるようになった。1963年に政府のワーキング・グループは次のように警告している。

> ……３部屋を持つ住戸に60～70人が住んでいることも珍しくなかった……建設業者は可能な限りトイレの設置数を減らした。ほとんどの階ではないにしても、多くの階では内部の配管に不備があり、水不足の年でなくても蛇口から水が出なかった。これらの建物に住む人々は、より深刻な健康被害を受ける可能性があり、彼らの子供たちは、……丘の中腹にある不法バラックに住んでいたときよりも、精神的、身体的、社会的にハンディキャップを負った

り、発育不全に陥ったりする恐れがある[9]。

## 恥ずべき統計

公営住宅の水準はその後数十年の間に大きく向上したが、香港が全体として繁栄しており、市民の所得が増加していたにもかかわらず、民間住宅への恩恵は公営住宅ほどは及ばなかった。ほとんど全ての香港の建物には鉄筋コンクリートが使用されており、その寿命は非常に限られている[10]。20世紀の終わり近くになるまで設計寿命という考え方は普及していなかった。とはいえ、今でも設計寿命は50年しかない。そのため、建物の劣化がひどくならないようにするためには、質の高い保守が不可欠である。

2013年のURAの推計によると、民間住宅は4000棟が老朽化している。それらは築50年以上が経過しており、「そのうち４分の３はすでに基準不適合」に分類されていた。さらに１万2000棟の建物が30～50年前に建設されたもので、基準不適合あるいは建物の管理が全く行われていなかった。その結果、保守は最小限に抑えられ、容赦なく劣化が進み、快適さはおろか、居住者たちの安全と健康への脅威が増していた。2020年までに設計寿命50年を超える建物の数が１万6000棟に達すると予測され、老朽化を遅らせるための取り組みはより困難なものとなっていた。

さらに、これらの統計は腐食と老朽化の進んだ建物の数を過小評価していた。すなわち「15年以上前」に収集され、部分的な調査で得られたデータから導き出されたものであることを堂々と認めていた。しかし同様の警告は、住宅ストックをさらに劣化させた、違法な工事に関する政府統計に対してもなされた。審計署署長〔会計検査署署長〕による2015年の報告書は、屋宇署〔建造物署〕とそのコンピュータシステムによるデータ収集を欠陥の一つとして取り上げ、利用可能な統計が限定的な調査に基づいていて、その正確性も疑わしいため、民間住宅危機の全容が隠蔽されていたとした[11]。

## 活かされなかった公営住宅の教訓

公営住宅のストックが多かったことにより、政府の住宅専門家はコンクリート建築物の寿命が短いことを認識していた。彼らは、公営住宅を老朽化から守るため、早くから行動していた。1988年、房屋委員会〔住宅委員会〕は1973年以前に建設された560棟の建物の改修工事を開始した。このプログラムは完了するまでに21年を要し、その後、新たな点検と改修についてスケジュールを組み、実行していかなければならなかった[12]。このようにして政府は、香港の高層住宅の寿命を延ばすために必要な高度な計画について、かなりの経験を積んだ。

また政府は、所有者やテナントが自分たちで建物の管理や保守がきちんとなされているかを監督することには、大きな限界があることを公営住宅での経験から学んだ。にもかかわらず、1999年、房屋委員会は公営賃貸住宅の管理を可能な限り民営化した。民間のモデルの方が効率的であるとする董建《とうけん》華《か》政権のやり方を確信していたからである。もっとも、多くの建物が使用に耐えない状態になったので、維持管理基準はすぐに意味をなさなくなった。2006年までに、再び房屋委員会が保守を引き継ぐしかなくなった[13]。

しかし、これらの教訓は民間住宅には活かされなかった。政府は、民間住宅のストックの質の悪化をずっと後になるまで無視した。民間所有の建物の安全性を向上させ、建築規制を強化するための措置を取り始めたのは、房屋委員会が公営住宅ストックの改修工事に着手してから10年後の1998年であった[14]。加えて、より多くの民間住宅において、より速く進んでいる深刻な老朽化に関して、危機を食い止めるために政府が果たすべき積極的な役割についても、同局はその経験から得られる的確な助言を行わなかった[15]。

## 不本意な救済措置

民間住宅の危険性が高まっていることに対し、政府が直接関与し、解決する意欲がないことが今世紀早々、はっきりした。2001年には「建築物の安全性と適切な維持管理に関する総合戦略実施計画」が策定されたが、限定的な解決策しか提示されていなかった。2003年と05年には、「長年、建物の保守を放置してきた問題に歯止めをかけるために、さらなる取り組みを模索する」という趣旨の公開諮問が行われた。もっとも、その後になされた取り組みは、老朽化が加速しているにもかかわらず、限定的なものだった。政府は「建物所有者が修繕・維持管理を行うための適切な支援を行う」という漠然とした公約を発表したが、それは「他のパートナー組織との連携の下に」実施されることになった。これらの取り組みの有用性が限定的であることは、政府の「自主的建築物検査スキーム」によって強調された。このスキームは、保守がなされず放置されていた建物およびそれに対する適切な改善策を特定するために大きな役割を果たしたかもしれない。しかし政府は、所有者が法的に費用負担の責任を負うことになれば、市民が抵抗するのではないかと恐れていた。行政長官も関係閣僚も、私有財産を保護する政策を売り込むだけの政治的信頼性を得ていなかったため、この施策は任意で実施されることとなり、結局は乏しい成果しか得られなかった[16]。一般世帯へのメッセージは明確であった。強制的な措置をとるほど深刻な状況ではないと政府が考えているのならば、差し迫った危機はなく、保守作業は延期し続けることができる、ということである。

政府が関与に消極的だったのは、責任の所在が明確でないことや指揮系統が重なっていたことなど、行政側に不備があったことも反映していた。2009年には、住宅と土地の問題に関わる政策局が三つに分かれ、五つの異なる部署と二つの公的機関となり、行政の混乱が如実に表れていた。にもかかわらず、すぐに政策局が一つ増え、部署が二つ増えた。

政府が、不動産の管理や改修の危機の責任から逃れようとするのは、当初は永続的な方針であるように思われた。しかし、曾《そ》蔭《いん》権《けん》行政長官の任期中、財政司司長の曾《そ》俊《しゅん》華《か》は、経済が不況に陥っていることを心配するようになった。これを受け2009年の予算演説では、「さまざまな種類の雇用とインターンシップの機会を提供するため、ターゲットを絞った施策」の寄せ集めが発表され、それには「楼宇〔建物〕更新大行動」Operation Building Brightも含まれた。この措置は、香港で最も老朽化が進んでいる1000棟の建物に対し緊急の修繕を行うため、URAがアパートの所有者に現金で助成金を与えるというものである。この資金援助は、不況下での失業率の上昇を懸念した時限的のものであったことが明らかになっている[17]。後に行政長官となる林《りん》鄭《てい》月《げつ》娥《が》は、楼宇更新大行動の実施を担当した閣僚であった。彼女は、可能な限り迅速に１万人の新規雇用を創出することが、アパート所有者に現金での助成金を提供する主な理由であると強調した[18]。この政策は緊急措置であり、長期的な対策ではなかった[19]。

ところが、この計画の成果が印象的だったため、立法会メンバーは、これを住宅再生のモデルとするのが妥当であると主張した。曾蔭権もこれに同意したように思われた。彼は2007年、老朽化した建物の問題に関心を示し始め、歴史的建造物を保存する施策を導入していた。しかし彼の本当の関心は、スラム住宅の増加に歯止めをかけることよりも、政治的な威信にあった[20]。実はURAは2010年までに、主席、董事会〔理事会〕、上級スタッフの社会的良心と彼らの間で強まる危機感が、驚くべきレベルの自治を確立していた。そしてURAは、閣僚レベルの慎重論を無視し、率先してキャンペーンを展開し、香港の建物ストックの物理的な衰退の深刻さを市民に啓発したのである。

曾蔭権は、新たに生じた市民の意向を無視することはできず、2010年の施政演説では、建物の供給量を増やすだけでは十分ではないことを認めた。既存の建物の修繕に高い優先順位を与えるべきであるとして、「建物の老朽化や無許可建築の問題に取り組むため」の立法を約束し、「組織的に取り組む能力や財源を欠いている建物の所有者への包括的な支援」を含む民間の建物の管理改革を約束した。しかし、曾の改心は厳密には政治的なレトリックであった。

曾の施政演説では、公約の早期実施は約束していない。彼は、法制化、監視、財政支援のための大規模な計画が緊急に必要であることは認めた。しかし、まず最初に、さらなる検討と公開諮問が必要であると慎重に説明し、そのためのタイムテーブルは示さなかった。したがって、彼の提案は無期限に遅れる可能性があった[21]。怠慢、不正、汚職による住宅ストックの破壊を終わらせるための実践的な対策は導入されなかった。

それにもかかわらず、2009年から16年までの間に、URAと楼宇更新大行動は、10万の住戸を有する2000棟の建物を危機から救い出すことに成功した[22]。その他に、資力の限られた高齢者には、持ち家のための特別な補助金が利用できるようにした[23]。これらの統計や事例は、老朽化対策や管理を改善する大規模な対策が財政的に可能であることを示し、その成果は印象的であった。

2012年に梁振英《りょうしんえい》が行政長官に就任した際、楼宇更新大行動を継続する用意はあったが、過去の実績にかかわらず、恒久的な政策にすることを彼は考えていなかった。梁とその閣僚は、老朽化した建物の安全、健康、生活水準を守るための補助金を出すことに熱意を失った。楼宇更新大行動は2016年に終了し、同計画に従事した屋宇署のスタッフは解雇された[24]。

この計画を復活させる必要があることはすぐに明らかになったが、それには大きな政策の変更が必要となった。従来の方針では、一般的な住宅危機の優先順位が高く、差し迫った危険性がある建物に対する緊急行動の優先順位は低かった。2015年のURAの調査では、築50年以上の建物5300棟のうち、3分の1が修繕の必要ありと推定されていた。しかし、またしても、犠牲者が出て初めて、これらの建物の修復が急を要するものと認識された。公式報告書は、「2017年6月の紅磡《ホンハム》で発生したバルコニーの構造的な崩壊は、適切な時期に修繕が行われていない古い建物が、入居者だけでなく公衆にも危険をもたらすことを示している」と指摘している。

政府が建築物条例を広範囲に施行しなかったことで、市民は危険にさらされた。建築署の2017年の報告によると、修繕が必要な5万1700棟のうち58%が放置されていたという。同署は「所有者には資金、技術的な知識、組織的なスキルが不足していた」と弁解した。同署の報告は「所有者を放置しておくと建物の劣化が進み、公共の安全に重大なリスクをもたらす」ことを認めた。市民からの要求が強いため、政府はこの問題に対処する追加の予算をURAに割り当てることを余儀なくされたが、必要な人員を確保するにはまだ不十分だった。政府は、このような支援は「時限的な措置」であり、民間建築物の衛生と安全については、政府が直接責任を負うものではない、と厳格に述べている。林鄭月娥は序章で述べたように発展局局長として、これらの民間建築物が抱える問題の解決に責任を負っていたが、彼女が採用してきた政策は何ら改善をもたらさなかった[25]。

## 市場の失敗

楼宇更新大行動は、香港の住宅に驚くべき規模で劣化が進んでいることを初めて明らかにした。それ以上に重要なことは、不動産オーナー自身に、彼らが所有するアパートの内装や共用部分の清潔さを維持する以上のことをする義務がある、と早急に納得させる必要があることを明らかにした点である。香港に住む世帯は70年にわたり、多層階の住宅に住んできたが、住宅の質に関わるサービスや施設の管理の複雑さを所有者たちが当然のこととして理解しているとは言えない、と民政事務総署Home Affairs Departmentは2016年に警告した。不動産オーナーは、それに必要な経費についても責任を負うのである。民政事務総署は、何が必要とされているのかを最も簡単な言葉で説明する必要があると考えた。

**民間住宅のオーナーの多くは、彼らが所有する不動産は、彼らが住んでいる住戸だけではないことを認識していなかったかもしれない。彼らがある建物のある住戸を購入するとき、彼らはその建物の共有部分も購入しているのである。家族が毎日消費する水道水は、その建物の給水システムと給水管を通して提供されているのだ。**
**家族が外出するときには、毎日、その建物のエレベーターを利用する。さらに、外壁、土台、柱、梁などもある。これら全ての設備や構造物が建物の共有部分となっており、集合住宅の全てのオーナーが共同で所有しているのである**[26]**。**

不動産管理者としてのオーナーの限界は理解できた。建物が完成して間もない時期においては一般的に、オーナーたちは、構造的な修理がほとんど必要なく、その建物の設備はずっと維持されるように設計されているものと考える。それゆえに決して少なくない、保守のための出費を無期限に遅らせたいという誘惑に駆られる。さらに、保守がなされないことによって引き起こされる傷みのほとんどは、何年もの間、事実上目に見えないままである。それらは床下や天井裏、共有壁や間仕切りの向こう側にある。その結果、物理的な構造物、重要な付属機器や設備の補修が先延ばしにされたり、無視されたりしてしまう。

最終的には、定期的な修理や保守がなされないことで、火災のリスクや健康被害、構造上の危険が生じる。個々のオーナーは多くの場合、直ちに大規模な補修をしないと建物の質が深刻に低下すると知らされると、その費用の負担でショックを受ける。高齢者、低所得者のオーナーが多い建物では、必要不可欠な補修のための費用は法外な値段になる。したがって、30年以上前に建てられた相当数の建物では、オーナーは緊急の改修工事の費用すら支払うことができない。

香港の民間住宅の総ストックのうち、40%は半世紀以上前に建てられたものである。多くの場合、構造が劣化してから長い年月が経過しており、付属設備や機器も老朽化してしまっていることが多い[27]。最も単純な解決策は、危険で不衛生な建物を取り壊して再開発することであろう。しかし政府はそうする気がない。立ち退きを余儀なくされた住民を住み替えさせることができない、というのである。民間の供給はすでに市場の需要に比べて大幅に不足しており、低所得者世帯を住まわせる公営住宅も不足していたのである。さらに、不動産オーナーである住人にとって、これらの住宅は通常、生涯を通じて最大の投資であり、立ち退きするからといって代替物件を探すことなど望むべくもないものであった[28]。

政府と経済界の双方の利害に関係する適切な解決策は、不動産所有者に法的責任を負わせることであった。過去に放置されていたことが原因で発生した改修工事の費用と、将来にわたって建物を良好な状態に保つために必要な維持管理費は、所有者が負担すべきものである。しかし、URAと楼宇更新大行動は、香港の非常に複雑な住宅ストックの保守・管理が自由市場の力では不可能であることを明らかにしたのである。

さらに悪いことに、建物の所有者が資産の価値を守るため、保守にお金をかける覚悟があったとしても、それに取り組む際には大きな困難に直面した。香港の多層階のマンションでは、管理不全による傷みが深刻であり、専門的な人材に多くを頼らざるを得なかったにもかかわらず、ビル管理における専門職人材の貢献の必要性は広く認識されていなかった。2016年まで、ライセンス制度の提案はどこにもなく、不動産管理会社の標準的な要件も、実務者の正式な資格も定められていなかった。このような状況下では、研修プログラムの開発や専門的な基準の実施は非常に困難であった[29]。

## 腰の引けた政府

このような悲惨な状況にあるにもかかわらず、政府が法令上の義務を怠り、管理水準を向上させ、所有者の義務を明確化する法改正を先延ばしにしたことは、不名誉なことであった。何としても劣化の流れに歯止めをかけなければならないという根拠が積み上がっていたにもかかわらず、適正な保守・管理が保証されない法制度の改革は、繰り返し先送りされたのである。次の年表を見れば一目瞭然である。

**・2006年：立法会は、不動産管理会社の認可制度を求める動議を可決したが、**

政府は何もしなかった[30]。

- 2007年：建築物管理条例が改正されたが、管理者とオーナー代表者の情報開示、説明責任、専門的な監督を強化する機会を逃した。
- 2011年：「一般的なビル管理の問題を特定し」、建築物管理条例をどのように更新すべきかを提言するために、検討委員会が任命された[31]。
- 2014年：この問題に関して公開諮問を行うことが発表された。
- 2015年：立法会の事務委員会は、詐欺や汚職に取り組むため、建築物管理条例を改正するよう求めた。政府は、当時の欠陥のある法的・行政的な取り決めを変更することを拒否した[32]。
- 2016年：政府は「建築物管理条例の見直しに関する公開諮問の結果について」と題した簡単な報告書を発表した[33]。

2016年の報告書は、10年間の請願・告発に対する衝撃的な対応だった。それは行動計画ではなく、立法化を避けるための努力であった。建築物管理条例の違反は法律で処罰されるべきであるという提案は、政府の反論に遭った。管理組合の理事会メンバーはボランティアだったので、法律違反に対してそのメンバーを処罰するのは不公平だというのである。また、工事請負契約の不正な入札談合に対する苦情が蔓延していたが、これを真剣に受け止めることはできなかった。政府は、不正行為や汚職行為の機会を排除するために既存の法律を変更することはないと決定した。このようにして、公開され、競争入札によって落札されるはずの保守契約は、相変わらず金銭的な報酬の見返りとして、理事会のメンバーとつながりのある関係者に与えられる危険があった。

政府は、管理会社の能力向上を支援するために、法律家やその他の専門家によりさまざまな組織が作られたと発表したが、これもまた、大多数の香港の住宅に影響する危険を取り除くにあたり、政府の直接的な関与を最小限に抑えるための策略であった。唯一の重要な譲歩は、警察と廉政公署（ICAC）〔独立汚職防止委員会〕が一般市民からの報告を一層徹底して調査するという公約であった。

民間に対しては、独自の解決策を見つけることと言及されていた。専門家のリソースが全く不足していたのである。香港には800社の不動産管理会社があり、全体の60%に当たる2万4000棟の民間住宅を扱っていた。民間の物件はとても数が多く、「多くのビルを合計すると1万戸以上の住戸があった」[34]。およそ9000棟の建物は、専門家の手を借りず、オーナー組合や住民組織によって管理されていた。さらに7000棟は、正式な管理協定を結んでいない古い安アパートであった[35]。

政府は、民間住宅ストックの残り40%をそっくり放置することの政治的コストを完全に無視することはできなかった。2016年に民政事務総署が発表した報告書では、楼宇更新大行動が終了した後の一時しのぎの措置として、「ビル管理業務」のために採用する「連絡主任」の数を「約120人から128人（約6.7%増）に増やす」と約束していた。また、それまで連絡主任が受けていた「約80時間の研修」が、それ以降は約90時間に増やされることになった[36]。しかし，このような人員と訓練の増加は、必要とされるサービスの量を提供するためにはほとんど役立たなかった。正式な管理が行われていない建物では、連絡主任は平均して年1回訪問することになっていた。「何らかの形で居住者の代表者がいる」建物への訪問は、平均して年4回強にすぎなかった。限られた訓練しか受けていない民政事務総署の職員による簡単な訪問でできることは、専門家による管理に代わり得るものでは到底なかった。支援対象には、最も古い建物と最も荒廃した建物というカテゴリーが含まれていたため、なおさらであった[37]。

2016年に不動産管理サービス条例Property Management Services Ordinanceが可決されてようやく、不動産管理の専門的な基準を定める必要性が認識された。しかし、この新法には潜在的な抜け穴が多く、普遍的なものでも強制的なものでもなかった[38]。物業管理業監督管理局Property Management Services Authorityは、管理会社と職員の両方を対象とした専門的サービスの基準に関する規制の構築に向け、翌年から活動を開始したが、この新しい機関に充てられる人員や資金はきちんと予算化されていなかった。建物の管理と保守に関する新たな行動規範が求める基準は、厳格なものと言うには程遠いように思われた[39]。

## 小結

本章では、なぜ住宅事情が悪化するのか、なぜ維持管理基準が不十分なままなのか、そして政府と所有者それぞれに課せられた法的義務がいかに適切に執行されないのかを探ってきた。この議論は、香港全域を埋め尽くす高層住宅が、所有者や不動産管理者にとって、「市場の力」に任せるだけでは解決できない、普通の処方箋では不十分な課題を生み出していることを示している。それにもかかわらず、政府は直接的な介入を当初は回避し、その後も遅らせようとしたが、その戦略は破滅的な結果に終わった。

危険にさらされていたのは、香港の家庭や住宅の安全だけではなかった。政府の無謬性そのものが危険にさらされていたのである。政府の緊縮政策と政治システムの欠陥が相まって、不動産や土地の分野で汚職や不正行為が蔓延した。第７章で説明するように、廉政公署でさえも、市民からの苦情を無視したり軽視したのである。

政府側では、火災の危険があるという場合でさえも、老朽化を食い止めるための役割を最小化しようとあがいていた。2017年に保安局局長Secretary of Securityが提起した議論の一つは、当局が「火災の危険性を排除するため、完成時に所有者からその費用を徴収するための直接的な行動」を取ることは現実的ではないというものであった。「執行当局が所有者に代わってそのような決定をすることは……、不必要な紛争や訴訟の引き金になりかねない」と彼は述べた[40]。実のところ、保安局局長は、所有者や管理組合が自発的に決断するまで、火災の危険性や人命の危険性に目をつぶっていたのである。

建物の老朽化が進み、自ら居住する不動産オーナーにとっても、賃貸物件を所有する不動産オーナーにとっても、所有する資産の価値がこれほど損なわれているにもかかわらず、このような状況が続いたのはなぜだろうか。政府の司長や局長は、審計署署長による詳細な調査、オンブズマンや立法会のパネルからの一連の報告書を、どうして無視することができたのであろうか。悲しいことに、行政の取り組みにおける深刻な落ち度が毎年明らかになっているというのに、いかにも的外れな従来の政策を改革する気がなさそうな政府に問い質し続けることに関し、政治家や圧力団体、メディアはそろって、エネルギーの浪費だと感じていたのである。年々、多くの公式報告書がメディアで取り上げられるようになったが、依然として成果は得られなかったため、市民の間にも無関心が広がった。こうしたプロセスの繰り返しにより、政党やメディアは、火災や倒壊で死傷者が出た場合や、著名な人物が建築関連法違反で摘発された場合を除いて、住宅問題に時間を「浪費」しなくなった。不動産オーナーとしても、その多くは立法府やメディアで老朽化について話題にならない方が良いと考えていた。話題になってしまうと世間の認知度が高まり、それによって所有する不動産の市場価値が危険にさらされるかも知れないからである。

しかし、より重要なことは、保守を最小限に抑え、修理を延期することによって生じたダメージがいかに深刻であったかを、政府が個々の住宅所有者にほとんど認識させなかったことである。政府の閣僚や職員が、行動をとるのは個人の意思だと繰り返し強調していたとき、健康や安全への脅威は、本当はどれだけあったのだろうか。もし建物が本当に危険な状態であるならば、政府が介入して警鐘を鳴らすのは当然のことである。それまでの間、「パニックになる必要はない」というメッセージが必要とされるが。

第 **4** 章

# 不法バラックから「隠れた」スラムへ

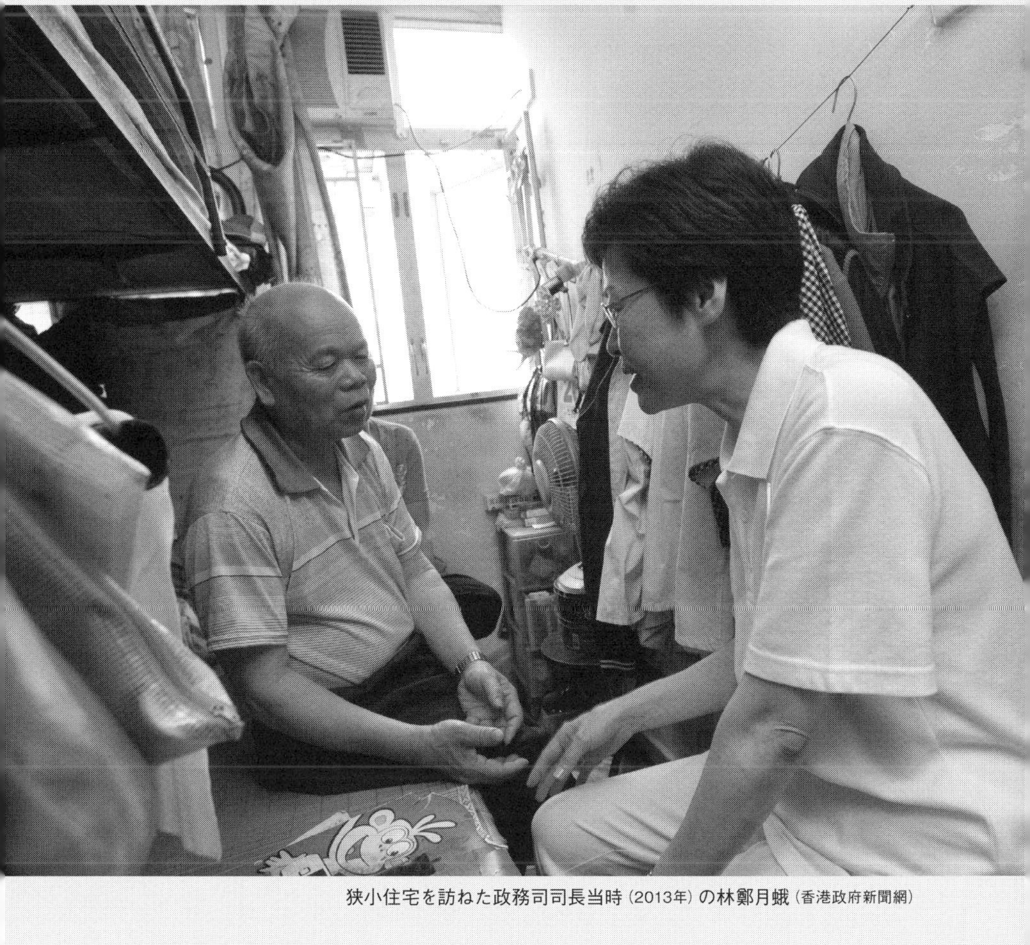

狭小住宅を訪ねた政務司司長当時（2013年）の林鄭月娥（香港政府新聞網）

過去20年間における、香港の為政者の最も深刻な職務怠慢は、住宅の供給量と平均的な住まいの質が必然的に低下するような政策を採ってきたことである。その状況は、国際的な基準に照らしても不名誉なものであった。国連の下部機関【UN-HABITAT】は2006年に、香港の民間住宅におけるスラム人口は、他の先進国の平均より速いペースで増加していることを指摘した。香港にとって都合の悪いことに、その報告書には、シンガポールがスラムを完全に一掃したとも記されていた[1]。2015年にこの機関は、香港の住宅事情における、さらに困惑する特徴に対し、「隠れた都市スラム」として焦点を当てた。この中には、6万7000戸の民間の劏房《トンフォン》（sub-divided housing units ＝ SDU）【既存の集合住宅の１戸分のスペースをさらに小さく区切って賃貸する居住空間】が含まれる。ここに住む17万1300人の住民は、「密集した環境で、健康面でも防火面でも危険のある」住宅にもかかわらず、法外な家賃を支払っているのである[2]。

2013年に住宅担当局長は、香港の住宅危機が警戒レベルに達したことを認めた。

> **今日、庶民が最も憂慮する民生上の課題は住宅である――劏房の激増、住宅の供給不足、庶民が負担できる額を超えた不動産価格・賃貸料の上昇……我々の住宅問題は、社会の分断と階層間対立の悪化をもたらしている[3]。**

これは弁解の余地のない破綻である。かつて公営住宅計画は「社会変革に貢献した例として広く称賛」されてきた。1997年には、86万6000戸（世帯全体の45％）の安全で廉価な住宅が供給され、民間住宅の持ち家比率は52％に達した[4]。

しかし1998年以降、十分な数の公営住宅の供給を維持するという政府の公約は直ちに見直され、政府の住宅計画はことごとく撤回された。2012年までに、新規の公営住宅の平均供給戸数は1997年の水準を62％下回った。公営住宅の供給削減は、民間デベロッパーにさらに多く供給させようという政府の意向と説明された。もっとも、その結果、民間部門の住宅建設は1997年の水準から45％減少し、住宅供給は増加せず、住宅価格は上昇してしまった[5]。

しかしながら植民地時代を過度に美化し、1997年以前の香港に理想的な住宅が十分に供給されていた、などと信じるのは間違いである。住宅供給は公営・民間ともに増加していたが、それはそれまで存在していた不法バラック・仮設住宅をほとんど全て撤去し、民間住宅のスラムを最悪の状況から救い出すのに十分だったというのにすぎない。確かに、香港の大多数の家庭に対して、安全で経済的に負担可能な住居affordable homesを供給するという目標は達成された。しかし、これは現代的な社会が誕生したときから所与の条件とされている、とりあえずの必要を満たす最低限のものでしかない。最も深刻な問題は、供給された戸数が十分なだけだった、ということである。利用可能な公営住宅の戸数の削減や、住宅の質の着実な向上につながらない政策変更の全てが、より高いクオリティ・オブ・ライフを求める住民の願いに逆行するものであった。民間住宅の供給の大幅な減少や住宅価格・賃貸料の上昇も然りである。

かくして、1997年の時点では裕福な世帯を除いて、公営か民間かを問わず、平均的な住宅は窮屈で限られた設備しかないものであった。それは、一日のほとんどを仕事に費やし、家以外で過ごすのに問題のない人々ならば何とか耐えられるという程度のものであった。プライバシーは一種の贅沢であった。勉強をするために静かな環境が必要な若者だけでなく、騒音に敏感な老人にとっても、住宅の壁は非常に薄いものであった。平均的な住居は、高齢化する住民たちにとって理想的なものとはなっていなかった。車いすの利用者が快適に生活するには、通常のドアや廊下は狭すぎた。バスルームとトイレには、高齢者に必要な補助バーを取り付けるスペースがほとんどなかった。

本章は、1945年以降の国共内戦と共産革命により中国本土から大量の難民が押し寄せたことによって深刻な住宅不足に陥った香港が、いかにそれを克服したかを概観することから始めたい。そして、返還後の初代行政長官の董建《とうけん》華《か》が、過去の公営住宅政策の成功を持続させると約束しておきながら、劇的なまでにそれを覆したこととその悲惨な結果を振り返る。さらにそれを踏まえ、政府の補助の下で整備される公的分譲住宅との競合をできるだけ排除し、可能な限り民間が住宅危機に対処すべきだとした、第二代行政長官、曾《そ》蔭権《いんけん》の意思決定を検討する。

第三代行政長官の梁振英《りょうしんえい》の取り組みについては、より詳しく検討する。彼は、公営住宅計画の廃止という大きな負の遺産に対処するという仕事を引き継いだからである。この節では、梁が香港の住宅が置かれている悲惨な状況を公に認めていながら、前任者たちと同じように民間部門に依存するという政策をなぜ採ったのかを説明する。なお梁には、効果的な解決策を実現するのに必要な世論の支持を集め、それを実行するための政治的信任と行政スキルが欠けていた。

第四代行政長官の林鄭月《りんていげつ》娥《が》は、彼女自身が建造物に責任を持つ閣僚として関わった過去の失政によって追い詰められた。林鄭の１期目において次善の策として取り組むことができたのは、住宅供給の増大であった。それは、可能な限り健康と安全を守る何らかの形の管理の仕組みを整えることで、老朽化した居住用建物や無人の工場建屋にある、不法で安全とは言えない住宅の増加を容認することによってなされた。彼女もまた、諮問機関を作り、解決策が現れることを期待した。もっとも、実際には、政府に求められることは極めて単純なことである。それについても、本章で詳しく検証する。

## 貧民窟から一定水準の住宅へ

今世紀に入ってからの住宅の質の悪化に対し、香港社会が大衆デモや政治不安を起こさずに耐えてきていたのは、多くの家庭が植民地時代の劣悪な住環境を生き延びてきたからであった。香港の御し難い住宅問題が始まったのは、移民が大量に押しかけた1940年代のことである。1945年に日本による統治が終焉した時点で、香港の人口は約60万人であったが、1956年には250万人に達していたと推計される。非常に多くの移民は、土地を不法占拠し小屋を建てた。その多くは山の斜面に建てられたが、他にも屋上屋、道端、そして占有されていないあらゆる手頃な場所に小屋が建てられた。しかし、世界中の都市における不法定住者の居住区とは異なり、これらの間に合わせの住まいは貧困の結果として作られたものではなかった。1950年代に工業化が始まり、その後の数十年間にわたる完全雇用と賃金上昇の結果、香港社会は不法定住者を抱えつつも繁栄していたのである[6]。

それにもかかわらず、彼らは相当の困難にさらされていた。冬の火災と夏の台風による、避けがたい危険があったのである。植民地政府は、不法居住を抑制するため、意図的に生活上の不便を強いた[7]。香港政庁は、不法居住区に安全な飲用水を提供する際には「500人で一つの蛇口を使用する」ことを定めた。衛生面については、不法居住区の個室トイレは「100人当たり一つの個室」しか供給しなかった[8]。不法居住に対する、これらの無慈悲な「定住阻止対策」は1970年代まで続いた[9]。さらに、初期の政策では不法居住区の一掃と言っても、単に開発可能な土地を用意するのが目的であり、生活水準を向上させようという意図はなかった。

1953年の石硤尾《セックキップメイ》の大火災【1953年12月のクリスマス・イブに発生した、不法移民が多数居住する石硤尾のバラック地区での大火災で、５万3000人が焼け出され住居を失った】の後に、政府は大規模な公営住宅計画を開始したが、１戸当たり最低限の居住空間しか提供されないような設計となっていた。これは、「徙置区」resettlement block〔再定住区〕への住み替え資格を得るために、敢えて不法に居住することを防ぐためであった。ある衛生部門の高官は、彼らは密集の世界記録を打ち立てたと表現した[10]。法律の規定では、１人当たり最低3.255㎡の生活空間の確保を定めていた（これは1960年の中国本土の水準とほぼ同じである）[11]が、植民地政府は法令上の要件を無視し、大人１人当たり2.232㎡の生活空間しか割り当てなかった。1963年の香港政庁の報告書は、世帯数が増大するにつれ、実際の平均生活空間が大人1.488㎡、子供0.744㎡に低下したことを認めている[12]。各世帯は高層住宅の各階にある共用のトイレと洗濯場を使用しなければならず、事実上プライバシーはなかった。料理は廊下でしなければならなかった。幸いなことに、1965年に政府は、各住戸にトイレが設置された「第４型徙置大廈」〔再定住団地〕の建設を始めた。設備を共用する面倒はあったが、個々の衛生水準は非常に高くなった[13]。

1970年代に政策は転換し、公営住宅におけるクオリティ・オブ・ライフを向上させることが主要目標となった。１人当たりの生活空間は拡大され、各住戸の生活上の設備も改善された。政府が補助を行う「居者有其屋」Home Ownership Scheme（HOS）〔公的分譲住宅事業〕が開始されたことで、公営住宅の住民は、所得の上昇に伴い、より良い環境の住宅へ引っ越し、中間層の仲間入りをすることが可能となった。緊急的な公営住宅政策は1980年代に終わりを告げ、効率的、計画的で、十分な資源が充当された優先度の高い住宅計画へと移行した。しかし、それらが提供する実際の生活水準はまだ、かろうじて十分と言える程度のものであった。

## 貧民窟へ逆戻り

董建華は、毎年の住宅供給を大幅に引き上げることによって住宅不足問題に終止符を打つという、人目をひくヴィジョンを掲げて就任した。彼は、自分にとっても社会全体にとっても住宅問題が最も重要な課題である、と宣言した[14]。もっとも、1997〜98年に発生したアジア金融危機によってパニックに陥ると、彼とビジネスリーダーたちは急いでこの公約を取り下げた。この政策の反転は悲劇であった。よく練られた董建華の公営住宅計画は、中止するのが難しいほど勢いよく進んでいた。植民地時代から続いてきた住宅問題の最悪の状態は2002年までに、董が当初計画していたよりも速いペースで克服されていた[15]。

公営賃貸住宅への入居待ち時間は、半分に短縮されていた。「居住環境が劣悪」な世帯数は17万から10万に減少した。過度に密集した公営住宅の問題は、実質的に取り除かれた。間に合わせの「仮設住宅」区域に住む1万2600世帯はすべて、一定水準の住居decent accommodationに移動した[16]。民間住宅も、手頃な住宅販売価格・賃料で購入や賃借が可能だった。香港で長く続いていた住宅危機が、ついに終焉するかに思われた。しかし董は、「市場の力market forces」とデベロッパーからの圧力に屈服した。彼の構想力に満ちた住宅計画は突然取り止めとなり、香港が大いに誇示していた住宅政策は放棄された。

董は確たる根拠もなく、1997〜98年のアジア金融危機による金融市場の大混乱に香港が巻き込まれてしまう、と考えた。もっとも香港経済は、1945年の日本の敗戦以来、アジアにおけるあらゆる政治的・金融的な危機を、あまり苦労することなく乗り切ってきたのである。董は、なぜ香港が今回に限って過去とは異なるのかについて、説得力のある説明をしなかった。香港経済とその金融システムは1998年、海外の投機家による通貨と株式市場への大規模な売り浴びせをいとも簡単に打ち破り、香港固有の強靭さを見せつけたのである[17]。

しかし董は、ほとんどの公共支出が浪費であると固く信じていた。彼の野心的な住宅計画は、珍しい例外であった。その計画は、彼の政治アドバイザーたち【そのうちの一人は、後に行政長官となる梁振英だった】によって、市民たちの心をつかむ最短かつ確かな方策であると吹き込まれていた。もっとも、アジア金融危機が始まったとき、董のビジネスマンとしての本能が頭をもたげ、最大限の緊縮策を実行しなければならないと信じた。これは住宅部門について、政府が住宅建設計画を可能な限り棚上げすることを意味していた。かくして政府が民間のデベロッパーとの「競争」から撤退することは、董のデフレ政策がもたらした不動産市場への厳しい圧力からデベロッパーを救済することになった。これは董建華個人に政治的な配当をもたらすものであった。不動産業界の重鎮は、国家指導者および行政長官選出委員会、立法会の職能別選挙枠の代表に、相当な影響力をもっていた。董は、2002年に行政長官に再選されるために、彼らの支持を必要としていた。

こうして、長年にわたる公営賃貸住宅プログラムは打ち切られ、政府が補助する公的分譲住宅事業も終了した。政府は、住宅建設用地の通常の売却を停止し、土地備蓄land bank【第５章で詳述】を処分した。同時に董は、香港にかつてないデフレをもたらし不動産価格を押し下げた緊縮策を採用していた。2004年に董が公に認めたように、この政策がもたらした困難は、香港のほぼ全ての世帯に影響した[18]。そしてこれらの施策は、経済回復が軌道に乗った後も長期間維持された[19]。

全ての市民に一定水準の住まいdecent homesを確保するという政府の責任を董が放棄したことで、悪循環が始まった。市場に委ねれば解決できる、という彼の信念はナイーブと言わざるを得なかった。新規物件の供給を絞り、単位面積当たりの価格を押し上げた方が収益性は向上するため、デベロッパーは新築の住宅供給を削減した。住宅の建設戸数が不足したため、増大する住宅需要を満たすことも、持ち家を目指す世帯のために安定的な価格を維持することも、借り手に手頃な賃貸料で提供することも、もはやできなくなった。同時に、公営住宅計画も廃止されたため、平均的な低所得世帯が公営住宅の割り当てを受け、高額であるのにもかかわらずみすぼらしい民間の賃貸住宅から脱出できる見込みもなくなった。さらに悪いことに、公営住宅は、もう一つの深刻化する住宅危機、すなわち老朽化した民間住宅で生活する住民の住み替えに対応する能力を失っていた。その結果は、恐ろしいものであった。より多くの市民が、危険で不衛生な建物に居住していることに気付くことになった。

## 個人の資産ポートフォリオ

董政権の財政司司長で董の後任者となった曾蔭権は、住宅不足の解決に対する責任を、政府は完全に放棄するべきだと考えていた。民間は公営住宅計画との「不公平」な競争から解放されるべきである、と彼は明言した。さらには、彼自身が所有する不動産の投資価値を守るのだと言ってはばからなかった。その目標を達成する方策は、公営住宅の供給を縮小させて民間住宅の需要を最大化させることだ、と恥じることもなく言ってのけた[20]。

市場の力が香港に必要な住宅を供給するという曾の主張は、絶望的なまでに間違いだったことが明らかになり、香港社会はとどまるところを知らず減少する住宅供給と上昇する不動産価格・賃貸料に耐えることができなくなった。2009年には、市民の不満はもはや無視できないものになっていた。それにもかかわらず、競争的な市場に解決策を委ねるべきとする政策の支持を訴える、断固とした反論キャンペーンが行われた[21]。民間住宅価格の維持のため、公営住宅の供給を最小化するという政策への支持を訴える政府の主張は、最終的に政府の中央政策組Central Policy Unit【政府のシンクタンク】の支援を受けた研究プロジェクトによって否定された。その研究報告書は、「社会の調和」を維持するため公営住宅の供給を増加させることが必要であるとし、政府は「その観点に基づき……長期的な土地・住宅政策」を見直すべきだと提案した[22]。その後すぐに、政府は屈服した[23]。2010年の施政方針演説の冒頭で、曾は10年前に自ら廃止した公営住宅計画を、小規模ではあるが復活させると発表した[24]。

曾蔭権の誤った政策がもたらしたダメージは深刻であった。曾と董は公営住宅との「競争」に終止符を打つため巧みに画策した。それは、不動産業界に利益をもたらしたが、香港社会には癒し難い痛みを残した。1997年から2012年の間、民間の新築住宅の供給が大きく低下する一方、その平均価格は47%上昇した。デベロッパーは、供給を抑制することが収益性を高めることになることに気付いた。長期的ダメージは、より悲惨なものであった。政府の土地備蓄はデベロッパーに明け渡されており、政府の有していた専門性の高い住宅開発チームは、いつの間にか解散されていた。大規模な公営住宅計画を早急に再開するのは不可能であることが明らかになった。

## 専門家が引き継ぐ

第三代行政長官の梁振英は2012年に就任した。彼は、住宅問題を最もうまく解決する方法を見つけることができる人材とみられていた。梁は、董建華に目をかけられていた。董は、植民地時代が終わる以前から、重要性の高い、長期的な政策決定を担当する３人の特別アドバイザーの一人として、梁を選んでいた。梁に与えられた仕事は、住宅問題であった[25]。梁は、不動産業界における専門的な資格、中国本土の都市の住宅問題に対する豊富な助言の経験、有名な不動産会社での輝かしいキャリアを持っていた。梁は行政会議のメンバーを務め、1998年には上級メンバー【召集人】となったために、住宅問題に関する1997年以降の政府のあらゆる政策決定に関わっていた。

梁の2012年の選挙のマニフェストを見れば、住宅危機とその香港社会への重要性を彼が熟知していたことが分かる。しかし、２人の前任者と同様に、梁も自由市場の力に解決を委ねる方針であることが明らかになった。マニフェストには「住宅問題は、市民が関心を寄せる日々の暮らしに関する問題のリストの筆頭にある」「住宅問題は安定した社会の基盤である」と書かれているが、公営住宅の供給を十分に増やすことを約束しているようには読み取れない。「住宅に関する約束」という箇所では、ほとんど全てのページが民間住宅市場と持ち家比率引き上げに費やされていた[26]。

マニフェストは、劣悪な住環境で暮らしている世帯に対する特別な措置にも言及してはいるが、約束はしていなかった。「劏房、籠屋caged homes〔ケージ・ハウス〕、分隔床位公寓cubicle apartmentsの住民」【ケージ・ハウスは既存の建造物内に作られたケージで囲まれた監獄式の賃貸居住空間。分隔床位公寓は既存の建造物内に設けられた、ベッドスペースをわずかに上回る広さに仕切られた賃貸用の小部屋を12個以上有する居住施設】に対する「総合的な調査」を行うこと、政府は「安全と衛生について適切な基準を設け、問題解決のため長期的な政策を策定すること」などが述べられていた。梁が行政長官に就任すると、彼の見せる表面的な同情と政策的な本質のギャップは非常に明白になった。梁は、彼の前任者たちが残していったダメージのことを、極めてよく認識していたと思われる。供給が劇的に減少したため、多くの世帯にとって許容できる最低限の住宅の価格は経済的に負担できないほどにまで上昇し、「何万人もの香港市民は、しかたなく劏房、籠屋、分隔床位公寓の狭苦しい生活空間を選択するしかない」と彼は続けた。しかし、これらの人々を早期に救済するのに必要とされる、大規模な公営賃貸住宅を優先させる意思は、梁には全くなかった。それどころか、「中産階級の持ち家」こそが「社会安定のために決定的に重要だ」と宣言したが、この一般論の根拠となるものは何一つ提示しなかった。もっとも、それは民間の市場に対する彼の肯定的な態度とは、見事に調和していた。

彼の善意を市民に確信させ、「住宅問題を解決するという政府の強い決意を示す」ための最大の施策は、長遠房屋策略督導委員会〔長期住宅戦略ステアリング委員会〕を組織することであった[27]。２週間後に行われた公式発表で、梁の公営住宅計画が稼働し始めるのがいかに遅いかが明らかになった。「土地計画と諮問手続き、ならびに設計と建設」が復活するのに５年もかかるというのである。どんなに最短でも、2018年まで公営住宅の供給量に抜本的な増加はない、ということだった[28]。

さらに悪いことに、梁もその閣僚も、ステアリング委員会の明確な目標を提示していなかった。その結果、同委員会の報告書は、混乱を告白することから始まっている。「我々のヴィジョンは、香港の全ての世帯が満足でき経済的に負担可能で快適な住宅を取得できるようにすることである」と目的にかなった宣言をしているように聞こえる。しかしこのシンプルな記述は、それに付随する181語の脚注によって、ばかげたものに貶められている。それは、あからさまな責任放棄で始まっている、すなわち「経済的に負担可能で快適な住宅には一般的な基準はない」と。そして、長々とした免責条項は、市場の力を引き合いに出して締めくくられている、すなわち「経済的に負担可能という点については、健全で安定的な民間住宅市場を維持することによって、人々はそれぞれの身の丈に応じて住宅の必要を満たすことができる」と[29]。梁が同委員会のメンバーに送った唯一の明確なメッセージが、民間住宅の役割を忘れるな、であったことは明らかだ。

## 貧困ライン以下に留め置かれる

政府が公式に、公営住宅の供給量が向こう数年間にわたり絶望的なまでに不足することを明らかにして警告を始めると、政府の経済分析部門は、公営賃貸住宅が最低限の水準以上の住居more than a decent homeを提供していることを示す資料を取りまとめた。公営賃貸住宅の居住者たちは、公営住宅に移る時点で貧困状態から脱していた。この2013年の分析によれば、公営賃貸住宅の貧困状態を改善する効果は、総合社会保障援助制度（CSSA）による現金給付に次ぐものであった[30]。この研究を引き継いだ2016年の報告は「（公営賃貸住宅に居住する）世帯と民間賃貸住宅に居住する低所得世帯との間のクオリティ・オブ・ライフにおける明らかな相違」を指摘している[31]。

貧困ラインを下回る世帯数を減少させることは梁政権が公言していた目標であったが、それによって、公営住宅の役割を限定的にするという、梁が目指していた解決策の正当化がますます難しくなった。梁は、公営住宅のおかげで貧困ラインから脱した世帯に対し社会保障給付が必要なくなり、納税者の負担が軽減されるということも無視していた。さらに、中産階層の住宅購入を容易にすることに注力するという施策は、公営住宅によって低所得世帯の生活水準が改善し「社会安定」という配当がもたらされることとは整合的でなく、彼の最初の施政報告のメッセージに矛盾するものであった。

## 市場独自の解決策

香港の自由市場は、機に乗じて利を得る方法を知っている。それは20世紀に、不法定住者の小屋やスラム住民を生み出した。香港政府は21世紀においても、手頃な住宅の絶対量が不足することに対し、市場が生み出す解決策を抵抗なしに受け入れている。国連のアジアにおける住宅問題に関する研究報告は、香港の劏房を「隠れたスラム」と呼んでいる[32]。劏房は、既存の集合住宅の１戸分をさらに小さく区切った居住空間である[33]。これらは、長年保守が行われてこなかった古い建物が陥りがちな劣悪な居住環境をさらに悪化させるものである。それらは密集し、しばしば危険でもある。公営住宅から放り出された低所得層にしてみれば、こうした状況は搾取的であると言える。劏房では、古い水道管、電気設備や他の設備への負荷が増大し、建物の老朽化に拍車をかけている。もっとも、それらは香港で深刻化する住宅危機に対し、収益性の面から市場が提供し得る対応でもある。

13人が死亡し53人がけがをした2013年の火災の後、その荒れ果てた家屋が危険で非衛生的だったことが暴露され、大衆の怒りが呼び起こされた。予想された通り、建物の違法な改造によって、より多くの犠牲者が出たことが分かった。議員、非政府組織（NGO）、社会団体が劏房の危険性と欠陥を社会に知らせるべく啓発活動を行った。政府が委託した調査もNGOや社会団体が行った調査も、受け入れ難い居住環境を詳細に報告した[34]。

梁振英の最初の施政報告は、彼がこの事件に関心を持っていることを伺わせた。しかし、これら不幸な犠牲者に対する梁の哀悼表現が、劏房を管理し抑制するための積極的な行動へとつながることはなく、劏房は拡大し続けた[35]。2015年には20万人近くの住人が、こうした狭苦しく不便なのに、決して安くはない部屋で暮らしていると推定された。香港社会は、このような新たなスラムが生まれていることに驚愕した。しかし、市場の文脈では、ホームレスになるしかない階層にとって、そうした部屋は魅力的だった。彼らは、自らの貧困のゆえに劏房に流れ着いたわけではなく、長い目で見れば、最初の２人の行政長官の犠牲者である。この２人は、公営住宅の供給を削減すると決定し、デベロッパーが民間市場を寡占していることを利用して利益を最大化するのを許したのである。

その結果、民間の新規住宅物件の供給は減少する一方で、住宅価格は上昇し、低所得世帯はより狭い居住空間を賃借するしかなくなったのである。2015年時点で、劏房の住人の70％は職を持ち、残りの大部分は専業主婦か学生であった。平均的な劏房世帯の月収は１万2500香港ドルだった。この数字は、社会全体の平均の半分であり、平均的な劏房住民はちょうど貧困ライン上に位置する。しかし、４分の１の住人は「経済的な困難」により劏房に引っ越したと述べている。

一般的な民間住宅の賃貸料の相場は、60％の世帯にとって経済的に負担することができない水準であった。それらの世帯は、政府が補助する公営住宅に入居することはできなかった。現実的な解決策は、居住空間を狭くすることであり、それがまさに劏房が提供するものであった。１人当たり平均4.464㎡という居住空間の家賃は、月収の32％に相当した。それは社会全体の平均と比べ、民間住宅に居住する世帯の、家賃の家計に占める割合を下回ることを意味していた。劏房居住者の月収に占める家賃の割合は、民間住宅居住者の全体平均から５％低かった[36]。劏房は、「経済的に負担可能な」住居 ‘affordable’ homesを提供していたのである。

非常に悩ましい問題は、その違法性であった。行政長官とその閣僚が建造物とそれに関わる法規を無視することによって、劏房は存在し続けることができた。2013年の政府の諮問文書では、安全基準が確保されることを前提に、低価格住宅の供給が需要を十分に満たしていても、劏房を許容し続けることが提案されていた[37]。このような住宅の法的な位置付けの疑わしさを誤魔化すために、相当な努力が払われた。政府の「長期住宅戦略」において、劏房の激増が2014

年の住宅危機で最悪の現象の一つと認めていたにもかかわらず、劏房とその拡大を抑制すべしと提言することを拒んだのである。

それどころか、政府は、この広範に非難の対象となっている劏房に社会的地位を与えるような手続きを取り、その住人が「居住環境が劣悪」な世帯に自動的に分類されることを拒否した。劏房への批判に対して唯一とられた譲歩は、居住用建造物の「建設および防火規定に関する違法性に対して」具体的な行動を起こすと約束したことだけであった[38]。もっとも老朽化した建物の多くに見られる、このような脅威を解消することに、政府は失敗してきていたため、劏房から火災のリスクと衛生上の危険を簡単に根絶するなど、到底信じられることではなかった。

## 権力の引き継ぎ

結局、梁が取り組まねばならない仕事の負担は、あまりに大きなものとなった。2016年12月に、新界の開発をめぐる梁とその閣僚チームとの衝突があからさまになったことで、彼は住宅および土地問題を掌握することができなくなったように見えた。これらの出来事によって、梁は涙ぐみそうだったと報道されている【第 5 章で詳述】。ほどなくして、梁は、家族の面倒を十分に見ることができないという理由で、行政長官として 2 期目に臨まないことを発表した。

さまざまな理由で、梁の退陣は避け難かった。1997年に住宅問題に関する専門家として董建華に抜擢されるほどの輝かしい経歴を持っていながら、董の住宅政策の大きな誤りに対し強く反対をしなかった。行政会議の上級メンバーとしても、曾蔭権の受け入れ難い住宅政策へのアプローチに抗議もせず、それを容認した。行政長官としての梁も、董や曾と市場の力 market force に対する信念を共有したが、前任者たちと同様、社会全体の中で孤立した。行政長官の任期中、房屋委員会〔住宅委員会〕の報告で、公営住宅申請の適格者の待ち時間を誤魔化すという不正直さも、彼の政治的立場を弱めた[39]。2015年末にオンブズマンが発表した報告において、房屋署 Housing Department は記録された待ち時間の評価に対して協力的でなかったと苦言を受け、同局の統計は信用できないと警告された。任期の終わりになって、梁はようやく、実際の待ち時間はもっと長かったことを認めた[40]。

梁がやり残した仕事について、住宅担当の閣僚は2016年12月にこう述べている。

> **我々の「住宅危機」は次のように特徴付けられる。すなわち需要と供給の不均衡、市民の負担可能な水準を逸脱し経済ファンダメンタルから乖離した住宅価格と賃貸料、劣悪な住環境にある世帯と劏房の急増、公営賃貸住宅入居の長い待ち時間、である[41]。**

林鄭月娥は、前任者と同様に、市場の力への絶対的な信頼と中産階級の持ち家の重要性という信念を持って、行政長官に就任した。林鄭は、「社会の調和と安定」を確かなものとするため、政府が「十分な住宅を供給」すべきという社会の「当然の期待」を理解していた。しかし、2017年の施政演説では「持ち家に焦点を当てる」とし、「人々が香港で幸せに暮らし、香港を我が故郷と呼ぶことができるようにする」と宣言した[42]。

こうして、閣僚としても政務司司長としても自らが深く関わった、間違った住宅政策が継続されることになった。しかし今回は、細かく仕切られ密集した、違法な民間住宅の許容範囲を拡げるというものであった。林鄭政権の新任の住宅担当局長となった陳《ちん》帆《ほ》Frank Chan Fanは、そのほとんどが違法でありながら増大し続ける劏房を管理するだけでなく、それを賢明に増やしていくことを最優先課題とした。陳はメディアに対し、その意図は、「質の高い劏房」を組織的に拡大し、民間住宅の不足を緩和させることだ、と説明した。「古いビル、特に建て替えを控えているビル」の利用が奨励される。「これらを劏房に改造し、既存の多くの劏房よりも居住に適したものにする」と続けた。それらを「建築物条例に適合させ、安全基準と衛生基準を保証」し、賃貸料を相場の半分にしたいと述べた[43]。過去の経緯を振り返れば、それらは追い求めても叶わぬ目標のように思われた。しかし、政府は自らの責任を最小限にとどめることができた。なぜなら、この計画は福祉団体によって遂行されることになったからである。

陳のこの提案は、そのような野心的な計画を実施する際に直面する課題にはほとんど注意が払われず、独り歩きを始めた。それらの課題には、ほとんどの劏房が規制不適合であることの取り扱い、計画の実施に必要な資金の調達、計画を実施する福祉団体の動員、が含まれる。この提案をどのように実行するかをめぐり、陳自身が明らかに混乱していたため、多方面から批判を浴びることになった。しかし、彼の意図が善意によるものであるのは明らかだったため、メディアや関係する専門家からの攻撃は穏やかなものとなった。新任の局長が、香港社会福祉連会Hong Kong Council of Social Serviceからの支持を得られたことは幸いだった。同会は、陳の処方箋は、住宅不足の解決のため多くの福祉団体が財界に協力しうるものである、と信じていた[44]。陳の計画は、絶望から生まれ出たものであった。市民の必要を満たす「一定水準の」adequate住宅は、予見される将来において実現できる見込みはなかった。政府が最大限できることは、建物と安全に関する法規を無視しても、住宅不足によって生じる最悪の事態を管理することであった。

これは、その場しのぎの政策の最たるものであった。政府が民間に依存するしかなかったのは、政府が低所得層の必要とする新たな公営住宅の適切な供給に失敗したことを意味していた。その結果、市場の慈悲にすがるしかない人々のため、民間はスラムを造り続ける圧力にさらされたのである。それらの人々は、公営賃貸住宅の割り当てを受けるまでの長い時間、何とか「腰を下ろす」ことができるだけの居住スペースを探すためにもがくことになった。

## 小結

政府の長期住宅戦略ステアリング委員会のメンバーでさえ「経済的に負担可能な一定水準の住宅affordable and adequate homes」の定義について不確かだったと告白したのは絶望の叫びだったと言え、政府内の誰もが、住宅危機に解決策があるかどうかに確信が持てなかったと認めたことを意味した。予見される将来において、状況が変わり得るとは思われない。2017年、新任の政務司司長・張建宗《ちょうけんそう》Matthew Cheung Kin-chungは、第四代行政長官の林鄭月娥と彼女の政権チームが直面している住宅環境を、「急速に高齢化している人口構造、住宅、経済活動、社会施設の切迫した需要、より広い生活空間とより良いクオリティ・オブ・ライフへの熱望」と要約した。彼は、将来の住宅供給を拡大するための、いくつかのあり得る政策構想に言及した。しかし現実には、市民の希望に応えることができる見込みはほとんどない。

絶望的な状況であることは、新任の政務司司長の下で、住宅政策の基本方針として提示された「香港はこれらの課題に戦略的に対応し、新たな機会を切り開く」という空虚な処方箋からも明らかである。課題はあまりに大きく、しかし、その克服のために利用できる資源はあまりに限られている。「我々の人口構造は急速に高齢化しているが、さらに急速に老朽化している建物群があり、それらが社会の健康と安全の上でリスクとなっている」という彼の指摘は正しい。

過去においては、名ばかりの支援をすることが政府の対応であった。保守が十分でないために荒廃した建物は、数千棟に上っている。しかし、2011年から16年の間、危険性の高い建物の建て替えのペースは極めて遅かった。政府も、この状況に対する批判を甘んじて受け入れている。「建造物の所有者は、適時に保守を行う責任がある」と政務司司長は主張したが、一方で「所有者の多くは、関連する手続きに相当気が引けている」と、控えめながら冷淡に認めている[45]。

現在の政権の住宅政策は、その前の３代にわたる行政長官のものとほとんど変わらない――社会的・経済的なコストにかかわらず、住宅市場には政府は最低限の介入しかしない。林鄭月娥の下でも、前述したように、国連が関心を向けるほど衝撃的な、密集した、狭苦しい居住環境は続くことになろう。

歴代行政長官が香港の住宅に対する脅威、とりわけ、民間住宅の問題を正しく認識しなかったために、植民地時代のぞっとするような住環境が復活してしまった。市民の必要を満たすには市場メカニズムこそが最も効率的であるという間違った信念が、非常に成功していた董建華の公営住宅計画を打ち切らせてしまった。その後、経済的に負担可能な住宅の不足があまりに深刻となったため、ますます多くの低所得層世帯が間に合わせの生活空間に居住するしかなくなり、こうして、劏房の急増を許すことになった。香港ほどの繁栄した都市において、劏房以外に選択肢がないと政府が主張するとは信じがたいことである。しかし、もともと住宅政策を担当していた林鄭月娥は、ときに危険でもあるそれらの違法住宅を強制的に排除すれば、その住人には他の住まいの選択肢がなくなると力説した[46]。市場に委ねることが林鄭の解決策であった。それは劏房の急増を助長し、それにより、健康的かつ安全で、各種の基準を満たした快適な住宅を香港の人々に供給するという政府の責任は軽減された[47]。

繰り返しになるが、劏房の役割を引き上げ、それを低所得層の「正当な」住宅供給源として認めたことは、政府がその場しのぎの解決策に逃げ込んだことを意味する。劏房は、香港の既存の民間建造物の物理的な劣化を助長してきた。

そのコストが香港社会にとって甚大なものであることは、第 3 章でやや詳しく述べた通りである。国連機関が「隠れたスラム」と称する、これらの住居が将来も長く存在するであろう可能性は高い。それは、植民地政府の下で、不法バラックが何十年も容認されたのと同じである。さらに、20世紀に行われていた賃貸料管理制度を再導入しない限り、住宅担当局長の期待とは裏腹に、不動産所有者が劏房を市場の相場を超えた過度に高額の賃貸料で賃貸することがないようにできるかどうかは疑わしい[48]。

第 **5** 章

# 失われた住宅建設予定地

新界・大埔に開発された公営住宅（左手）と原居民の住宅（2014年、小栗宏太撮影）

既存の住宅ストックが不十分な管理や保守で危機に瀕しているのにもかかわらず、今後進められるべきだった新築住宅の供給は、深刻な建設用地不足に瀕していた。もっとも特別行政区政府は、その施政開始以来、土地の使用・占有権に関して他の先進諸国に比べ大きな権限が付与されていたという、植民地時代の有利な遺産を引き継いでいた。政府が管理していた土地は、実に香港全体の30%近くの面積を占めていた[1]。従って植民地政府時代と同様、政府は十分な住宅建設用地を供給し得るはずであった。しかし、董建華《とうけんか》がより多くの公営住宅を作るという当初の野心的な計画を後退させた後、曾蔭権《そいんけん》によって公営住宅計画は廃止された。これらの政策変更により、房屋委員会〔住宅委員会〕の住宅建設予定用地の要求は大幅に削減され、確保していた土地はすぐに売却されてしまった。本章ではいかにして政府の建設開発計画が麻痺状態に至り、なぜ公営・民間を問わず開発用の新しい土地の供給がそこまで逼迫したのかを追っていきたい。

2015年に発表された運輸及房屋局の年次進捗報告書が増大する危機に警鐘を鳴らすまで、土地不足問題の全体像は一般には認識されていなかった。「住宅供給目標の達成に必要な土地の確保は、政府および香港社会の双方に大きな課題となっている」と報告書は悲観し、さらに「魔法のような解決方法があり得ないのは明らかだ」と絶望的なコメントが続く。住宅建設用地を供給しようとする試みは、いつも地元の政治家や郊外の住民の巧みな反対工作により進まなかった。これらの反対勢力は政府を信用していなかった上、新しく造成される何百何千もの住戸が入る団地が、自分たちの地域環境を破壊し、アメニティ、公共サービスや交通システムが麻痺してしまうのを恐れ、計画を妨害する意思を固めていたからである。運輸及房屋局は、解決方法として「香港にとって喫緊の課題である住宅問題に対応するため、トレードオフを受け入れる」ように市民を説得する、と続けている[2]。この目標を達成するには、香港政府トップの極めて優れた政治的リーダーシップが必要とされたが、あいにくそのようなものは存在していなかった。

本章で最も注目していただきたいのは、行政長官とその閣僚による人員配置計画が、香港社会全体に大きな損害を与えたことを示す証拠である。行政長官たちは、政府の土地資源を監視・管理し、大規模な不法占拠やその他の不法使用から保護するために必要な予算や人的資源を政府の関連部門から奪っていた。

一方で、政府のITシステムは原始的だった。これらの問題は分かっていたが、歴代の行政長官によって改善はなされなかった。その結果として各部局は、どの法律を全面的に執行し、どの法律を無視するかといういまいましい選択を迫られることになった。そして、香港にとっての喫緊の課題、すなわち市民のために住宅用地を造成するという要請には応えられなかった。

## 公営住宅建設予定地の消失

董建華およびその後継者となる曽蔭権が、民間のデベロッパーのビジネスチャンスを増やすために公営住宅計画を縮小し始めたのに合わせ、房屋委員会の土地儲備land bank〔以下、土地備蓄〕【住宅建設のために保有する土地】を廃止することが決定された。房屋委員会は2000年時点で約1000のビル建設用地を保有していた。これらの土地は2008年までに75万戸の公営住宅、あるいは民間住宅の建設を可能とするものであった[3]。委員会の保有していたこれらの土地は、継続的に公営住宅建設に利用するため、都市部の中心的な区域の土地を少しずつ集めてきたものであり、そこに出来上がるはずの集合住宅に住む人たちにとっては極めて利便性の高いものになり得た。これらの土地は住宅開発用地として大変魅力があったため、民間の事業者も狙っていた。不動産デベロッパーは巧みなロビー活動によって、房屋委員会の保有する土地備蓄の土地を放出させることに成功した[4]。

2011年には、政府は限定的ながら公営住宅建設計画の再実施に取りかかったが、自ら嘆いたように、建設できる土地はすでに残っていなかった[5]。新しい建設用地を探すため、計画が何年も遅れることは不可避であった。さらには政治的な要因が加わった。今世紀に入るまで房屋委員会は広く香港社会の支持を受けていた。しかし，すでに過去の実績は忘れ去られ、同委員会も他の政府部局・機関と同じようにその信頼度が失墜していた。土地の明け渡しや、土地をレクリエーション用地から建設用地に変更することに対し、市民の協力を得ることは困難であった。

## 放棄された政府の管理

公営・民間を問わず住宅供給を加速させるならば，香港で最大の住宅用地は新界New Territory【1898年の協約で英国が租借した中国本土と陸続きの土地。香港の総面積の88%を占める】以外にはなかった[6]。植民地政府は1950年代に新界で公営住宅計画を始め、その後数十年続く「ニュータウン」計画がスタートした。これらのニュータウンは、産業が発展した重要な区域となり、また香港の家族が、旧来の市街地から新しい公営団地に引っ越す先として非常に多かったのにもかかわらず、自己完結した市街地の飛び地のままであり続けた。政府はニュータウンにおいても、香港社会が長くそうであったような高い人口密度を維持する政策を取った。その結果、ニュータウンは、世界の他の広域都市圏で見られたように周縁部には広がっていかなかった。例えば天水圍《ティンシュイワイ》プロジェクトでは、人口密度は1 $\mathrm{km}^2$当たり6万7000人と、香港全体の同2万7000人の2.5倍であった[7]。したがって、農村部の都市化は遅々として進まず、新界の大部分とその街区は手つかずのままで、人口は比較的安定し人口密度も低かった[8]。

しかし、今世紀に入ると、精緻に管理された都市化でさえも、徐々に反対に遭うようになった。環境保護や自然公園・絶滅危惧種の保護に取り組むグループが新しい住宅開発を正当化する理由はないと考える一方、地域社会はクオリティ・オブ・ライフを守るため、抗議行動も厭わなかった[9]。特に公害が日常生活に大きな影響を及ぼすようになり、歴代の行政長官がそれを克服できなかったため、これらの運動は地域社会で広範な支持を得た。この反対運動に対する解決策として、新しい住宅計画が環境基準のベストプラクティスに基づいて設計されていることを市民に納得してもらう必要があり、そのためには政治運営が改善される必要があった。しかし、これは実現しなかった。

パワーバランスにも変化が起きた。香港基本法は、将来建設用地となりそうな土地の管理権を持つ、租借前から居住していた住民である「原居民」に対し、実際の社会的・経済的重要性をはるかに超える強大な法律上の地位を1997年以降も付与していた【基本法122条は、新界が英国に租借された1898年当時の農村部の土地の権利を法定相続人に認めている】[10]。結果として原居民の指導者たちは中国政府の官僚、および行政長官とその閣僚の両方に対して多大な影響力を行使した[11]。郊外の農村住民たちは、環境保護や他の施策は自分たちに対して何ら利益がないと考えていた。彼らは、1997年以前と同様に、単に自分たちが儲かるような土地開発を望み、快適な住環境や環境保護を目的とした法令や条例には従わなくてもよいと感じていた[12]。

土地に関する法規や関連条例が農村部には適用されないとする慣行は、植民地時代から許容されていた。「男丁」すなわち新界の男性の原居民は1972年より、村落内の土地、または優遇価格で購入した政府保有地に小規模の家屋を建てる権利を与えられていた。こうした「丁屋」と呼ばれる小規模家屋は規格が定められており、建造後の改築にも法律上の制限が存在した[13]。しかしながら、実際の法律の運用は緩やかなものであった。植民地政府の役人たちに農村部の不動産開発を監督するインセンティブはほとんどなかった。発展の遅れた新界地区には必要最低限の関与をすれば十分であり、郷議局Heung Yee Kuk【新界原居民による議会組織】や他の地元の有力者に管理させておけばよいと彼らはみなしていた[14]。

1997年以降の董建華政権の下でも、農村部の住民たちには政府からの介入を恐れる必要はないと考える理由があった。新界地区の政策立案に割り当てられた規劃署〔計画署〕Planning Departmentのチームは行政要員の削減により大幅に縮小した。規劃署は新界における問題点はすでに解決済みであるとし、監督は不要であると主張した。かつての中国本土からの難民による不法定住の問題は解決したものの、規劃署の職責を全うするのに必要な実際の人員数を計算する際に、新界における土地の不正利用の問題が再燃するリスクは無視された[15]。

## 執行不可能な法律

当然の帰結として、政府の関連部署は、1972年以降の優遇措置によって原居民が享受していた特権の濫用を防ぐのは、自分たちには無理であると悟った[16]。特に地政総署Lands Department【土地の取得、評価、割当、処分および整地や地図の作成等を担当する部署】の職員は、現代の香港社会においては従前からの不法定住者のみならず、商工業者も含めて増大する、非合法の土地占拠と対峙しなければならなかった。しかし、人材や予算などが不足していたため、保有する土地を効率的に管理する能力は地政総署から削がれてしまっていた。2001年には新しく建築された建物が違法な構造物であっても、また古い建物に関してその建物が「明らかに、あるいは直ちに人命や財産に対する危険」がない限り、法的措置の執行を制限する決定がなされた。ところが、1年もたたないうちに、一層妥協する必要があると考えられるようになり、農村地区の全ての住居は、直接的な安全面への脅威がなければ罰則規定の適用除外とされた。

2002年、さらには04年にも、地政総署は立法会に対し、土地の管理行政の改善目標は達成できない、すなわち増え続ける業務を処理するだけの遂行余力は全くない、と警鐘を発した。地政総署はまた、新界での取り締まりは緊急性が最も高い職務ではないと指摘した。

政府のオンブズマンは、植民地政府時代末期になされた施策とはいえ、農村部の地主たちが非公式に免責されるのを見過ごさなかった。それはスキャンダルへと発展し、2004年に捜査が入った。オンブズマンの報告書は、農村部への施政や法令の執行が未だに停止されているという行政決定は、職務遂行に十分な人員や予算が関連部署に不足していたためだったと確認している。地政総署は、「人的資源・財源の獲得競争」により法執行対象の選別が不可避であった、と説明した。屋宇署〔建造物署〕の場合、「香港全域にまたがる複雑かつ大規模な課題」である不法建造物への対応は、「優先順位付け」が避けられないとした。人口が集中している都心部の住宅密集地における多層階ビルの潜在的な危険性に比べれば、新界の「丁屋」と呼ばれる小さな家屋群の重要性は低いとの屋宇署の反論により、「丁屋」問題を解決すべしというオンブズマンの提言は実行されなかった。オンブズマンの調査結果を受け入れることを不可能にする、人的資源・財源不足という官僚の警告は繰り返された。2011年に屋宇署は、法を執行するには「膨大な人的資源・予算と努力が必然的に伴う」とし、法の執行状況が実際に改善されるかは期待できないだろうと主張している[17]。

住宅問題に関わる部署は、法律がどの程度無視されているかを隠蔽することによって、自分たちへの批判から身を守ろうとした。最初の防衛線は官僚主義、すなわち形式的な執行であった。市民からの苦情を処理する場合の「証明の基準」は過剰に高く設定されていた、とオンブズマンは指摘している。違法建築行為への苦情が認められても、屋宇署からの執行行為は可能な限り引き延ばされた。地政総署は初めから執行を放棄し、単に「警告書」を送付するだけだった。

関連部署が次に引いた防衛線は、統計数字を誤魔化して事実を隠すことであった。オンブズマンは、屋宇署と地政総署が2005年から調査データの収集を止め、「体系的に統計を収集しモニタリングを行う」のを止めたのを見つけた。その結果、立法会、圧力団体あるいはメディアが関連部署を批判するのに利用可能な事実を示す情報は僅かに限られたものしか存在しなかった。その後、これらの部署の責任者である発展局が状況は管理されていると主張したのは、恥知らずな推測にすぎなかった。

2011年、政府は立法会に、違法な「丁屋」の総数は「数万に上る」と認めた。しかしながら、オンブズマンから勧告されていた改善策は無視され続けた。農村部での法律の執行に関しては「現実的なアプローチ」を続けるとの政府の方針が堅持された。一例を挙げれば、屋宇署は引き続き、それが相応しいと判断すると、勝手に案件を棚上げにした。立法会では、農村部の法令違反者に対するこれらの特別扱いは、「法の下の平等」に反し、「事実上の免責になりかねない」と非難した。政府は立法会との議論において、政府に「包括的な統計」のための予算配分とスタッフの拡充がない限り、農村部住民の使用する土地の管理の改善はあまり進展しない、との立場を明確にした[18]。予算配分やスタッフの拡充は実現すべくもなかった。

## 免責の購入

2012年には，審計署〔会計検査署〕が衝撃的な報告書を発表し、今度は地政総署について、業務負担が過大であるのにもかかわらず人員不足だったため、違法行為者と妥協せざるを得なかったことを明らかにした[19]。地政総署は「不法占拠問題を解決する現実的な方法として、占有者に市場価格の賃貸料で短期賃借権を付与すること」を決定していた。言い換えれば、相場の賃貸料を支払えば、法律に違反した場合の免責immunityを得ることができたのである。地政総署は、罰則が緩すぎて抑止力にならないため、違反者を起訴するのは意味がないと主張した。しかし審計署署長は、毎年の起訴率が低下する一方で、公有地の不法占拠に対する市民からの苦情が増加していることに警鐘を鳴らしていた[20]。

公有地の違法な利用や、違反者の処罰がどの程度執行されたのかに関し信頼できる情報がなかったため、地政総署としては容認するという方針を採りやすくなっていた。同署のいわゆる「土地管理情報システム」は、重要なデータの誤記や欠落に悩まされていた。そのコンピュータシステムは、処理能力が限られているだけでなく、原始的で時代遅れのものであった。それは、最も基本的な情報しか処理できず、中国語のデータを扱うことはできなかった。同署の職員は、報告書は手書きで作成した方が早いと分かっていた。その結果、地政総署は土地資源を監視し、管理することができなかった。同署は2010年に機能不全のコンピュータシステムによる遅延と混乱を報告していたが、審計署によると、刷新には４年もかかるとのことだった。

法律がどのように執行されるべきかに関し、地政総署が否応なしに従っているプラグマティズムによって、公共の利益は深刻に脅かされていた。非常に憂うべきことに、「占有者が地元の高官や影響力のある団体に支援を求めていた場合」には、案件の処理を引き延ばすことが許されていた、と地政総署が認めたのである。この発言は、地政総署が、既得権益やあからさまな政治的圧力を無視するほどの力はないと自覚していたことを示すものである。このようなケースは、法律を執行する上での「決意の欠如」の証拠として市民に受け取られかねず、地政総署の信頼性を危険にさらすと審計署署長は指摘した。さらに、「望ましくない運用を行っており」「地政総署の名声を損なう」と審計署署長は付け加えた[21]。しかしながら、地政総署を所管する閣僚が組織防衛の継続を容認したため、審計署署長が提案した改善策は無視された。

さらに2016年、地政総署を断罪する報告書が、今度はオンブズマンから提出された。地政総署は一貫して違法行為を大目に見てきたため、不法占拠と土地リース条件違反の問題が悪化した、とオンブズマンは批判した。地政総署の苦情処理には時間がかかり、一貫性がなく、どのように処理されたかの正確な記録も残されていなかった。その業務実績への度重なる批判に対する地政総署の弁明――職務遂行に必要なスタッフ、財源が不足している――が何年にもわたって変わらなかった、とオンブズマンが指摘したことは重要である[22]。

## 非難に涙

2012年に就任した梁振英《りょうしんえい》は、自身の野心的な住宅目標を達成するのに必要な土地備蓄の再構築のため、新界に目を向けなければならないことを十分に認識していた。予想された通り、彼の計画は一連の障害――強制的な土地の収用に対する上訴の請求、土地の再占有の補償金について延々と続く交渉、立ち退きさせられる農民・村民の移住先の手配――に直面した。建設用地の需要が極めて強いのにもかかわらず、生活環境の保全と公害の軽減という市民の要求も高まっていた。梁の閣僚チームは、農村部の開発をめぐるこうした対立をうまく管理できなかったため、梁の政治的権威はさらに弱まった。

梁の信頼性をさらに脅かしたのは、彼と彼のチームのやり方が、新界の住宅計画の予算を管理できなくなっているように見えたことである。その費用は警戒すべきペースで膨らんだ。当初は400億香港ドル〔約5400億円〕と見積もられていたが、後に政府は最終的な金額は正確には見積もっていないことを白状した。政府は「実際の費用は実行段階でしか把握できない」と主張していた[23]。梁にとって不幸なことに、香港では政府のプロジェクトについて、状況に応じて変更し得る公約というものは、政治家にも市民にも非常に不評なのである。

梁の政治的信頼は、2016年、新界の建設用地の供給を増やすための複雑な計画をめぐって起きた激烈な論争の中で、ついに消え失せた。2014年、この提案が形になり始めたとき、影響を受ける地区の市民にはとても不評だった。それでも政府は粘り強く推進し、2016年には、５万2000人に住宅を提供するため新界に14.65ヘクタールの用地を用意するという詳細な提案を公表した[24]。その年に選出されたばかりの議員や新界の住民、そしてメディアにも、圧倒的に不評だった。

反対派に対抗する広報活動は悲惨なものだった。計画されていた不動産に関する情報公開はひどく杜撰なもので、想定人口や建設スケジュールなどの基本的な詳細についてもかなりの混乱があった。行政長官と関係閣僚が記者会見した際には、行政長官が何をしようとしているのかが不明確であり、また、閣僚の職責が重複していたこと、信頼関係が希薄になっていたことにより、行政が深刻な混乱に陥っていたことが、彼らの発言から明らかになった。

不快な難局がすぐに訪れた。メディアは、役人たちが記録を残していない農村部の権力者との「非公式な」交渉、公式発表の誤り、開発計画の大幅な修正の隠蔽、企業の不当な利益への政府の譲歩の疑惑、影響を受ける不動産所有者や企業への補償金をめぐる熾烈な争い、公文書における混乱を招く誤謬などを詳細に報道した。また、政府の計画に反対する新界の有力者を買収しようとした怪しげな手段についての情報が氾濫した。さらに、開発が予定されていた地域で地政総署が許可していたとされる不法占拠についてもスキャンダルが発覚した。

指導部の問題はますます隠蔽が難しくなっていた。閣僚間の混乱は驚くべきレベルに達していた。用地供給不足についての住宅担当局長の警告は、１ヶ月後に香港の土地供給の管理を担当していた発展局局長によって否定された。発展局局長は「十分な用地はある」と主張した。実際、政府は2016年、不動産市場が【供給過剰で】不安になることを恐れて、あまり多くの土地が売りに出されないようにするための措置を取らなければならなかった、と発展局局長は付け加えた[25]。しかし、同局長の発言は、１ヶ月も経たないうちに、梁自身によって否定されたのである。行政長官と個々の閣僚は、互いに接触せず、対立しているように見えた。このように政治運営が破綻し市民の信頼が崩壊したことの深刻さは、香港の為政者たちが最終的に、メディアによる前例のない過酷な公開審問を受けざるを得なかったことで浮き彫りになった。梁は今にも泣きそうだった、と広く報道された[26]。

## 破滅的な遺産

梁政権の発展局局長は任期の最終週、立法会で新界についての喚問を受け、土地の供給について最後の発言をすることになっていた。政府の土地保有は完全にカオスと化していたようだ。局長は「比較的広大な良質の農地があり、将来的な利用方法を調査する必要がある」と述べた。しかし、「調査には数年かかるかもしれない」と続け、調査に必要な基本的なデータは存在しないと述べた。また、「ブラウンフィールド・サイト」――「他の用途に転用されてしまった農地」もあると局長は続けた。「ブラウンフィールド」【広東語で棕地】とは何を意味するのか、正式な定義や標準的な定義は存在しないにもかかわらず、規劃署はそうした土地の調査を委嘱した。

最悪だったのは、新界の土地に構造物が建てられていたケースであった。これらの建築物は、不法バラックから家庭用住宅、商業用から公共・公益施設用に至るまで、多岐にわたっていた。発展局局長は、これらの開発に対し、政府がきちんとした管理を行っていなかったことを間接的に認めた。いずれにせよ、政府は、家庭用および非家庭用の構造物の数、該当する地域の面積、これらの構造物の土地所有権の帰属に関するデータを持っていない。このような情報は1982年に収集されたのが最後であった。この時点で、局長は完全に絶望的だと白状した。

**その（1982年の）情報は文書記録であるため、これらの記録を精査して統計的に集計し直すとなると、膨大な資源、人手、時間を要することになる。こうした集計作業は我々の優先事項ではないため、必要な情報を提供することができない**[27]**。**

発展局局長は、2010年に林鄭月《りんていげつ》娥《が》が同じポストにいたときに、彼女が都市部の住宅に関する重要なデータがないと、ほぼ同じような言い訳をしていたことを知らないようであった[28]。

その林鄭が行政長官のポストに就くと、彼女はもはや土地危機に取り組むための責任を簡単に放棄することはできなくなった。彼女の選挙マニフェストでは、建設用地の深刻な不足が優先課題とされていた。彼女は、過去の土地資源管理の失政が生み出した束縛を断ち切ろうと決意しているように見えた。しかし、局長として５年間、土地とそれに付随する問題に取り組んできたとはいえ、意義のある政治的公約を実践的な政策に転換することが、彼女にとって非常に困難なのは明らかだった。

林鄭の解決策は、各分野の具体的な目標と、その目標をどのようにして達成するかの詳細な計画を盛り込んだ将来の青写真を提示することではなく、時間稼ぎのように思われた。彼女は、土地供給に関する30人のメンバーからなるタスクフォースの創設を発表した。議長をはじめとするメンバーの多くは、著名な政財界人や学者であり、多様な見解と責任感を持っていた。タスクフォースには、３人の閣僚と５人の上級公務員も含まれていた。タスクフォースを支援するために、発展局とその傘下部門はデータ不足を何とか克服し、現在と将来の香港の住宅とその他の建物の需要についての包括的なレビューを、うまく構成され読みやすい形式でまとめた。建築用地の不足から民間住宅の老朽化の恐ろしさまで、克服すべき問題をあらゆる角度から検証した。これは、現在の状況、最も差し迫った優先事項、そしてそれに関連する時間軸を示したもので、土地と建物の危機管理を成功させるための青写真を作成するのに理想的なものであった[29]。

しかし、林鄭月娥にとって最大の関心事は政治的なものであった。すなわちタスクフォースが「香港社会の最大のコンセンサスを形成する」ことに成功することである[30]。タスクフォースは、大規模な住宅開発の緊急の必要性を市民に納得させるためのものだった。ポイントは、市民の利益を最優先に考えていると香港社会が心から信じられるメンバーが十分含まれているかどうかであった。タスクフォースが公開諮問に取り組み始めると、必然的に政策案の策定にかなりの遅れが生じることになる。過去にも、そして政府全体でも、そのプロセスは、ほとんどの場合、政策の実施までに深刻な遅れをもたらしていた。一方、タスクフォースのメンバーは、当初のアジェンダとして「岩窟と地下空間の活用」なるものを盛り込んでいた[31]。

協議の開始によっても状況は改善されなかった。政府は建築用地の供給を十分に回復させたいとしていたが、複雑な状況が次第に明らかになった。政界、財界、環境保護団体の間の対立は多くの紛争や抗議を引き起こし、それは政府が相変わらず無力であることを意味した。タスクフォースは、土地危機に対する市民の認識が統一できていないことを明らかにした。その戦略は、住宅プロジェクトというよりも、若者によるムーブメントを引き起こすのに適しているようだった。

> **全体的、横断的、多角的な戦略を採用し、タスクフォースはこれまでに180以上の一般市民が参加する活動を実施してきた。それには、4回の公開フォーラム、18地区40ヶ所での巡回展、70回のワークショップ、ミーティング、セミナー、40回に及ぶ学校や青少年へのアウトリーチ活動【対象者の施策の利用を待つのでなく、積極的に利用への働きかけを行うこと】、さまざまなメディアでの広報活動（ラジオ・インタビューや特別番組を含む）などが含まれる[32]。**

行政長官とその閣僚たちは、遠くない将来に、香港の家庭のために安全で手頃な価格の住宅を確保するのに不可欠な、大規模な土地収用と土地開発計画に対する市民からの十分な支持が得られていない。

「香港2030：計画ビジョンとその先に向けて」という政府の計画のタイトルは、長引く遅延を示すものであり、一種の警告である。時間稼ぎは、長年の失政に直ちに終止符を打つチャンスだった。林鄭は最初の施政演説で、建設用地の不足によって引き起こされていた厳しい制約を認めた。住宅危機を緩和するための大胆な政策パッケージに関する彼女の公約の多くは、土地不足によって阻まれた。それに対し、彼女は限られた政策メニューしか提供できず、市民やメディアはすぐに愛想が尽きてしまった[33]。悲劇だったのは、2012年に審計署が指摘したように、政府が香港の土地の30%を所有しており、その土地備蓄を公共の利益のために有効に活用できていなかったことである[34]。言うまでもなく林鄭が本当に必要としていたのは、深刻化する住宅危機を克服するのに必要不可欠なものとして、市民が受け入れてくれるような土地計画となるよう、市民の支持を取り付けることができる政府のスタッフであった。林鄭はかつて発展局局長だったとき、この役割を果たせなかった。従って、彼女が行政長官に就任したときも、確かな信頼を得ることはできなかった。

## 小結

必要な住宅用地を供給できなかったことは、弁解ができない事実である。梁振英は2012年の選挙マニフェストで「香港の土地は不足していない」といみじくも言っている[35]。行政長官とその閣僚たちは法律・規制が無視されているのを座視するという大きな失政を犯した。彼らは、公害の低減や環境保護が香港社会にとっていかに重要かを認識するのも遅かった。その結果、住宅や土地の問題について、為政者は市民の信頼を早々に失っていた。こうして、政府の将来の土地備蓄の在庫となり得る主要な地域である新界での建設プロジェクトは、激しい政治的な反対を引き起こした[36]。

新界は過去20年間にわたり、政府の各部署および他の政府機関が、どうして法律を執行できなかったのか、政策を実行できなかったのか、について重要なケーススタディを提供している。このような無法状態への漂流は、董建華時代に財政支出を全般的に縮小することを決定したときから始まった。曾蔭権は、この政策を財政司司長から政務司司長の任期時代、そして最終的に行政長官になるまで忠実に執行した。さらにその後継者である梁振英も同様の方針を継続した。簡潔に言えば、政府は土地資源を監督し、土地とその利用に関する日常的な法律を執行するのに不可欠な専門スタッフを雇うための費用を支出することができなかった。その結果、香港社会はその代償を払うこととなった。住宅の供給は妨害され、法令遵守は軽視されることになった。香港の人々にとって、衝撃的な結果となったのである。

# 第6章

# 市場に翻弄される学生

雨傘運動のさなか、占拠した道路に設けた自習用テントで勉強する学生たち（2014年、曽根康雄撮影）

2012年、香港ではラディカルな政治変革運動が巻き起こった。そのアジェンダは、新たな世代によって決められた【この年、中高生を主体とする活動家たちが、政府の愛国教育導入案に反対する抗議活動を行い、事実上廃案に追い込んだ】。若き活動家たちは2016年の立法会選挙で、引き続き香港の未来と核心的価値観を掲げたキャンペーンを行い、驚くほど多くの票を獲得した。この結果はこれらの若い候補者たちが決して著名な人物ではなかったこと、彼らの設立した政党にわずかな経験しかなく資金も限られていたことを思えば、よりいっそう驚くべきものであった。

この選挙結果は、香港特別行政区の統治の難しさと、大陸の権威を軽視する新世代の台頭について中国指導部が抱いていた懸念を強めるものだった。統治の難しさは新しい課題ではなかった。董建華《とうけんか》が就任して以降の最初の数ヶ月の間に、彼の政権に対する市民の評判は急速に悪化し、1983年の世論調査開始以降、最低にまで落ち込んだ。1961年以降一貫して実質GDPを増加させてきた経済も深刻な不況に突入した。平均世帯収入が減少し、それに合わせて住宅価格も下落した。1945年に日本占領期が終わって以来初めて、親たちは自分の子供が自分たちの頃よりも教育、衛生、住宅、生涯年収の面でより良い暮らしができるはずだという確証を持てなくなった。富裕層だけでなく社会全体が香港の将来性に対して抱いていた強い信頼は失われた。しかし、生き残りの文化が優勢となり、香港はこれを切り抜けた。長い歴史を持つ政治的成熟と社会の自制が勝ったのだった。このパターンは後の年代にも繰り返されていくことになる。政府によって生み出された社会的困難は広範な失望を招くが、香港社会の生存が最優先されるために、権力者たちに対する市民の寛容は保たれてきたのである。

それゆえ、香港の若者たちが始めた政治的挑戦は、1997年以降の香港世界における新たな現象であった。この出現を最も早く、2007年に認識したのは、香港を代表する社会学者である呂大楽《ろたいらく》Lui Tai-Lok教授だった。彼の出版したベストセラー『四代香港人』は、社会とその展望を変容させる「八〇後」【1980年以降に生まれた世代を指す中国語】の台頭を明らかにした。後に同様のトピックについての研究が多数登場している。

2010年、政府の支援を受けた調査により、「八〇後」世代は教育については香港史上最高水準にあるものの、就業機会と収入の面では過去最低であることが報告された。もっとも、この報告では、彼らは「社会の正義や機会に対するはっきりした態度」を未だ持っておらず、親政府派政党、民主派政党双方に対して中立的な傾向があるとされていた[1]。この段階では、社会の不平等の拡大と社会サービスの劣化にもかかわらず、新たな政治活動が盛り上がる見込みは未だ限られたものだったのだ[2]。

しかしながら、そんな雰囲気が激変する兆候を示す証拠も集まりつつあった[3]。香港全体での所得分配の不平等の拡大は、今世紀に入ってずっと、香港のオピニオン・リーダーたちを動揺させ、官僚たちを困惑させてきた問題だった。ある国連の調査は香港の富の格差について、アジアの都市の中で最も大きく、世界水準からも「比較的高い」ものとして位置付けていた[4]。公式な統計は毎回格差の拡大を示しており、収入格差も世界の先進国と比して上昇傾向にあった[5]。

富裕層と中間層の生活水準の格差は急激に拡大していた。例えば統計によれば、世帯収入が大学進学の可否を決める重要な指標となってきている。1991年の段階では19～20歳の進学率は、富裕層・貧困層の間でほぼ差がなく、財産は決定要因ではなかった。最も収入が高いグループでは大学に在学している者は全体の９％であり、最も収入が低いグループでも８％だった。しかし、2011年には最も豊かなグループの大学進学率は48％に上昇しているのに対して、最も貧しいグループでは13％にとどまっている[6]。

本章は大学進学を認められず、「副学士associate degree」【学士号より下に位置づけられるポスト中等教育学位の一つで、通常２年で修了し、学士課程３年への編入が可能】や「ディプロマ」【副学士以外の資格として、各校が独自に定める修了資格】に甘んじなければならない人々にいったい何が起こったのかに主な焦点を当てる。これらの課程は主として自己負担【「自資」型と呼ばれる】であり、授業料は大学教育よりも著しく高い。にもかかわらず、ある有力シンクタンクが2016年に指摘したところによると、得られる学位は「明確により良い就職の見込み」をもたらすものではなく、「大きな失望と資源の浪費」につながっており、「昨今の香港の若者の不満の大きな要因」ともなっている[7]。

## 「自資」型教育

香港のような先進的なグローバル社会、ポスト工業化社会において、教育は個人にとっても経済全体にとっても最重要事項である。大学入学に相応しい全ての者に学籍を与え、学位課程に相応しくない者にも良質なポスト中等教育を提供することができなければ、その個人のキャリアだけでなく、社会の将来的繁栄にも重大な影響が出る。

1997年、董建華行政長官は、香港経済の展望は教育の質の向上にかかっていると強く主張していた。しかし「利用者負担」「市場の力 market forces」を原則とすべきという彼の信念の下で、教育は直接の犠牲者となってしまった。董は、例えば米国と比して香港の教育支出が非常に低い（彼によれば「GDPの約３％」）ことを自覚していた。しかし彼は、「札束が物事を解決できるとは限らない」として、学校への公共支出増額を認めなかった[8]。後に彼は、教育に格別の優先順位を与えたことを自慢していた。彼は財務司司長に「教育への支出は投資だと思え。必要な投資なのだから、支出だと思ってはいけない」と命じたというのだ[9]。

しかし、このような出費を惜しまない態度は、教育改革への董の変わらぬ決意とは裏腹に、長続きはしなかった。2004年には、中等・高等教育の変革プログラムが開始された[10]。この計画では、政府が引き起こしたデフレにより、平均世帯収入が1997年の水準より落ち込んでいたにもかかわらず、増額になった教育費用の大部分を、学生のいる世帯が負担することが想定されていた[11]。同時に大学に対する政府の財政支援も減額されたが、大学には学士課程を丸１年分延長する【香港の学制は、従来は英国をモデルとした６-５-２-３制であったが、2009年度より米国や日本と同じ６-３-３-４制に移行したため、大学の就業年限も３年から４年に延長された】ための財源確保が求められていた。董は、財源を縮小したとしても、教育水準は当然維持できると思っていた[12]。「投資」としての教育支出という概念には大きな変更が加えられてしまっていた。

初代行政長官が採用した教育計画は、後任の曾蔭権《そいんけん》、梁振英《りょうしんえい》にも受け入れられた。曾は董を引き継ぐ前から、教育は香港社会の諸課題に対処する最高の解決法であると語っていた。「社会的にも経済的にも、教育プログラムほど予算上重視されるべきものはない」と彼は言った[13]。しかし同時に彼は、香港はすでに「教育、訓練、再訓練について、……他のいかなる先進経済よりも」公的予算を割いてきているという驚くべき主張をしていた[14]。だから「教科書代や学校関連の出費」を支援する限定的な貧困救済策を除いて、これ以上の支出は必要がないと言うのだ[15]。

実際、2007年以降の曾の施政報告における重要な教育上の目標は、「愛国主義をいかに教えるか」だけであった。「胡錦濤《こきんとう》主席から『香港の若者の国民教育にもっと力を入れ、彼らが“愛国愛港”【国を愛し、香港を愛する】という香港の人々の素晴らしい伝統を引き継げるようにすべき』という助言があった」と彼は立法会に語った[16]。しかし香港の若者の国家への忠誠心を育むことを新たな優先事項にするとしても、だからといってカリキュラムの中の他の不備を無視してよいことにはならない。

2012年に立候補した際、梁振英のマニフェストは珍しいことに、教育制度の不備を認めていた。彼は特に15歳以上の若者のうち、中等教育終了後に教育を継続できる者がいかに少ないかについて特別な注意を払っていた。梁は、まるで政策に革命的な変化をもたらそうとしているかのように、「教育を受ける機会は基本的な権利であり、そのような権利は我々の社会の成功の基盤である」と宣言した。

しかし梁振英のマニフェストはそこで急なＵターンをしていた。彼も結局、前任者と同様に、この「基本的権利」を行使するためのコストを支払うつもりは全くなかったのである。特に彼は大学課程への入学者数を十分に増加させる意思はなかった[17]。就任以降、彼は大学への財政支援について曾蔭権と同様のアプローチをとり、自己負担の教育プログラムの導入を推進することで学位格差を埋めようとした。その結果、彼の政権下で、学生と保護者は、高額な副学士課程の費用を、価値が疑わしいにもかかわらず支払い続けることになった[18]。董時代から特に何も変わらなかったのである[19]。

## 社会的責任からの逃避

1997年に教育制度の構造改革に着手するにあたって、董建華は非常に適任な「参謀」を見つけたようだった。ビジネスモデルこそが至高であるという信念を持つ彼は、この任務についてもビジネスマンが担うべきだと考えていた。彼が選んだのは、銀行家であり、かつ教育業界においても実績のあった梁錦松《りょうきんしょう》だった。梁は大学教育が急速に拡充された時代【返還直前の1990年代半ば、旧来の香港大学、香港中文大学の２校に加え、新たに６校が大学として認可された】、植民地政府によって大学教育資助委員会University Grants Committee（UGC）【1965年設立、公立大学への資金援助を管轄する政府諮問機関】に任命されていた。梁は同委員会主席として自動的に「教育統籌委員会」Education Commission【1984年設立、教育全般を管轄する政府諮問機関】のメンバーにもなった。こちらでは梁は、幼稚園から大学院課程まで全てのプログラムを統括する立場にあった。同時に梁は国務院香港マカオ事務弁公室からも高い評価を得ていた。彼は、1997年以降の教育統籌委員会の主席に選出され、非常に広範にわたる公の、またあらゆる面でプロフェッショナルな諮問業務を指揮する人物としての資格を備えていた。

しかしながら、梁錦松と教育統籌委員会は、当初から香港社会に対立する形での舵取りを強いられてしまった。そのきっかけとなったのは、1997年に政府が突然、公的援助を受ける400の中等教育機関の大部分に対して、以降、英語によって行う授業を認めないと発表したことであった[20]。この提案は香港のようなオープンで国際的な経済においては、平均的な学生のキャリア形成を損なうものだと受け止められた。2008年になってようやく政府は各学校に英語で教える自由を認め、英語での授業はエリート学校や私立学校に限られた特権ではなくなった[21]。

2000年までに、梁錦松は改革・改善に向けた意欲的なプログラムの整備を監督してきた。しかしそれは、政府の負担を増やすことなく改革は行われるべきだという、董建華のドクトリンに完全に沿うものではなかった。教育統籌委員会は、公共支出を増加すべきだというシンプルだが否定しがたい提言を行った。すなわち教育水準の向上は個別の修了者や学位取得者のみならず香港社会全体の利益につながるものであり、政府は関連するコストへの責任を受け入れるべきだ、というものだった。この青写真では多くの保護者が将来教育支出を増加させると想定していたが、その追加的な支出は自発的なものにすぎないと考えていた。

教育統籌委員会が「香港教育制度改革建議〔提言〕」で勧告した改革は、後年政府が進めることになる政策と比べると、総じて非常に慎重なものであった。特に委員会は大規模な、自己負担によるポスト中等教育の創設を想定していなかった。ポスト中等教育における授業料が安すぎるという見解は示していたが、だからといって副学士やその他の副学位の提供を急増させることを要求してはいなかった[22]。

教育アジェンダの中から、社会的責任への政府のコミットメントが消えていくにつれて、同委員会の見方はすぐに時代遅れになってしまった。2002年に梁錦松は財政司司長に就任した。彼はそれ以降教育と何の関係も持たず、２度の財政予算案演説の中でも教育にほとんど言及しなかった。この分野を新たに担うことになったのは李《り》国章《こくしょう》Arthur Li Kwok-cheung教授だった。この新任の教育局局長は、ケンブリッジ大学で教鞭をとった後、香港中文大学医学院院長や同大学長を務めていた。李の下で「教育統籌局」Education and Manpower Bureau【教育を管轄する政府の行政部門であり、2007年に「教育局」Education Bureauと改称】の諮問は、董建華の改革方針を忠実になぞったものになっていった。

教育改革のコスト、中でも高等教育の学生に関するコストは、政府には負担しきれないと同局は主張した。財政上の選択は他の教育サービスを削るか、授業料を値上げして保護者により多くの負担を強いるかのどちらかだというのがその提言だった[23]。高等教育は以降、次第に商業化されていった。ポスト中等教育は「教育」ではなく「人力発展」Manpower development〔人材開発〕と呼ばれるようになった。教育局の公式な説明によれば、この部門の目標は「人材の質と競争力を高め、人手不足を埋める」という極めて商業的なものであった[24]。この部門の発展が極めて重要であった理由は、政策によって供給が妨げられていた大学卒業・職業資格への増大する需要を充足することにつながるというものであった。

## 教育のビジネス化

梁錦松の後任である李教授は、董の立場からすれば素晴らしい後任者だった。大学に対する政府の財政支援は、大幅に削減されつつあった[25]。それにもかかわらず大学は学士課程を３年から４年に延長することを強いられていた。董は、予算を増やしても問題は解決しないという信念に固執しており、１年間の課程延長は政府側が何の負担もしないままに行われることになった。彼は「大学の中心的活動や教育の質は予算が削減されても影響を受けることはない」という独りよがりな自信を示していた[26]。実際には、予算は極めて重要だったと言えるだろう[27]。2012年に経済協力開発機構（OECD）が発表したあるリポートは、香港の学部課程の初年度は（適切な財源を必要とする）旧来の学部課程の学習ではなく「オルタナティブな学習体験」に費やされてしまうため、時間の無駄のようなものであると指摘した[28]。

学長たちは通常であれば政府の理不尽な要求には反対したであろうが、李教授には反対派を沈黙させるだけの学界での実績と個人的な力量があった。香港の大学の学長たちは彼に対して非常に協力的であり、それまで潜在的な反対派を抑え込むのに難儀してきた董政権は、彼の任命に大いに助けられた。

学士課程の４年への延長は、中等教育の７年から６年への期間縮小を伴うものであり、政府の負担する中等教育経費は削減されることになる。学生たちは、大学あるいは副学士などのポスト中等教育プログラムに進学することで、この失われた１年を埋め合わせることが想定されていた。しかし大学には入学者数を増やす自由が認められていなかったため、増加した需要の受け皿となることはできなかった。1989年、植民地政府は、大学学士課程入学者数は合計１万5000人程度が望ましいと定めていた[29]。この数字は上限というよりは目標値であり、すでに達成されていた[30]。しかしその後、人口が増加し、教育水準が向上し、社会と経済が発展したにもかかわらずこの目標値はそのまま変わらなかった。

今世紀に入る頃には１万5000人という上限の由来は市民の記憶から消えていた。この数字は入学者数の実際的な上限についての根拠として所与のものとされ、行政長官や高官たちによって大学への公共支出増加への潜在的な圧力を抑制するために利用されてきた。この頑なに維持された政策は不幸な結末をもたらしてしまった。大学に関連する各入学試験に合格した出願者全員を受け入れる余裕がなくなってしまったのである。例えば2015年度の共通試験では２万5782人の生徒が学部入学の最低基準を満たしていたが、入学が認められたのは半分以下だった[31]。

焦った保護者や、進学するつもりの卒業予定者たちにとって、副学士は願ってもみない贈り物のように思えた。この仰々しい名前の学位は、たいていは大学と関係のある機関が授与するものであり、きっと就職やキャリア形成に大きく影響するに違いないと市民は思った。しかし後に見ていくように、保護者も学生も欺かれていた。ポスト中等教育は可能な限り「市場主導」にすることが定められ、副学士課程は生徒に授業料全額を負担させる「自資」型の組織が提供することになった。そこで業界は沸き立ったのだった。

## 雪だるま式のスキャンダル

ポスト中等教育制度が情け容赦なく商業化されるにあたり、大学に入学できなかった学生向けの自己負担型教育の継続的な拡大の前には、いかなる妨害も許されなかった。自己負担型教育機関への商業的な投資をいっそう魅力的なものにするため、政府は直面する競争を減らした。政府自身がおよそ6000人に提供してきた、政府の助成が入った高品質のポスト中等教育プログラムは停止された[32]。一方、役人たちは副学位資格を未来の成功のための布石として推奨することで、そのマーケティングを支援した[33]。

2007年に李教授に代わって教育局局長となった孫明揚《そんめいよう》Michael Suen Ming-yeungは、高等教育部門について、少しは非商業的な見方をするかと思われた。孫は2000年には2000人だった毎年の入学者数が2008年には2万人以上に、危険なほど増加していることに対して公に憂慮を示していた。彼は提供される教育の質についても高等教育の規模拡大の正当性についても不審を抱いていた[34]。メディアもまた、授業料や教育の質について、そして何より深刻なことに、将来の雇用主たちの間でそれらの資格が軽視されていることについて、不満の声を定期的に報じていた[35]。

それでも政府が、ポスト中等教育への直接的な責任を回避し続けたため、スキャンダルは増加していった。2010年、大学教育資助委員会が説得力のある証拠を提出し、孫のかねてからの疑念とメディアの警鐘を裏付けた。委員会はポスト中等教育部門の構造は根本的なところで「複雑かつバラバラ」になっており、「各部署の連携は、計画性も透明性もあるとは言えない」と警告した。学生と保護者はこの、きちんと監督されていないビジネス環境の下で、大変なリスクにさらされている、と。しかし最も驚くべき批判は、副学士は実質的に無価値であるとした委員会の調査結果だった。「この資格は、社会に認められたはっきりした独自性も、独立した修了資格としての正当性も確立し得ていない」と委員会は結論づけた。副学士号の保有者の収入が中等教育以降のいかなる学位も持たない者に比べ高くなることには一定の根拠がある。しかし「学生と保護者の間では、概して副学士号を取っただけでは就職するのに十分ではないという認識」が存在していた。また同様に憂慮すべきこととして、委員会は多くの学生が副学士号を、「正規の学位への踏み台」になると信じていることについても記している[36]。

この調査は、こうした悪弊を終わらせるための具体的な対策も提案していた。だがこれらの対策は政府にとっては市場行動への過度の干渉に当たるものだった。代わりに2012年に「中枢プラットフォーム」として「自資専上教育委員会」Committee on Self-Financing Post-Secondary Education【民間のポスト中等教育を監督する政府諮問機関】が設立された。その最優先事項は、「透明性および好ましい取り組みgood practicesの強化」だった。どうやらこの新組織の急務は、キャリアの助けになるかが疑わしい資格のため学生に高い費用を請求する副学士制度を改革することではなかった。同委員会の第一の目標は、「将来的に好ましい取り組みを増やしていくための情報枠組みと調査」の起草であった[37]。それからすぐに発表された2013年の立法会の調査報告は、そんな呑気でのろのろとしたアプローチに疑いをかけた。「自己負担型ポスト中等教育は、ただ受け入れ枠を大幅に増加させ、可能な限り多くの学生を見境なく受け入れるだけのものになってしまっている」[38]。

結局、委員会は高等教育部門を調査するための諮問委員を招集した。彼らの2014年の報告は、「民間教育機関は、利潤動機が教育の質と矛盾するため、高品質の教育を提供できないかもしれない」という懸念に言及した。そこで慎重な言葉選びで示された解決策は、「何らかの法的な裏付けによって」民間教育機関が「規範化のためにバランスの取れた慎重なアプローチ」を取るというものだった[39]。1年後、委員会は、「ガバナンスと品質保証のための好ましい取り組みの規範」を打ち出した。しかし、規範を守るかどうかは完全に任意だった[40]。新しい規範の最初の成果が発表されたのは2017年になってからのことで、それは非常にポジティブな言葉で綴られていた。しかしながら委員会は、この規範が「好ましい参考文書」であり強制的な行動規範ではないことを公に認めている[41]。

委員会が任意の行動規範をまとめるのに時間をかけているうちに、副学位教育はついに信頼のかけらすらなくしつつあるように思われた。しかし、ますます増える苦情の山も、自己負担という政府の金科玉条を前に無視された。自己負担であることの利点は、2014年に就任した新しい教育局局長【呉克儉】によれば、「将来的な教育の機会と選択を拡大させる」ことから「社会的要請の変化に対応可能」なことまで、多岐にわたっているとのことだった[42]。しかし苦情が止むことはなかった。2016年の立法会報告から引用すれば、野放しの拡張はしばしば「個々の教育施設のキャパシティ」を上回るほどであり、そのために「学習や指導の質が犠牲」になっていた[43]。しかし、大学教育資助委員会が直接に介入して副学位教育の水準をモニタリングするようになったのは、ようやくこの年の終わりになってからのことだった[44]。

2016年、皮肉にも董建華が設立した政策シンクタンクである「団結香港基金」Our Hong Kong Foundationによって、手厳しい報告が発表された。この報告は副学士号を容赦ない言葉で糾弾するものだった。この資格は「香港大学やその他の公立大学の学士課程における正課 1 年分の授業料よりはるかに高く……あまりに高額」である。さらに悪いことに、副学士号はキャリアにおいては何の役にも立たない。「政府の公務員や官営の公共サービス関連」の募集資格を十分に満たすことができない。さらには、副学士号保持者が、正規の学士号取得に必要な、残りの 2 年間を終えるために、大学レベルの教育プログラムに進むことも極めて困難である。

この報告の執筆者たちは、この問題に対処する、具体的な施策を二つ提案していた。第一の、極めて当たり前の提案は、政府は予算を用意し学士号へのアクセスを拡げるべきというものだった[45]。しかし時の行政長官【梁振英】は、2014年の施政演説ですでにこの解決策を除外していた[46]。第二の提案は中国本土の大学に香港の学生をより多く受け入れるよう要請するというもので、こちらは行政長官のお墨付きを得た。しかしながら、この報告は、政府が「高等教育に対する香港内部の需要を満たす」ことができないとしたら、それは何かが間違っている、とはっきり述べていた[47]。現実的な障害もあった。そもそも中国本土の大学は、香港の学生に、ほんのわずかしか受け入れ枠を用意していなかった[48]。

## 過酷な未来

痛ましいことに、ポスト中等教育を受けるため公の支援が入っていない市場価格を支払った若者と保護者たちは、かなりの確率で、それが軽率な投資であったと知ることになった。副学士号や高等ディプロマ取得者のうち 7 割近くは、収入が労働人口全体の平均収入を下回っていると報告されている。彼らが学士号取得者の平均に追いつく見込みはほとんどなかった[49]。政府の戦略発展委員会も、より高い水準にあるはずの高等教育の学位資格が何の優位性ももたらしていないようだと述べている。「高等教育の卒業生の多くは、学位に見合った給与が得られたり、明確な出世コースに乗れる職業を見つけることができない」のだ、と。同委員会の報告によれば、この課程への進学者が驚くべき勢いで増加していたにもかかわらず、卒業生の平均収入には2001年から11年の間に増加は見られず、むしろ失業率は上昇していた[50]。2016年に発表された国勢調査によれば、副学士・ディプロマの保有者の収入は大卒者のわずか57%だったが、この数字は10年前には平均62%だった[51]。

これらの学生たちのより長期的な見通しは、さらに重苦しいものだ。図6.1は、政府の教育政策と、「自由市場方式」こそが高等教育の成長のために最も良い成果をもたらすことができるという思い込みが、いかに誤ったものだったかを示している。公式な予測によれば、2022年までに大卒者の不足と副学位取得者の供給過多が起きてしまうのだ[52]。

あぶれた労働者たちはどうなるのだろう？　政府は、「求められる教育水準が『副学位』以下の水準である仕事」に副学位保有者を雇用することにより、「雇用者はこれを機に競争力と生産性を高められる」と望んでいた[53]。この見通しはショッキングである。ポスト中等教育の学生とその保護者が副学位のために費やしてきた大金は、無駄であったと分かるだけではなかった。彼らの雇用は副学位すら要求されない仕事を見つけられるかどうかにかかってしまうのだ。このような痛ましい状況は歴代の行政長官や教育局局長がポスト中等教育の学生に配慮する責任から逃げてこなければ、避けられたはずだ[54]。

第三代行政長官の梁振英は2014年の施政演説で、必要な試験を突破しているにもかかわらず大学入学を認められていない中等教育修了者が多くいることに

**図6.1 2012年から22年までの副学位、学士号保有者の需要と供給**

| | 供給 | | 需要見込み | 余剰／不足（－） |
|---|---|---|---|---|
| | 2012年 | 2022年 | 2022年 | 2022年 |
| 副学士 | 186,800 | 251,300 | 238,400 | 12,900 |
| 学士 | 714,200 | 914,300 | 965,000 | －50,800 |

資料：Labour and Welfare Bureau, ‘Report on Manpower Projection to 2022’, ‘Table 1 : Local Manpower Supply by Education Level in 2012 and 2022’, iii; ‘Table 7 : Projected Manpower Resource Balance by Education Level in 2022’, x.

ついて、もったいなく、不公平であると認めた。しかし、彼はこの状況を終わらせるために、入学者数を増やす意思はなかった[55]。彼と教育局局長は、人口動態が事態を解決してくれるのを待っていた。就学人口は低下しており、間もなく「香港中学文憑《ぶんひょう》」Hong Kong Diploma of Secondary Education Examination（HKDSE）〔共通試験〕【中等教育卒業資格試験】で一定の水準を満たした中等教育修了者を全て大学に入学させられるようになるはずだった[56]。

ポスト中等教育を提供する事業者たちにとって、そのような人口トレンドは市場が崩壊することを意味していた。2014年、ある教育部門高官は「その嵐はすでに渦巻いて」おり、この事業の経営陣と従業員は、縮小対応するのは難しいと気付くだろうと警告した[57]。この部門における混乱と崩壊を避けるため政府が取れる現実的な施策として、いったい何があったのだろうか。教育局局長は顧問としての役割に忠実であることを選んだ。彼は立法会で、「ポスト中等教育機関に対し、新たなプログラムの立ち上げには引き続き慎重な態度をとり、すでに同様なプログラムが存在するかを考慮するよう通達する」と語った[58]。

同時に梁が取ろうとした一時的な解決策は、中国本土の大学と協定を結び、副学位等の取得者のうち香港の大学で学位取得のための残り２年の修学をすることができなかった者を受け入れてもらうことだった。2016年、福建省の華僑大学が、香港のポスト中等教育の学生に２年間の就学を通じて学位号を取得するチャンスを与える実験的プログラムを提供した。このイニシアティブの重要性を強調するため、行政長官と後の行政長官林鄭月《りんていげつ》娥《が》は、国務院および中央政府駐香港連絡弁公室のスタッフと共に公開の記念式典に出席した[59]。この大学はそこそこのレベルではあるが、大陸の全863大学のうち125位の評価であり、香港の大学とは全く釣り合わない[60]。香港の学生たちを救うために、このようなランクの大学に助けを求めなければならない現状は、教育政策における香港の指導者たちの20年に及ぶ失政《ミスマネジメント》を示すさらなる証拠である。

林鄭月娥が行政長官となった2017年、中等教育修了後の学生たちは、彼女の教育政策リストの中で最も重要視されていた。彼女は自己負担型教育機関に在籍する学生に「資産状況にかかわらず年３万香港ドルの補助金を出す」と宣言し、歓迎された[61]。このような一見寛大な行為も、残念ながら、ポスト中等教育制度の水準改善につながるはずもなく、副学位やディプロマの質は疑わしいままである。その他の部分では、林鄭月娥は前任者の政策を引き継いだ[62]。立法会教育事務委員会は、共通試験で大学への進学資格を認められた学生の受け入れ割合を増やすため、大学入学枠を増やすための財政支援を行う「真の必要性」は認められないとの通告を受けている[63]。1989年に定められた上限が今も維持されている。

林鄭月娥は例によって「タスクフォース」を設置して時間を稼ぎ、あわよくば市民の支持を勝ち取ろうとした。今回のタスクフォースのテーマは「自己負担型ポスト中等教育の検討」だった。タスクフォースは審議に1年を費やし、議論は2018年末までかかった。タスクフォースに委託された事項には「自己負担型ポスト中等教育機関との比較における、政府の助成を受けた機関が提供する自己負担型教育課程の果たす役割など、自己負担型ポスト中等教育関連のさまざまな事業エコロジーに関連する主要な懸念事項」が含まれていた。保護者や学生たちにとって、教育機関の「さまざまな事業エコロジー」についての審議などというものは、家計の負担や就職先が限られるといった、ポスト中等教育部門の積年の病理からはかけ離れたものに思えただろう[64]。

2018年、タスクフォースはポスト中等教育に関する包括的な諮問に乗り出した。しかし、政府の方針に変更がないことは明らかだった。重要な問題は何十年も無視されてきた。最も重要なことは、質の高い大学卒業者の需要が高まっているにもかかわらず、なぜ政府は1989年時点の学部定員の上限を維持し続けるのかということであった。政府は、諮問文書の中で、副学位授与機関が正規の大学機関と同等の基準で運営されていることを装うことすらしていない。なぜ政府は、市場の力と個人の自己負担による教育が、ほとんどのポスト中等教育の欠陥に対する適切な解決策であると主張し続けているのだろうか。タスクフォースは、2018年の諮問文書の中で、保護者、生徒、そしてより幅広い社会層が、副学位教育の質についてまだ強い疑問を持っていることを公に認めている。しかし、タスクフォースでは、これらの懸念に対する具体的な解決策は提案されなかった。

タスクフォースの諮問文書自体にも、深刻な欠陥があった。その記述があまりに学術的で、作成された選択肢を評価するのは難しかった。さらに悪いことに、いくつかの重要なデータを軽視して報告しているように思われた。タスクフォースは、政府が「定期的に雇用者の意見をフォローアップし、追跡調査する」ことで、「副学位を持つ新卒社員のパフォーマンスに関する雇用者の意見を測定する」と主張している。実際には、これらの調査は2013年まで3年に一度しか実施されておらず、それ以降はそれ以上の統計情報は収集されていないようだった。このデータでは、これらのポスト中等教育の学生の質が何年経っても向上していないことしか分からない。この文書は、高齢化社会の下で副学士号が死にかけていること、香港全体で高等教育に対する需要が限界に達していることを明確に印象付けている[65]。

## 小結

これまでの分析を見れば、特別行政区の最初の20年で採用されてきたその場しのぎの教育政策に弁解の余地はないように思える。政府にとって自己負担原則の採用は、大学定員の不足に対処するための最も理想的なビジネス戦略だった。より長期的に見れば、確かに人口動態が大学定員の制限と共通試験合格者の入学申請とのミスマッチを終わらせるかも知れない。低出生率により将来の学生の数が減れば、新たな市場に対応して副学位課程は閉鎖されることになる。学生や保護者はすでに、この無駄となる教育に対する費用を払うよう誘導されたが、彼らが投資した資格への信頼は、ポスト中等教育部門の消失とともに、ついに消え失せることになる。何の払い戻しもないだろう。林鄭月娥により導入された補助金は過去の犠牲者たちへの埋め合わせにはならないし、市場こそが最適な解決をもたらすはずだという歴代行政長官たちの誤ったこだわりを正すこともできない。案の定、補助金が自己負担型機関による教育の質を向上させることはなかった。市民の批判も止まなかった。大学入学定員の不足は引き続き不満を呼んでいる[66]。

この陰鬱な状況は学生たち自身が招いたものではない。過去の何回もの調査は、雇用者たちが彼らのパフォーマンスに満足していることを示している[67]。しかし労働市場は、彼らが副学位の修学で優れた学業成績を残そうとも、それを特別に評価しようとはしなかった。最初の3人の行政長官とその教育局局長たちが、意図的に、彼らの未来を市場のなすがままにしたのだ。香港の新たな行政長官と彼女のチームが高品質な教育プログラムの拡大に重点的に投資を行うような兆しも見られない。それは香港のような経済が必要とするはずのものであり、香港社会に相応しいものであって、そして費用も財政でまかなえる範囲内に完璧に収まるものであるというのにもかかわらず。

第 **7** 章

# 命の危険

香港仔Aberdeenの漁港内にある離島行きフェリー乗り場（2021年、曽根健朗撮影）

香港政府の失政《ミスマネジメント》はさまざまな分野において、かつ大きく悪化したため、市民もメディアもその全体像を摑むことができないほどであった。危機が発生しても、公共サービスでの不祥事が報道されても、概ね単発的な事件にすぎないと考えられていた。しかし実際には、これらの事件は現代の香港において、危険な行政運営が広まったことの証左であった。こうした現象は、ここ20年の間にますます悪化している。本章では、人命が直接的または間接的に危険にさらされた四つの事例を通じて、失政が作り出したさまざまな脅威を描き出すこととする。

これらの惨事とその要因は、本章の一部分にすぎない。同じくらい重要なのは、生命が喪われることと将来の破局を防ぐために、政府がどのように対応したのかを分析することである。どのケースでも、政府は市民への危険が続いていくことを容認してしまっている。この失政の四つの事例は、欠陥行政がどれほど広範囲に及んでいるかを示すために選んだものであり、従って、公衆衛生から住居の安全性、また海上の安全から汚職の防止までを扱っている。

## 公衆衛生が崩壊するとき

2003年の初め頃、香港は重症急性呼吸器症候群（以下SARS）の流行に見舞われた。この疫病は前年に中国本土で発生し、シンガポールから他のアジア諸国に拡大した。香港は人口規模が相対的に小さいにもかかわらず、世界全体の患者数の21％を占め、死亡者は全世界のほぼ3分の1に達した[1]。

この、大きな損害をもたらした疫病の流行は、歴史が反転した驚くべき出来事であった。1950年代の香港はこれよりも過酷な脅威にさらされていた。100万人を超す移民が中国大陸から流れ込み、その大半が掘立小屋や貧民窟の長屋に住み着いたからである。そこには、非常に原始的なトイレと給水設備しかなかった（詳細は第4章で述べた通り）。彼らの多くは貧しく「飢餓寸前」で、さまざまな伝染病と寄生虫と栄養不良で苦しんでいたので、致死率の高い大規模な疫病の流行は不可避と思われた。しかし、衛生当局が流行を抑え込めなくなるということはなかった。伝染病と寄生虫病による死亡率は、1951年から61年の間に24％から16％に低下した[2]。

2003年のSARS流行の直前、立法会議員の何《か》秀蘭《しゅうらん》Cyd Ho Sau-lanは衛生福利及食物局Health, Welfare and Food Burcauの局長に対して、中国本土とりわけ広東省との間の連絡がどれだけの頻度であったかを尋ねた。局長は、過去３年間に香港と広東省内の各地の政府との間で合計20回の「やり取りcommunication」があったことを明らかにした。このうち、公衆衛生のデータ提供に関するものは２件にとどまっており、このほか７件が「公衆衛生の一般的な問題についての情報交換」であった。何秀蘭は、これらのやり取りが「疾病の拡大を防ぐ」のにどれほど効果があるのかと質問した。局長は慎重に言葉を選んで返答したが、現行の取り決めが理想的ではないことを間接的に明らかにした。局長は「公衆衛生に関する情報交換を適切に行うために、本土当局との間でさらに緊密な協力を確保」する意図を示しながらも、「公衆衛生にとって重要な、感染爆発にあたっては、既存のルートで直接連絡することで十分だ」と述べた。しかしこのように受け合ったのは、あまりにも楽観的すぎた。SARSはすでに広東省で深刻な脅威となっていたが、同省は約束した情報を提供していなかった[3]。そしてSARSはちょうど香港に到達したところだった。

この伝染病は、劉剣倫《りゅうけんりん》という医学部の教授が意図せず、広東省から持ち込んでいた。彼の同僚の専門家１名は香港に赴いて劉の容態を確認したのち、劉が流行の起点となる危険性を香港の医療当局に警告しようとした。しかしこの警告は、緊急事態としては扱われなかった。その理由の一つは、省レベルの官僚たちが感染の流行を抑え込んでいると保証したからである[4]。香港の公衆衛生体制は、過去の感染症への対応から豊富な経験を持っていたが、中国大陸の政治制度に疎かったために深刻な痛手を負った、ということが、その後明らかになった。

SARSが香港で大流行していた頃、中国本土は「国のトップレベルの指導者層の交代に全神経を集中」していた。ある詳細な、SARSの流行に関する研究の表現を引用すると、指導層の交代は「非常に重要なイベント」であるため、伝統的にこの間の政府の活動は全て吉報でなくてはならなかった。こうして、広東省政府当局から通常は行われたはずの最低限の衛生情報の提供も一時中断した。香港の衛生当局にとって、このダメージは甚大であった。なぜなら、彼らはSARS拡大の経緯やそれがもたらす脅威の大きさについて、全体像を知ることができなかったからである。

さらに状況を悪化させたのは、香港と中国の文化の違いであった。香港では、疫病抑制のカギとなる武器は、健康への脅威と、香港社会が取るべき行動に関する徹底的な広報であった。しかし中国本土の官僚たちは、香港でSARS蔓延の報道が広くなされることを非難した。ある著名な中国大陸の人物は、香港メディアの「偏った」報道が大衆のパニックを引き起こし、経済に損害を与えかねないと述べた[5]。国の新指導体制が確立するまで、香港と広東の間にSARSなど公衆衛生の問題を解決する効果的な協力体制を作ることは不可能だった[6]。

SARSの爆発と対応の不手際は、行政長官の董建《とうけん》華《か》が導入したばかりの高官問責制の深刻な欠点を見せつけた。SARS危機に関する立法会の調査において、董建華は「SARSの爆発に対して、政府は最善の努力を尽くした」と証言している。彼は「日ごとに報告される感染数」の減少目標をアピールし、当初は5件とし、次にゼロに落とした。彼のリーダーシップは、現実からかけ離れているように見えた。つまり、まるでSARSを一刻も早く収束させるということ以外のこのようなレトリックで、医師や看護師たちが満足すると思っているかのようだった。行政長官が設定した目標は、単なる政治上の美辞麗句にすぎなかった[7]。

ある病院管理局Hospital Authorityの上級職員の表現によれば、董建華はSARSへの対応に「大変積極的に関与した」とのことだが、この行政長官は自分が果たすべき指導者としての役割を全く認識していないようだった。病院管理局の独自調査によれば、感染爆発が始まった頃、「病院管理局と衛生署Department of Health、および衛生福利及食物局から、要となる意思決定者を招集するための、明確な指揮系統や緊急対応策、オーソライズされた仕組み」は存在していなかった。前線に立つ専門家たちは、高まる危機について絶えず警告を発していたが、それに対して政府の「最高レベル」から積極的な反応を得ることはなかった。「香港社会に向けた政府の情報発信」は、誤解を招くほどポジティブだったため、急速に悪化していく状況を鋭く感じ取っていた医療専門家たちとの間に、結果的に「混乱を生じさせる」こととなった。政府の楽観的すぎるメッセージは、病院管理局と衛生署、衛生福利及食物局が危機に際し「集中協力体制」の構築を目指す取り組みを妨害した恐れがある、と調査は記している[8]。

特に明らかになったのは、病院管理局の最高責任者がSARSで入院しても、董建華が介入しなかったことである。病院管理局の調査報告には、「主要な指導者の役割をめぐって、混乱の度合いが増していった」と記されている。罹患した局長は1週間も「病床から業務に携わって」おり、彼の代行者への明確な権限の移譲は行われなかった[9]。上層部の責任者が機能不全に陥れば、即座に交代させる必要があることは、政治スキルがなくても分かることだ。たとえ企業の経営者であっても、代行をすみやかに指名して正式に権限を引き継ぐことの重要性を理解していなくてはならない。

病院管理局の調査は、当時の指導層がひどく混乱したままの状態に置かれていたことを示している。20名からなる新しい「作戦部隊」が結成され、毎日顔を合わせていたが、このグループは規模が大きすぎて、情報交換の場としてしか機能しなかった。「明確なリーダーシップの不在」のせいで、意思決定にはしばしば「時間のかかる合意形成が必要」だった[10]。上層部の間では、協力が欠けており役割の衝突が起きた。それをさらに悪化させたのは、董建華が公務員とさまざまな公共部門に対し、統制力を強化するため高官問責制を導入した際に、適切な憲政上の枠組みを用意しなかったことであった。衛生署の署長は、董建華が任命した衛生局長に対して政治上の責任を負うことになっていた。もっとも、感染病を処理する「主役」は、衛生部門の局長ではなく衛生署の署長であった。なぜなら、署長だけがその責務を遂行する法的権限を有していたからである。

当時、行政長官弁公室の主任だった林煥光《りんかんこう》Lam Woon-kwongは、後になって次のように証言している。関連する法的義務の取り扱いには、誰も思い至らず、このため署長の法的権限が、局長に移譲されることはなかった、と。署長は法的に自立した権限を有しており、彼女【陳馮富珍Margaret Chan Fung Fu-chun】は実際にそれを行使したので、衛生福利及食物局との意見の不一致は避けられなかった[11]。驚くべきことに、就任してから6年経った後でも、董建華と彼に任命された者たちは、政府や政策局、各署およびその職員の業務が、全て法律と条例によって厳密に規定されているということを理解していなかった。後から振り返ると、これらの法律による規制は長年にわたり、行政長官が任命した閣僚らから寄せられる不満の大きな原因になっていた。また同時に、公務員らが基本的に命令に従わない、という疑念を生み出す誤った根拠にもなった。

SARS流行の間でさえも、公共衛生支出の引き締め政策は相変わらず最重要課題であり続けた。この感染症の蔓延で、避けがたい追加コストが発生した。隔離病棟や集中治療室の数を急遽拡張する必要があった上、SARSの流行を食い止め、患者のリハビリを行うのに必要な専門知識を得なくてはならなかった。董建華は、この危機に対応するために政府が2億香港ドルの追加予算を組むことを発表した[12]。しかし董建華が進めてきた緊縮財政で、2003年度の医療関連予算は大幅に削減されていたため、2億香港ドルは、この年の削減分を埋め合わせるのにも足りない金額であった[13]。さらに病院セクターは2000年以降、すでに厳しい緊縮の影響を受けていた。例えば2001年に病院管理局は、公立病院での乳癌ほか各種、癌の治療薬について、初めて患者から費用を徴収せざるを得なくなった[14]。

もともと香港社会において、病院は平時の需要に対応するだけでもすぐに増強の必要があったが、SARSとの戦いによって財政制約が強まり、投じるべき資金の不足が一層強まった[15]。SARS流行の間、病院管理局は、政府の財政削減によって一般市民の待ち時間が長くなり、受けられる治療水準が低下した、と歯に衣を着せず述べている[16]。2005年の時点でも、病院管理局の財政はいまだ改善していなかった。治療は「いっそう緊急を要する容体」の患者に限定せざるを得ず、「医療の質は下がり始めた」ことが明らかになった[17]。2007年には、財源不足が解決されないため、病院管理局は「新たな技術や医薬品の導入を制限または拒否するとともに、設備の更新を延期」した[18]。2008年になっても、「保険適用外」self-financed itemの負担ができない患者の苦境を、官僚たちは相変わらず放置していた。彼らは次善の策として提供された、代替医薬品の「絶対多数」が「効果を確認済み」だと主張した[19]。実際には、患者は遅れた治療を受けていたにすぎない。これらのことが公になっても、政府が動くことはなく、できる限り緊縮財政を維持しようとした。例えばインターフェロンは肝炎、白血病、多発性硬化症など重大な疾病の要となる医薬品だが、2001年に「保険適用外」のリストに含められ、2010年になるまでリストから外されなかった[20]。

## 船が衝突するとき

あまり知られていない事実だが、船舶の航行には船員と乗組員とに深刻なリスクが伴う。1996年から2005年のデータを見ると、香港水域での船員の死亡者数は国際的には「平均」である。これは英国と比べると非常に高いが、デンマークやポーランドよりは30％以上も低い[21]。全体としては、ある学術研究で報告されているように「国際基準に照らせば、香港水域内のリスクは相対的に低い」[22]。とはいえ、客船の事故が起きると多くの犠牲者を出す可能性があるので、特に注意深くあるべきである。概して香港では、フェリーの乗客の安全は当たり前のこととして受け止められてきた。

第三代の行政長官が2012年に就任してからほどなく、港湾とその安全基準は重大な政治的意味を持つ問題となった。２艘の客船が衝突し、乗客39人が死亡、92人が負傷した【2012年10月１日、国慶節の花火見物に向かっていた電力会社の船（乗客は社員とその家族）がラマ島沖で定期フェリーと衝突し、沈没した事故】。政府はこの悲劇的な事故とその原因について、徹底的な公開調査を行うとともに、海事処Marine Departmentに対し必要な改革について、全面的に再検討を行った。また高級官僚への刑事告発も行われた。それにもかかわらず、こうした手続きが完了しても、海事処が今後は同様の事故を防げるということは保証されなかった。さらに安全基準の達成に必要な財源が追加されることもなかった。

船長たちのお粗末な操船に加え、海事処が安全規則を徹底させることができていなかった様子が明らかになるにつれ、この事故に対する一般大衆の怒りは広がった。運輸及房屋局の局長だった張炳良《ちょうへいりょう》教授は、この海難事故を徹底調査する任にあたった。その結果として、政府のさまざまな部局が職員数と給与の削減にこだわり過ぎたために海事処のサービスの質が劣化した、という説得力のある証拠が示された。この節の後半では、張局長が見出したこと――すなわち政府当局がみずからの緊縮政策が招いたダメージについていかに無関心であったかを述べることにする[23]。

フェリーの衝突事故が生んだ犠牲に対する市民の憤りによって政府は、調査委員会を速やかに立ち上げることになった。調査の結果、この事故は防ぐことができただけでなく、海事処の職員の違法行為が死傷者数をさらに膨らませたということが明らかになった。委員会は、直接の責任は誰にあるかということに主な焦点を絞っており、フェリーの操舵にあたった２名の操舵手が起訴された。しかし、委員会がこの悲劇の原因に関わるとした17名の公務員のうち、起訴されたのはたった２名にすぎなかった。１名は故意に法規を執行しておらず、もう１名は自分の事件との関わりを隠蔽しようと偽証していた。

これは不公平に見えるが、この事故には別の側面があり、2016年になって初めてその全貌が明らかにされた。この年、「海事処の制度改革に関する運営委員会の最終報告」という当たりさわりのない題名の報告書が発表された[24]。この報告書は、運輸及房屋局局長だった張炳良教授が委員長としてまとめ上げたものであった。報告書によれば、確かに海事処には過誤があった。しかし恐るべき事実は、海事処が香港の水域における航行の安全を確保するのに必要な人的資源を与えられていなかった、という点であった。

委員会のもともとの任務は、今後の悲劇を防ぐために海事処の改革を提言することだった。その過程で運営委員会は、改善に向けて海事処の欠陥を明確にする必要があった。委員会が収集した証拠は、結果として2001年から公務員制度全体に課された人員削減と財政面での制約に対する批判に説得力を持たせることになった。例えば、海事処自身が定めた技術水準は、世界的に認められたベストプラクティスに対応するものだった。しかし運用に深刻な欠陥があった。

- 「本地船舶安全組」Local Vessels Safety Section〔地元船舶安全課〕には、増大する業務を処理するにあたっての十分な予算やスタッフの割り当てがなかった。その結果、海事処は2010年から12年にかけて、公約した「実績の誓い」を達成することができなかった。これは、運輸担当局長の部下が注意を喚起してしかるべきであった。
- 免許証サービス係の職員が責任を果たせなかったのは、「免許の申請書の手続き以外に、処理が必要な大量の業務に追われていたから」であった。海事処には、必要なコンピュータ設備が配置されていなかった。その結果として、専門スタッフが「証明書の印刷など一般事務」を担当せざるを得なかった。これらの事務は実際に、彼らの業務時間の36%を占めていた。
- 運営委員会によれば、海事処が提供していた海上交通サービスは「世界レベル」にあった。にもかかわらず、その水準を維持するのに必要な、職員の定期審査は、ここ数年「人員不足により」延期されていた。業務量に追い付くことが、優先すべき急務であった。安全性は二の次とみなされた。

必然的に、法や規定は実行に移されていなかった。中級官僚は、法律や部局の規定の遵守を非公式に「保留」せざるを得ないと考えていた。どのみち海事処の管理職には、他に選択肢がなかったのだ。職責を十分に果たすには、人員が不足していたのだから。

理屈からいえば、公務員の新規採用の凍結が2007年に解除された際に、人員配置の問題は緩和されてもおかしくなかった。しかし運営委員会は、海事処に特有の問題があることを発見した。海事処で上級職に任命されるためには、「9.5年から12年」もかけて技術上の資格と専門的な経験を得る必要があったのだ。さらに悪いことに、海事処の給与は民間が「同等の専門性を要する職に支払う、非常に競争力のある報酬」に対抗することができなかった、と運営委員会の報告に記述がある。

欠員を埋めるためには「一時しのぎの手段をいくつか講じて、厳しい求人難と人員不足に対応する」以上の方法は確かにない、と運営委員会も認めていた。つまり香港の水域における航行の安全には、依然としてリスクが残っていたのである。長期的な解決方法ははっきりしている、と運営委員会の報告書は指摘していた。すなわち「さらに高水準の、海上交通で必要な職業訓練に向けて、政府の財政支援の範囲を拡大すること」であった。報告書によれば、この財政支援には「政府内部のステークホルダーたちの支持と協力が不可欠」とされた。しかし、必要な支持や財源、スタッフが得られることはなかった。

運営委員会の議長である張教授は、彼の政治的な地位をもってしても、この提言が第三代行政長官の梁振英《りょうしんえい》の支持を得られるという自信を、委員会において持つことができなかったようだ。梁振英は歴代の行政長官と同じように、警察から病院に至るまで、香港の公共サービスがすでに最大効率で運営されているため、追加的な人員補充や技術投資がなければこれ以上の効率化は望めない、ということを十分に認識していなかった。

海事処の場合、リスクが解消されていなかったことが、オンブズマンの2016年の報告書に示されている。通報された事故の調査は、海上の安全を確保するための重要な手段である。ところが歴史的に、海事処には事故を徹底的に調査する能力が備わっていなかった。2013年に新しいコンピュータ・システムが始動すれば、この問題は解決するのではないかと期待されていた。しかしオンブズマンは2016年の報告で、海事処には相変わらず通報済みの事件の全てを徹底的に調査したり船主を海事処の調査結果に従わせたりする予算やスタッフが不十分なことを発見した。政府の財政政策によって、避けられるはずの海上のリスクが残り続けることを意味していた[25]。オンブズマンの報告書は、期限を定めない改革の延期を指して、海事処の職務不履行に当たると苦言を呈していたが、皮肉なことにこの改革案は運輸局局長が直々に起草したものであった。

香港が世界でも有数の賑わいをみせるコンテナ基地であることを考え合わせると、こうした状況の理不尽さはさらに際立つ。香港を利用するコンテナ船は１週間で340隻、目的地は470ヶ所に及ぶ。また香港を登記地とする船舶は、世界の総トン数のおよそ10％に相当する[26]。これほどの規模のビジネスなら、手数料や料金の徴収を通じて、海事処が高い安全基準を達成するのに十分な資金を調達するのは決して難しくないはずである。

## 建造物が引き起こした死

1953年12月の大火災【クリスマス・イブに発生した、不法移民が多数居住する石硤尾のバラック地区での大火災、第４章を参照】は、不法占拠した住宅に住んでいた５万3000人を一夜にしてホームレスに変えた。しかし死亡者の数は、わずか２名にとどまった。改革以前の植民地時代にあっても、この災害は腰の重い政府を動かし、焼け出された住民に新たな家屋を提供する大規模プロジェクトがすぐに実行された[27]。それから半世紀後のポスト植民地政府は、香港は公営住宅計画の成果により1990年代までに「誇りを持って語れる住宅」を実現し、公共部門が安全で手ごろな住宅を市民の半数に提供した、と指摘している[28]。一方、民間住宅には新たな危機が迫っていたが、ここでは政府は頑として責任を負おうとしなかった。

2010年１月、九龍地区のさびれた区域【土瓜湾《どかわん》】にある築55年の集合住宅の一区画が丸ごと倒壊し、４人が死亡した。この悲劇は、香港社会全体に大きな不安をもたらした。事故の２年前から、市区重建局（以下URA）〔都市再開発局〕は、香港の老朽住宅の大部分はすでに安全な状態ではないと警告し続けていた。事故後、築年数と劣化が倒壊物件と同程度の建物なら、同じようにたやすく崩壊しうることが恐怖を引き起こした。

政府は二つの課題に直面していた。第一に、どうやって香港の人々にパニックの必要はないことを保証する緊急安全計画を打ち出すか。第二に、政府は、できるだけ死亡事故への責任を免れるようにし、ビルの管理や保守の質の向上に、政府がさらに積極的に関与すべきであるとする要求を回避することであった。この悲劇の事後処理と再発防止に当たった責任者は、当時の発展局局長で後に行政長官となる林鄭月《りんていげつ》娥《が》であった。彼女が採用した2段階の対処戦略は成功を収めた。林鄭局長の管轄下にあった屋宇署〔建造物署〕は、即座に大規模な安全点検計画に取り組んだ。加えて、意欲的な一連の安全対策が新たに採用された。さらに政府は、この悲劇に対し公的な調査を行うこと、そしてその結果どれほど困惑する情報が出てきても手際よく処理することを保証した。

第一段階の出だしは好調であった。屋宇署は1000名足らずしか公務員を抱えていなかったが、「専門家と技術者による40チーム」を動員し、翌月には4000件もの建物を検査して「すみやかに欠陥や基準違反への継続的な対応を行う」こととした。のちに公式報告書が認めたように、屋宇署は同時並行で「従来の任務」をこなすことも期待されていた。こうした日常業務の量は圧倒的であり、かつ増大し続けていた。この年、市民から寄せられた欠陥や基準違反に対する検査の要求は、2009年に比べて24％増加し1万4111件にのぼった。そのうち1000件が緊急を要する案件であった[29]。

それにもかかわらず、政府は1ヶ月で目標を達成したと宣言した。1チーム当たり1週間で平均25件の高層建築を検査しなければならなかったが、それで「全面的な」安全検査がどれだけ徹底できたのかを懸念し疑問視する者は誰もいないようだった。特に問題だったのは、検査チームが建物内に立ち入るには、前もって個別に物件所有者と使用者に交渉する必要があったが、彼らの協力が得られる保証がなかったことである。従って、安全検査を疑う余地は多いにあったといえる。こうして1年後に屋宇署は、新たな建物検査の「拡大」計画を2011年に実施すると公表した。実のところ、この計画の目標は以前ほど高くはなく、この年のうちに全体で基準違反の建物500件を検査する計画にすぎなかった[30]。それにもかかわらず、屋宇署はその前年に（緊急措置だったとはいえ）わずか1ヶ月で4000件の建物に対して「全面的な」検査を完了させた、と主張したのである。

発展局はさらに広範な改革を約束するとともに、総数6000件の建物の安全と基準違反を解決するための大規模なキャンペーンを打ち出した。これは、潜在的な危険性のある40万件の未認可の建設工事のほかに、19万件の既存の看板（高層建物の多い香港ではしばしば危険物に分類される）を対象にしていた。これに関連する業務、すなわち物件の検査、所有者の確定、法に基づく警告、違反者に対する法的措置は、屋宇署が実行責任を負うことになった。

気が遠くなるような年間業務量の急増に対応するため、屋宇署は176名の人員を追加した。この結果、総員数は合計1142名になった（合わせて、追加の外注とコンサルタントも認められた）。増員幅をパーセントで表せば、大したものに見えるかも知れないが、もともと屋宇署には建物の保守や安全に関する規制を執行するのに必要な人手がひどく不足していた。こうした人員不足については、外部の専門家が公的調査において報告しており、屋宇署も調査結果に異議を唱えてはいない[31]。検査官らは窓や看板広告のような外部の目に見えるリスクに焦点を絞っていたため、構造上の劣化や建物内の配線・配管のような、内部の、さらに深刻な危険性を見落とす恐れがあり、このような危険性によって、建物は住居として安全に使用できなくなっていた。しかし、このリスクに対してしかるべき処置は取られなかった。

九龍地区の住宅倒壊に対する独立調査が始まっても、政府はこの悲劇の責任を回避するための努力を続けた。明らかに、この倒壊事故は予期できた。立法会の文書において2005年の時点で、事故が起きた建物は危険なものとして特定されていた。しかし、屋宇署は法に基づいて保守や修理を行わせる「命令」の執行に向けた行動を「全く取らなかった」[32]。それにもかかわらず、2010年の倒壊事件とこれに伴う犠牲者については例外として扱うべき出来事であり、政府が公式の政策に重大な変更を加えたり建築の安全性を強化する法を整備したりする必要はなかった、とされた。

林鄭月娥の言葉を借りれば、「最終的に、建物の保守の責任はその所有者にある」というのが、政府の主な抗弁であった。林鄭は「建物の所有者は自分だけでなく、一般大衆をも危険にさらしている」と主張した[33]。香港では、私有財産は神聖なものとされていたので、この論法は大変効果があった。こうして政府は、法の執行に向けて資金と人員を追加投入せよ、という政治的圧力を弱めることができた。これらの法律には限界もあったが、本来は多くの世帯が住居としても問題がないよう、民間の住宅用建物の安全を維持できるよう、制定されていた。すでに第３章で詳しく説明したが、多くの入居者がいる多層階の集合住宅において、市場メカニズムだけでは健全な維持管理を保証するには不十分であり、必要な基準を満たすには政府の支援と監督が不可欠である。

2012年の独立調査報告において専門家が特に重視したのは、動員可能な職員の数と質であった。人手不足のために、欠陥住宅に関する市民の苦情の増大に対応しきれなくなった、と調査報告は特記している。下級職員の不足によって、専門性の高い職員が単純な事務作業や一般市民からの苦情電話の対応に日常の業務時間の多くを費やすことになった。調査報告書の専門家からの提言には、多すぎる業務量と並んで士気の低下が深刻な問題として示されている。専門家たちは屋宇署に対し、「職場の文化を改善し、市民への質の高いサービスの提供に重点を置く」こと、そして「業務量と成果の目標に基づいて人員の需要」を見直すよう求めた[34]。

立法会から回答を要求された屋宇署は、官僚主義と形式的な手続きで誤魔化して、世間に対する説明責任と政治上の危機から逃れようした。以下の彼らの返答は、その好例である。

「屋宇署は専門家の提言に同意し、引き続き人員の需要を年ごとに見直すとともに、必要があれば発展局の助力の下で全て政府部局の慣例に照らし、予算や人員の追加申請を行う」[35]

平たくいえば、屋宇署は専門家による「人員の需要」の見直し要求を受け入れた、ということである。しかし実施については、年度ごとに行う通常の人員配置評価の中に位置づけられた。もしその年度に人手不足が確認された場合、屋宇署は問題を局長レベルに上げることになる。増員の正式な申請を行うことへの同意が得られた場合、その申請は庫務署〔財務署〕Treasury Branchの通常の手続きに沿って処理される。この最後の点から、屋宇署は増員がないものと受け止めていることを暗に示していた。

政府にとってこれ以上に扱いが難しかったのは、死因の調査結果であった。しかし屋宇署は、再び困難に立ち向かった。屋宇署は検死官の所見への回答として、誰かが犯罪行為や職務怠慢を行ったとは検死結果に示されていないことを強調した。もっとも検死結果には、この主張に不利な点が二つあった。これらについて、屋宇署は次のようにまとめている。

・倒壊事件が発生する２ヶ月前に、(屋宇署は) 当該物件が危険建築物であると公表すべきだった。
・屋宇署の職員は当該物件の視察を「型通りの定例業務」として取り扱ったため、判断を誤った。

いずれにせよ、同じような「判断ミス」の再発を防止するために、屋宇署が何らかの措置を取ったという形跡はない。屋宇署にとって、検死官が発した最も重要なメッセージは、市民の自己責任という部分であった。

検死官の調査結果から、香港で建物の安全性を高めるためには、屋宇署が精力的に法規を執行するだけでは不十分であることが、改めて明らかになった。我々が重ねて強調したいのは、建物の安全維持は所有者の基本的な責任であり、そのために所有者は自らの物件に対して定期的な点検と適切なタイミングでの保守と修繕を行う必要がある、ということだ[36]。

2010年１月の九龍地区での死亡者も、それに続く屋宇署の予算・人員不足の発覚も、発展局の林鄭月娥局長にとっては政策や実施方法を急いで変える理由にはならなかった。彼女が率いる発展局の下では、建物の安全に関する包括的な監視と、法規のより広範な執行が、屋宇署の優先事項とされることはなかった。2010年３月に林鄭月娥は、屋宇署の専門職の半数を占める契約職員について、全員ではないにしろ一部は翌年にリストラする可能性が高いと述べた。検死結果やその他の調査報告を待たずに、林鄭局長は職員の契約を解除した。結局のところ、危険建築物を特定するための2010年の緊急措置は、九龍地区での惨事の後始末という暫定対応にすぎないことを、林鄭ははっきりと示したのである。

発展局は、建築法規の定めに対し、危険なほどの違反が実際にどれほど広がっているかを推計するデータを持っていなかったし、その結果として、市民への脅威を解決するためにはどれだけの人員が必要かという数値も把握していなかった。しかし、局長がこれらを懸念する様子は見られなかった。「残念ながら、今のところ推計や統計を更新するための人手も資金もない」と林鄭月娥は告白したが、彼女の部下たちが点検作業を計画し改善策の優先順位を決める際に、信頼性の低いデータに依存しなくてはならないことに関し、懸念を持っていないようだった[37]。ただし彼女は少なくとも、発展局とその管轄下の部局には、市民を守るための安全法規を執行するのに必要な人員がいないことを公然と認めた。

以上のように、危険はなくならず、法規は無視された。その結果、2011年に九龍地区のある12階建てビルの管理組合に消防規制に従うよう指示したが、管理組合側はこの命令を完全に無視したのである。2014年になってようやく、この件は法廷で争われることになった。管理組合はわずかな額の罰金を科されたが、それもまた無視した。2017年に、裁判所は管理組合に再び出頭を命じ、二度目の形ばかりの罰金を科した[38]。裁判所の動きの遅さと罰金額の少なさは、所有者たちに対し、政府が認定した命に関わる危険性は無視してもよい、と公言したに等しかった。とはいえ、林鄭月娥が行政長官に就任した年、新任の発展局局長は、違法改築物が引き起こす危険性について市民の意識が高まっていることを認め、違法行為の調査を急ぐと約束した。

## 腐敗オーライ

香港にとって、いかなる腐敗も許さないという考えは、最も重要な基本的価値観の一つである。しかし住宅ビジネスにおいては、そうではなかった。今世紀に入ってから毎年のように、廉政公署（以下ICAC）〔独立汚職防止委員会〕の年報には、民間からの苦情のうち最も件数が多いのは建物の管理と保守に関するものであった、と記録されている。ただしICACの年報は、市民からの苦情を軽視していた。例えば2000年版の年報は「苦情の多くは、誤解に基づいたものか、あるいは管理組合のメンバーが建物管理について知識不足であったために生じたものである」と強く主張している[39]。このような分析に基づくと、所有者は文句を言うのをやめて、施工業者の作業が誠実なものかどうかを見抜けるようにしろ、ということになる。2006年にも、ICACは相変わらず同じ表現で、民間建築物における腐敗の重要性を過小評価していた[40]。

同時に政府は一貫して、建築物の管理に関する進んだ規制体系がぜひとも必要だという提言を無視し続けてきた。立法会は2006年に、不動産管理業に免許制度を導入するよう勧告したが、実現には至らなかった。その後、立法会のあるベテラン議員は、「免許制度が存在しない状況においては、ビジネス行為の倫理性を保証する有効な手段はない」とコメントした[41]。悪質な管理や不正行為を防止するための法的なハードルが低過ぎて、抑止力がなかった。その結果、2009年に始まった「楼宇〔建物〕更新大行動」【第3章参照】という雇用促進のための緊急プログラムが少なからず腐敗を助長したと、少なくとも市民がそのように感じたのは、不思議なことでも何でもなかった。当時の財政司司長は、香港が景気の後退に直面していると懸念し、急いで1万人の雇用を創り出す手段を探していた。司長は、建物の劣化が最も激しい集合住宅1000棟を対象に、緊急の補修工事を施すための費用として、一定の期間内に現金給付を行うことにした[42]。この計画は「時限的な措置」として位置付けられていたので、政府は、その施行にあたり、信頼性の維持のため抜け道を塞ぐのに時間や精力を費やすつもりはなかった。いずれにせよ、この計画の孕む難題が政府自身を圧倒したようだった。

これほどまでに大量かつ劣化が進んだ多層建築物の補修・改築に当たるチームを組織するには、財政的、行政的、社会的課題が非常に複雑に関わってくる。政府が建物の保守基準を拙速に引き上げたため、ビルの管理者にとって事実上、汚職と不正入札を行う機会が新たに発生した。このような指摘は「楼宇更新大行動」のスタート直後から広く見られるようになった。それから1年も経たないうちに、その後住宅担当局長となった行政会議のメンバーが、民間住宅市場における詐欺行為と公金の不正流用および汚職について、公の場で遺憾の意を表明するに至った。この結果、個々の住宅所有者は管理や保守の改善に向けた政府の計画を一切信用しなくなった[43]。財政面の監督は、さらに困難を極めた。なぜならこの緊急計画の規模は、築30年以上のビル3100棟を対象に含めることにしたために、当初の案の3倍に達し、ビルの修繕費用への補助として35億香港ドルの現金が給付された。事実として明らかになったのは、以上の目標が達成困難であるということだった。2015年の「楼宇更新大行動」の報告書は、この計画の恩恵を得たビルはわずか600棟にすぎないと総括している[44]。

腐敗が蔓延していると広く信じられるようになったが、政府はその蔓延を抑える行動をほとんど取らなかった。詐欺や汚職の疑惑に対抗するために、政府は自己満足に満ちた善意を示す一連の言動を公式文書に記して、2015年に発表した[45]。しかし同じ年、ICACの特別記念刊行物は、政府の補助金が大量の建築改修工事を生み出したために、「楼宇更新大行動」の期間中に腐敗が横行したことを公に認めている。この施策によって生まれた多額の利益は、「ビルの管理組合の役員、悪徳建築コンサルタントと土建業者、その他の専門家が内通して、賄賂を支払うための費用を確保するため、改築や建設工事の価格水増しを助長した」と、ICACの刊行物は明らかにしている[46]。

とはいえ、民間ビルにおける違法行為は極めて限定的であり問題とするほどではない、という局長たちの主張に変わりはなかった。新しい発展局局長が就任しても、「楼宇更新大行動」の監督責任を負った官僚たちは、この計画の管理不全について多方面から押し寄せる苦情にうまく対応できず悪戦苦闘していた。市民たちは依然として、このビル改修計画とそれに付随する強制的な修繕計画のために、ビルのオーナーが悪徳管理業者や土建業者の格好の標的になったと信じ込んでいた[47]。官僚たちは苦情に対する回答の中で、オーナーが腐敗行為から自分の身を守るための対策はすでに長年にわたり導入されている、と主張した。しかしメディアが指摘するように、これらの対策の対象になるのは、ひどく劣化した物件に限定されており、築30年超で市場価格の低いものだけだった[48]。

ついに2015年、ある改装下請け業者が翠湖《すいこ》花園団地Garden Vista Estateにおける入札談合で投獄された。この業者は管理組合の理事長と不動産管理会社の役員2名と談合した疑いがあった。法廷では、このほかに3名の共謀者が存在することが明らかになった。建築士とエンジニアとコンサルタントが各1名であったが、これら3名は何の罪にも問われなかった。申し立てによれば、翠湖花園団地に住居を所有する840名のオーナーに2億6000万香港ドルの工事代を請求し、その17%を自分たちが掠め取るという計画であった。数名のオーナーは、工事代の請求額が法外に割高であると考えて、支払いを拒絶した。ここから詐欺事件が発覚することになった。続いて刑事事件の捜査が始まると、下請け業者はすぐに罪を認めた[49]。

この不祥事の追及が進む間、政府は増大する管理や保守の監視業務への関与を必死になって避けようとしていた。発展局局長は立法会で何度も、建物の保守は政府の役目ではない、と繰り返した。政府による「入札談合から物件のオーナーを守るための、法の制定と執行を含む多部門の取り組み」を調整する独立機関を設置する件について、局長は拒否を貫いた。その結果、住宅問題に関わる六つの重要な機構――ICAC、警察、民政事務総署、屋宇署、URA、香港房屋協会Hong Kong Housing Society——は、それぞれが独自の判断で協力するしかなかった。さらに発展局局長は、もし政府が実際に介入した場合、その代償はマンション・アパートの所有者たちが払わなくてはならない、という全く根拠のない話を流して、彼らを不安に陥れた。局長の話によれば、独立した監督機関には「管理コスト」が発生するので、ゆくゆくは「建物の所有者たちに費用を転嫁する可能性が高く、その結果として保守作業のコストが上昇する」というのである[50]。

それから1週間後、局長は立法会で手強い相手と対峙することになった。最も政府寄りの議員ですら、堪忍袋の緒を切らしていた。親政府政党の民主建港協進連盟（民建連）Democratic Alliance for the Betterment and Progress of Hong Kongのある議員は、政府が法改正と行政改革の実行を渋ったことで汚職や違法行為をいかに助長したかを、次のように並べ立てた。

- 政府は、「純然たる入札談合」は競争条例が発効して初めて違法となる、という見解を長年にわたって主張してきた。この条例が発効したのは、2015年の年末になってからであった。これに加えて「賄賂、詐欺または刑事上の要素」が関わる場合しか罪に問われないとしている。
- 「建築物管理条例」は抜け穴だらけである。とりわけ建築物の管理者は「所有者に対して修繕工事の内容について説明する」義務がない、としている。
- 建築物の所有権が複数にわたることや、「大規模な修繕工事には専門知識が必要」であることから、普通の区分所有者がこれらの管理技術を身につけるのは能力的に無理がある。
- 民間物件の所有者の自己責任という口実をつけて、政府は建物管理の問題を解決するための有効な支援の実行を避けた。
- 政府が与えるべき支援を実施したときも、その中身は大いに不十分であった。特に民政事務総署の苦境は深刻だった。民政事務総署は、経済面で困難な状況にある管理組合と直接コンタクトをとる窓口であったが、署内の人手不足のために連絡担当者が作業量をこなすことは不可能であった。そこで「地域のまとめ役community organizersが、まるで経験のない作業をパートタイムで」代行させられることになった。
- 複雑な行政手続きと政府部門間の職務重複のせいで、住宅問題の解決に向

> けた協力と調整に支障が生じていた。大規模な補修工事が行われるごとに、少なくとも12以上の部門や機関が関係する。このような恐るべき縦割り行政は、小さなビルや老朽化した建物の所有者たちにとって深刻な障害となった。なぜなら、こうした物件では、修復や定期的な保守の計画は、オーナーの代表らの自助努力に依存していたからである[51]。

この問題について立法会で討議が行われた際、出席していた２名の局長は上記の告発に対し異議を唱えなかった。それどころか発展局局長は、これらの苦情が正当であるとしぶしぶ認めざるを得ないところまで追い込まれた。以前は苦情を無視してきた局長だったが、今回はようやく「少数の物件所有者が管理組合と管理会社と保守工事のコンサル業者と結託し、建物の保守に関する決定に関与し利益を得ようとした、などという問題が起きた可能性はある。なかには汚職や三合会 triad【香港を拠点とし、複数の組織からなる犯罪集団】が関与したケースもある」と認めた。まるで、こうした状況は公益にとって些細な脅威にすぎない、と言わんばかりだった。さらに「一部の所有者は建物の保守工事を調整するための知識も経験も警戒心も持ち合わせていない。そのため一部の厄介者がそのような状況を利用して、保守業務から違法な利益を手に入れようとする」と、彼は見下すような言い方で話を続けた。完全に見過ごされていたことは、今世紀に入ってからICACが、この類の違法行為に関する市民からの通報に対応を拒んできたという事実である。いつもの通り、政府が行動をとらなかったことは責められるべきではないのだ。「民間の建物に関する保守と補修は、物件の所有者の責任である」と局長は強調した[52]。

彼の同僚である民政事務局局長Home Affairs Ministerは、もっと率直だった。「建物の保守工事は多くの専門分野にまたがるので、一般の小規模物件の所有者はこれらに関連する知識を必ずしも備えていない。その結果、法律違反を犯す者たちに付け入る隙を与えてしまう」と彼は認めた[53]。民政事務総署は、政府と不動産の所有者たちをつなぐ輪であった。老朽化した建物の所有者たちの中には、資金が不十分なため、自力で建物の劣化に対応できない者もいたが、民政事務総署はこのような所有者たちに向けた支援に決定的な役割を担っていた。また建物の所有者を代表する管理組合に対し、この役所の職員は倫理と効率の両面で主要な監視役になっていた。建物管理に関わる業務を行う連絡主任

Liaison Officerは約120名おり、管理組織のない建物について毎年7000回の視察を行っていた。また何らかの形で住民の代表を有する各種の建物については、年間４万回の訪問を実施していた[54]。これらの統計数字を踏まえれば、連絡官の仕事量は押し潰されそうなほどのものだった。

URAという組織もまた、香港の最悪の住環境を改善、改造し、刷新するために政府が用いる主要な手段であった。仕事の予定が増えるのに対して、新規に加わった作業に見合うだけの人員の増強はなかった。政府は単純に、URAが人員の再配置を行って、実際には不可能な成果を挙げることを期待していたのである。政府がURAに提示した計画に含まれていたのは、3100件ではなく「１万9000件の建物の修復であり……これは築30年以上の民間住宅建築の約90％に相当した」[55]。このように人員が限られた状況では、URAが実施する現金給付や相談サービスを違法な目的で濫用されないように保証するのは極めて困難であった。もっとも政府は「競争条例」が2015年末に発効すれば、批判を抑え込めると信じていたようだった。なぜなら競争条例の施行によって、民間住宅を管理監督する責任は競争事務委員会Competition Commissionの手に委ねられるからである[56]。しかしこの新たな法律では、不動産業界で大手を振ってまかりとおる腐敗行為に終止符を打つことはできなさそうだった。区分所有者が数百人あるいは数千人にも及ぶ住宅団地で犯罪捜査に取り組むのにもかかわらず、競争事務委員会の予算や人員はICACよりも乏しかった。

今に至るまで、建物管理の腐敗に対する市民の訴えは毎年ICACが民間部門から受ける苦情全体の40％を占めており、これ以上無視できるものではない。ICACの執行部門は、すでにこれらの建物の保守・修繕にまつわる不祥事を優先して扱うべき問題と捉えており、合計で100万香港ドルの賄賂に対する起訴を行っている[57]。

最後の手段として、ICACが住宅の維持・修繕に関する不祥事を扱うようになった。市場の力に任せることが香港にとって最善の策、と行政長官が強く信じていた結果という単純な話ではない。あるいは、法律や政府は民間資産の管理に介入すべきではないとする純粋な信念の結果でもない。住宅以外のあらゆる生活領域では、市民を守るための法律がきちんと機能しているからだ。株式から医薬品まで、香港の市場は全て厳格な監督の下に置かれている。本当の理由は恐らく、ICACの人材と年間予算では民間住宅にまで業務を広げることができなかった、ということだろう。

ICACの不干渉主義的なやり方は、民間住宅を荒廃させ、ますます不健全で危険な場所に変えた要因の一つである。住宅在庫は、劣化し続けた。平均的な家族の住居のレベルは下がり、その市場価値も下落した。これは民間住宅の運用としてはあってはならない事態だったが、法律や規制の無視と腐敗がもたらす必然的な結果でもあった。1974年【ICACが設立された年】に腐敗から脱した香港人が、今になって住宅で再び腐敗に耐えなければならないというのは、尋常なことではない。

## 小結

本章では、近年の香港の、これまでとは異なる警戒すべき特徴に注目した。緊縮財政の代償は、単に不快だったり不便であるだけにとどまらず、市民の安全にまで及んだ。今世紀に入り、政府の至るところで取り組むべき課題が増大し、仕事の量は情け容赦なく膨らんだ。政府の各部門や機関は、なんとか対処法を見出すしか道がなかった。その方法とは、自由に使える限られた人員と設備に合わせて、任務に「優先順位をつける」ことであった。高級官僚は、法律や規制のどれを施行すべきか判断する際に、市民からの苦情のうちどれが無視できないものかを決めなくてはならなかった。それ以外のものは棚上げせざるを得なかったのである。

これらの官僚たちは、何が起きているのかを隠そうとはしなかった。もちろん、彼らはたいてい失敗の責任から逃れようとした。しかし同時に必要な情報を提供することで、立法機関や一般市民に警告を発していた。すなわち市民の安全を脅かす問題を解決するには、各部門において予算と人員に制約があり、それらが不足している、ということを伝えていたのだ。

保健と住宅、海上交通の三つの行政分野に現れた危険な状態や、ICACの苦渋の不干渉主義は、元を辿れば歴代の行政長官が採った緊縮財政政策に行き着く。また政務司司長と財政司司長および個別の各担当閣僚らが、この政策を忠実に実行したことも要因となった。こうした政策決定は、ほぼ全ての政府領域において公共支出の削減という強力な目的を掲げていた。その根拠となったのは、民間部門と異なり公共サービスには相当な余力があるに違いない、また実績連動型の報酬制度がないためにモチベーションが不足し生産性が損なわれているはずだ、という理屈だった。このようなドグマは間違いであることが証明されたが、香港社会はそのために大きな代価を支払ったのである。

第**8**章

# 中国本土をめぐる失政

香港返還15周年の式典（2012年）。右に一人で立っているのは胡錦濤国家主席。演台の奥に立っているのは梁振英行政長官。宣誓しているのは林鄭月娥政務司司長以下の高官（肩書はいずれも当時、香港ポスト提供）

中華人民共和国が建国されたときから、香港がその特別な地位を維持し続けてこられたのは、香港が中国の国際金融センターとして他に比肩するものはない成功を収めてきたことで担保されていたからである。1949年以来、国際的な銀行システムと外国為替サービスを提供し、投資資金を吸引し、また中国本土の資金を世界の通貨、金融市場に円滑かつ安全にアクセスさせることができる香港のような都市は、中国本土には存在しなかった。この役割は1950年代初めに公式に認められ、鄧小平《とうしょうへい》が1978年に始めた中国本土の改革開放の各段階で強化されてきた。今世紀の３人の首相全てが、香港とその金融サービスが中国経済に果たした独自の貢献を公に認めた[1]。2017年に習近平《しゅうきんぺい》国家主席は感動的な言葉で香港への感謝を表明した。

> **中国の改革開放、近代化政策に対する香港の人々の参加と大きな貢献に特に謝意を表したい。中央政府と中国本土の人々は香港の人々がしてくれたことを決して忘れない[2]。**

香港のこの決定的とも言える役割は、香港が中国本土の経済から注意深く分離された“オフショア”だったことに起因する。その結果、中国が近代化を進めていくにあたり、他の新興国経済にはほとんど存在しないメリットを持ち得た。香港を通して、市場ルールや法律・会計サービスだけでなく、世界標準の通信・物流施設など、自ら整備するよりはるかに先進的なインフラへの完全なアクセスを中国本土は享受できたのである。

ところが、この経済的な先進性に関する香港と中国本土との格差は、香港の歴代行政長官、その政権スタッフたち、そしてビジネスリーダーたちにほとんど認識されなかった。むしろ1990年代から、香港は上海にいずれ凌駕される、喪われつつある資産であると予測され、広く認識されていた。それ以来、この破滅的な予想は決して忘却されることはなかった。経済の悪化から逃れる唯一の方策は中国本土との統合以外にない、と香港の支配エリートは主張した。３人の中国首相が香港の既存のビジネスモデルを認め、中国本土と統合しようとした際に直面するであろう深刻な障害について警告したにもかかわらず、香港の最初の３人の行政長官ともその政策を推し進めた。

第四代の行政長官である林鄭月《りんていげつ》娥《が》は、香港が中国本土で直面したいくつもの大きな困難を彼女自身が知りながらも[3]、2017年に就任すると直ちに、中国市場と中国本土との統合に関する同様の、十分批判的に検討されていない楽観的な考えを表明した。しかし、その数週間前、林鄭は李《り》克強《こっきょう》首相から、「中国本土と香港との相互補完的、互恵的な関係の促進」とともに、香港の国際金融、貿易、物流のセンターとしての地位を保持することの重要性を明確に念押しされていた。統合はその議題の一部ではなかった[4]。

林鄭の最大の弱点は、中国本土ビジネスを行う際に香港企業が直面する「政治的」リスクを理解できていないことだった。中央政府の計画部門は、経済に対して広範な支配力を及ぼしており、地方政府ですら、どの事業分野を繁栄させるべきか、どの分野を終わらせるべきか決めることができた。香港の企業家と投資家はこのような、自らの生き残りに対する脅威に、長い間直接さらされてきた。香港企業は1978年の鄧小平の中国近代化の要請に迅速に応え、香港の製造業を丸ごと広東省に移転した。その結果、広東省は1980年代と90年代を通じて中国の主要な輸出基地となり、香港が資金を提供した工場・企業では2007年までに1000万人が雇用された[5]。しかし、中国本土の政策は変更され、広東省は、ローテクで労働集約的な消費財の輸出に依存する成長は不要であると決定し、製造業を儲からなくする政策が打ち出された。2010年までに香港が資金提供した工場・企業が雇用する労働者の数は半減した。香港の起業家や投資家が受けた損失については本章の後半に論述する。もっとも、これほどの規模の後退に打ち勝つ香港の実力、中国本土のための国際金融サービスとビジネスの中心としての役割を拡大し続ける能力は、香港が持つ強靭な柔軟性と生き残りの文化の確固たる証明と言える。

本章では、この経済的現実と香港政府の政策の相克を追究し、関係する政策立案者の動機を説明することを試みる。

## “二つのシステム”の間のギャップ

中国経済は1978年以来、目覚ましい成長を遂げた。しかし40年以上が経った今日、国際基準に照らし合わせれば、そのビジネス環境は極めて後進的であり続けている。李克強首相が行った長大かつ詳細な自己評価において、中国経済の根深い弱点に対する強い不満が表明されている。李首相は、「世界銀行の報告書『2015年のビジネス環境の現状』によれば、ビジネスのしやすさの点で中国は189ヶ国・地域中90番目である」と指摘している。李首相はこの危ぶむべき状況の原因は、政府官吏の総体的な非効率性、政府のあらゆるレベルにおける見当違いの行為、政府官吏の不真面目さ、私的利益の追求などにあるとした[6]。

表8.1が示す通り、香港はいくつかのカテゴリーで米国を凌駕しているのに対し、中国は香港に大きく劣後している。

**表8.1**
**ビジネスの効率性；2015年の世界銀行ランキング**（189ヶ国・地域中の順位）

| | 中国 | 香港 | 米国 |
|---|---|---|---|
| 全体的なビジネスのしやすさ | 90 | 3 | 7 |
| ビジネスの開始 | 128 | 8 | 49 |
| 信用の提供 | 71 | 23 | 2 |
| 契約の履行 | 35 | 6 | 21 |
| 小口投資家の保護 | 132 | 2 | 35 |

資料：World Bank, *Doing Business 2015 Going Beyond Efficiency* (Washington, DC: International Bank for Reconstruction and Development, 2014), 178, 191, 227.

中国は翌年、84位まで順位を上げたが、香港との差はなお大きかった。中国のビジネス環境の近代化は大きな挑戦であり続けた。李首相は2017年、官僚主義と重複するさまざまな規制の改革について国家規模のキャンペーンを懸命に展開した[7]。簡単に言えば、特別に高い利益を得る機会の減少と国家による全面的な支援がもはや望めない中で、平均的な香港企業にとって中国本土のビジネス環境は受け入れ難いものであった。実際、香港の投資家や起業家にとっての障害は、今世紀に入りむしろ著しく深刻化していた。

魅力に欠ける、中国本土のビジネス環境についての李首相の率直な分析を香港政府は無視したが、その分析は、中国本土の「自由貿易区」や、研究開発拠点のための特別な優遇策のような革新的制度が、国際金融センターとしての香港に利するものとなる、と明らかにしていた。このような優遇策を活かし最も成功した地域は、香港に隣接する深圳だった。深圳は1978年、中央政府の一般的な管理の外にある中国の四つの経済特区の一つに指定された。同特区は大きな成功を収めてきた。同時に深圳は、李首相の重要な分析が真剣に受け取られるべきもう一つの事例を提起した。

中央政府は2012年、【深圳経済特区の】30周年の記念にあたり、「金融自由化を牽引」し、「香港と中国本土との協力を加速」する「前海実験区」【深圳前海深港現代サービス業合作区：2010年に国務院が発展計画を承認し，2011年に第12次5ヵ年計画に組み入れられた】という“贈り物”を深圳に贈った[8]。当初、前海で調達された資金が中国のどこで、どのように使われるかについて、相変わらず不確実なことが主な理由となって、ビジネス案件の数は期待したほど増えなかった。「2600社以上」が操業開始の初年度に設立されたが、香港系企業はその「6％以下」にすぎず、香港の投資家は前海の魅力に疑問符をつけた、と中国本土の公式メディアは報じた[9]。香港企業が効率的に事業を行いうる自由化の最低レベルを達成することすら難事業であることを中国当局は理解した。この残念な現実を、政務司司長であり、後に行政長官となる林鄭月娥が公に認めたが、その問題をどう克服するかという点については、香港の能力を超えるものだった[10]。

2016年までに、同計画は成功した、との宣言がなされた。確かにそうかもしれないが、繁栄する金融センターと呼ぶほどのものではなかった。それは“社会福祉サービス”の施設としては、最高度に成功したモデルだったのかもしれない。すなわち、香港は金融の専門知識と資金調達を提供し、前海では引退した香港人高齢者へのケアを提供する新規事業を始める。加えて、香港は「前海深圳―香港青年革新企業拠点」にも資金を提供した。ただ、それは先駆的な「ビジネススクール」的計画ではあったが、明らかに主流である金融事業ではなかった[11]。前海と香港は近接し、香港が持つ金融、法務の最高水準の専門サービスを容易に利用できた。しかし、前海が香港のような世界標準に到達するには相当の時間を要することが理解できた。まして中国全体としてみれば、その道のりは途方もなく長いものに見えた。香港が学んだことは明らかだった。すなわち、中国本土から見たオフショアとして、そしてグローバル経済と一体で運営され続けなければ繁栄できない、ということである。

## 国益優先

1997年に就任した董建華《とうけんか》は、香港市民は中国本土の問題について全く無知なため、母国について急いで学ぶ必要があると確信していた。中国本土には、「生活の場、ビジネスの場として、より繁栄した社会を築く、とてつもない機会が存在する」と董は述べた[12]。中国本土に後れをとる香港経済の姿は、香港が大きなチャレンジに直面していることを示すものだと主張した。董は2001年、香港は過去において中国本土に有益な役割を果たすことができたが、それはもはや長くは続かないと明言した。「中国市場が完全に開放」されれば、「過去、中国が国際的に開かれていなかったことから香港が享受してきた利点は失われる」と予想した[13]。

董は後に、中国本土の他の都市が香港を凌駕しつつあるとの現実に香港は向き合わなければならなかった、と述べた。「香港は長く中国本土と世界を結ぶ唯一の都市、または唯一の橋渡し役を担ってきた」。「21世紀を迎える今日、上海は一つの橋渡し役となり、北京、天津、深圳、広州などもそうなった」（ただし、それらのいずれも香港が世界で果たしている役割を担うにはまだ至っていない）。董は中国本土の発展がなぜ香港の破滅につながるかについて、詳細を説明しなかった。彼はただ、敬意をこめて「中国本土では中央政府が素晴らしい考えを持っている」と語ることによって、自らを納得させていた[14]。

董の処方箋は香港と中国本土との統合を早急に進めることだった。董は、彼が描いた香港経済の将来計画は妨害されてきた、と信じていた。「香港の主権の中国への返還直後から、後ろ向きの思考が香港市民の間で蔓延していた」と董は不満を表した。「中国本土との緊密な経済関係は香港の自治を弱体化させる」と懸念する人々から反対の声が上がった、と彼は述べている[15]。もっとも、現実には、経済政策担当者は董の戦略に完全に忠実だった。この政府高官は1998年、「香港の長期的発展は中国本土の発展と密接に結び付いており、反対に中国本土の発展も香港の発展の一部分となるだろう」と語った。「計画策定にあたり、もはや（香港特別行政区の）域内の必要性のみに注目してはならない」。「むしろ（中国本土の）隣接地区の発展を考慮に入れなければならない」[16]。そもそも中国本土との経済関係強化という考え方に反対することは、現実的に馬鹿げていた。香港企業はすでに、数百万人を雇用する一大産業基盤を広東省に築いていたからである。

董の中国指導部へのロビー活動は、中国本土との先駆的な自由貿易協定の締結という形で結実した。国務院商務部は2001年にその提案を正式に承認し[17]、2003年に中国本土・香港経済貿易緊密化協定（以下CEPA）【序章参照】が正式に発表された[18]。CEPAの目標は野心的だった。「物品貿易に関する関税と非関税障壁を順次撤廃し、サービス貿易の自由化を徐々に進め、香港と中国本土との間の貿易・投資の利便性を向上させる」[19]。銀行、証券、保険、展覧・会議、広告などの分野で良質なサービスを提供する香港企業は、中国本土市場への参入においてより大きな優遇を受けられるとの特別な取り決めもあった[20]。

しかし、CEPAが香港にもたらす利益について当初から疑問の声があった。国際通貨基金（IMF）はCEPAが始動して 1 年後に報告書を公表し、香港の経済成長に対するCEPAの恩恵はごくわずかとする以下のような見通しを明らかにした。

・CEPAの下でのゼロ関税政策は香港特別行政区のGDPを0.3%ポイント押し上げ、……そして雇用者総数を0.2%ポイント増加させる。
・香港特別行政区の全体的な貿易収支は0.4%ポイント改善する。
・「より効率的な資源配分」や「技術革新と生産性向上」のような質的改善が進むことで、数量化できないメリットを得ることができる。

しかしIMFは、中国本土との金融面の本格的な統合は、香港経済を「中国を震源地とする循環的、構造的衝撃に対して脆弱にする」と警告した[21]。

## 地方政府の利益が全て

さらにその後の困難の予兆となったのは、CEPAは大きな贈り物でもフリーランチでもない、という温《おん》家《か》宝《ほう》首相からの警告だった[22]。北京の中央政府がCEPAを公式に承認することは、地方政府が北京の施策を直ちに実行に移し、地方の市場を香港企業に開放することを意味しない、ということを香港の行政長官たちが学ぶのは、容易ではなかった。そもそも中国本土において政策遂行や立法化が10年、あるいはそれ以上遅れることは、その統治の慢性的な弱点とされ、中央指導部は1990年代からそれを是正すべく継続的に闘っていた[23]。中央の指導者たちは、地方における保護主義を打破し、全国的に統一された市場を整備しようと努力してきたにもかかわらず、その保護主義は中国経済の顕著な特徴であった。簡単に言えば、全国規模のオープンな市場がなかったので、CEPAによっても、董建華長官や彼の後任が期待したような市場へのアクセスはもたらされなかった。

さかのぼれば1992年、江沢民《こうたくみん》国家主席はこの問題を克服すべくキャンペーンを始めたが、何も達成できなかった[24]。1997年、江沢民は「市場を発展させるべく、障害を取り除き、地方封鎖と産業部門の独占を打ち壊す」との政策を加速させようとしたが、やはり実現できずに終わった。他の国家指導者たちも非常に強い言葉で、江沢民の指令に従わないものを非難した。国家工商行政管理局局長の王衆孚《おうしゅうふ》は2000年、「中国国内市場の癌」は、地方政府が「行政的な独占、強制的な取引、そして市場封鎖」を行っていることだ、と述べた[25]。江沢民は、退任が目前に迫った2002年においても、なお全国の地方政府の頑固な保護主義と闘っていた[26]。

その前年、朱鎔基《しゅようき》首相は次の5ヵ年計画に地方保護主義との闘いを盛り込んだ[27]。しかし、その後の10年間、状況は何も変わらなかった。地方高官は、中国共産党や国家指導者からの非難を何ら恐れない、手に負えぬ存在だった。中央の権威への反抗は毎年、公に非難はされたものの、以下の通り、是正されることはほとんどなかった。

・2000年：地方の保護主義は全てにわたると形容された。「封鎖・保護されるのは、自動車、建設資材、肥料、即席麺、ビールなど、ほとんどありとあらゆる物資である。それについて多くの人々は『諸侯経済』と呼んでいる。それは中国史においてよく見られてきた、（地方の）武将や王子が自身の政権を樹立すれば自らの命令で全てを支配できるということである」と中国共産党の日刊紙は嘆いた[28]。
・2001年：地方高官は実質的に無限の権力を有している、と中国共産党の幹部は認めた。地方政府とのコネによって、企業は偽造された名義false pretenceの下で銀行融資や入金を受けたり、出稼ぎ労働者への賃金支払いを拒否したりすることができる。その犠牲者たちは、地方政府の意向に逆らえない行政機関から何ら救済を受けることができない。政策と規則は恣意的に変わり、一貫性がなく、社区【中国本土の居住区を指し、末端行政区画に相当】によってすら異なる。まさに「一つの規則の下で合法的な活動が、別の場所では非合法だ」といった具合である[29]。
・2004年：商務部は、市場の効率を悪化させ、不公正取引を助長する、と地方の保護主義を批判し、それに対する攻撃を関連部門と協調して行った。地方幹部の権力乱用とは、「汚職と、権力とカネの取引が容易に生み出されていること」を意味した[30]。

・2006年：地方政府高官が最高水準の成長率を維持しようとする一方で、新たな権力乱用が明るみに出た。例えば、企業を誘致したり引き留めたりする試みにおいて、地方政府の高官は生産コストを引き下げる方途を探った。すなわち、不都合な法令を都合よく無視し、環境基準を緩和したり労働者の賃金を意図的に低く据え置くことを黙認したのである[31]。
・2008年：公的支出を増やすことで2007～09年のグローバル金融危機に対応せよと地方政府を奨励すると、地方の反抗は一段と強まった。地方政府は国家の緊急経済支援策に70%の責任を担わされたので、合法・非合法を問わず、あらゆる手段で資金を調達することを迫られた。地方政府をこれを口実に、地方の利益を最優先とした。こうして生まれた地方保護主義の新たなうねりは、効率的な生産や市場改革を妨げた、と政府研究機関の経済学者は後に指摘した[32]。
・2013年：分断され歪んだ市場は、経済の幅広い領域で操業コストを押し上げたり、過剰能力を生み出すことで、中国の巨大市場が持つ規模の経済性を弱めている――権威あるシンクタンクである国務院発展研究センターの研究者の一人はこう警告した[33]。

この時点で、国家主席の習近平が改革を推進すべく個人的に介入したが、その進捗は遅々としたものだった。中国共産党は12の部委（省庁）級の機関が関係する「地方間の経済障壁の除去のための作業計画」を発表した。しかし、実際には「資本、労働、財の統　された自由市場」実現の実効性について強い疑念があった[34]。任務を遂行するには、より強力かつ専門的な機関が必要だ、と有力な開発論の専門家は指摘した。必要な解決策は、「職責を調整し、地域統合に責任を持つ、地方政府より上位の国の機関の創設」だった[35]。しかし、そのような“大君主”は創設されず、2015年に断片的な解決策が、市場改革の利点を演出する九つの“試験的都市”とともに提起されるにとどまった[36]。

## 意向の表明

中国本土ではほとんど全ての政策発表は、直ちに実行されるべき政令というより、意向の表明である——香港の統治者たちはそのような現実を容易に理解することができず、理解するまでに極めて長い時間を要した。2003年のCEPAの始動以後、董建華政権の工商及科技局局長であった唐英年《とうえいねん》Henry Tang Ying-yenは、「ゼロ関税」措置が翌年から選択的に実施され、2年以内に全面化されるだろうとの見通しを誇らしげに示していた。サービス部門についても、香港が大きな競争力を持つ領域を含め同様の全面的で急速な市場アクセスが急速に実現すると述べた。しかし、その後10年を経ても、CEPAで約束されたことの実現は不完全のままであり続けている[37]。

最終的には現実が明らかになった。董建華はCEPAの実施について相当の遅延が生じており、それが有意義な利益をもたらすまでには中国本土当局者とのさらなる交渉が必要になることを認めた。CEPAの約束の全てが実行に移されるには、より長い時間が必要だった。董は、香港の未来は「中国の計り知れない潜在性にかかっており、(中略)、本土の市場を開放する一連の計画に関する中央政府との対話と協働にかかっている」と主張した[38]。

董の後任の曾蔭権《そいんけん》も、中国本土との付き合い方については董のやり方をほぼ踏襲した。曾はまず、香港が中国の問題に関して無知であると訴えることから始めた。2005年に彼は，1997年以前は中国本土との直接的なコミュニケーションの欠如によって、香港の潜在力は十分に発揮できなかったと論じ、「CEPAや汎珠江デルタ協力Pan-Pearl River Delta co-operation、広東省とのより緊密な連携などの政策の採用」に見られる「関係拡大には数年を要した」と付け加えた[39]。しかし、中国当局との直接的な連絡が欠如していた、という曾の主張は不正確である。なぜなら、それは彼自身がそうでなかったことを知っていたからである。曾も出席した1998年の立法会で、曾の同僚だったある高級公務員が、このことを誤った考えだとして強く非難した。

**主権返還前、香港と中国本土は別々に動いていたために両者の間にコミュニケーション不足があった、と多くの人々は考えているが、これは誤りである。両者間にはさまざまな領域で連絡ルートがあり、緊密な接触があったという**

のが事実である。これら比較的長い歴史を持つチャンネルの設置は、1982年に遡ることができる。広東・香港越境連絡制度がその年に確立された。これは種々の実際的な問題をめぐる広東と香港の協力を促進するために、発展・継承された[40]。

曾が1997年以前の状況を否定的に語るのは、たとえ相手が地位の低い人物だったとしても、中国当局者を公に批判することに対し神経質だったからである。過去を非難することは、中国との関係をめぐる現在の問題の深刻な議論を避けることになり、有益だった。新たなCEPAの自由化手段が毎年話し合われ、合意され、正式発表されることも同様である。もしそれらが完全に履行されたならば、香港は中国の近代化を助けられただけでなく、香港自身が中国本土で大きな利益を得ることができたに違いなかった[41]。しかし、中国本土では、新たな国家政策の発表とその完全な履行との間には少なくとも10年の遅れが生じるのが普通だった。平均的な香港企業にとってそんな状況は容認できるものではなかった。中国市場に関して、一部の巨大企業だけが、そのような長期的視野を持つことができた。

深刻な遅れの主要な犠牲者は金融を含むサービス部門だった。

- 2003年：CEPAの受益者は銀行、証券、保険などを含むと公式メディアは報じた[42]。
- 2009年：CEPAによる、香港の銀行の中国本土へのアクセスが繰り返し約束された[43]。
- 2011年：2015年がCEPAに盛り込まれた「サービス貿易の完全自由化」の最終年である旨が、李克強副首相によって明らかにされた[44]。
- 2012年：梁振英《りょうしんえい》行政長官は、CEPAの実施で「諸手続きの明確化」と「より良い協力」を求めて、地方政府にロビー活動を行うことぐらいしか約束できない、と述べた[45]。
- 2013年：広東省で出張所の開設が許可された香港の銀行は5行のみだった[46]。
- 2014年：中国本土の高官たちはCEPAの導入にあたり、“禁止と規制”が存続していることを認めた[47]。
- 2015年：国務院商務部副部長の王受文《おうじゅぶん》は、“CEPAの枠組みの下での中国

> 本土と香港との間のサービス貿易の自由化を基本的に達成することに関する新たな合意”に署名した[48]。

## 中国本土への憤懣

地方政府がCEPAの諸規定の実施を躊躇していたことは、香港企業にとって長年にわたり根底にある問題だった。2014年、立法会のある財界代表議員は、10年に及ぶ憤懣を語った。その議員は――「大きなドアは開かれているが、小さなドアは閉じられたままである。つまり、香港企業はビジネスを行うため、またその機会を求めて建前上は中国本土に行くことはできる。しかし、現実には、そのような活動を行うことはできないのだ」と障害になっているものを要約している[49]。

香港特別行政区政府は、CEPAの運用がどれほど不満の残るものか、中国本土の官吏の妨害工作がいかに広範なものか、などについて証拠を明らかにすることは、どんな状況であっても避けようとした。しかし2009年、広東省における香港企業への差別は耐え難いものとなった。香港の商務及経済発展局局長は、中国本土の官吏が繰り広げる妨害工作によってCEPAの自由化への取り組みが進んでいない、と公然と不満を表した。

> (中国本土は) 規定や諸規則、およびそれらの細目の策定を遅らせる、地方官吏による新しい政策手段に関する十分な知識がない、専門サービスを統括する制度や管理体制に違いがある、申請手続きが煩雑で時間浪費的である、等々[50]。

しかし、総じて見ると、香港の憤懣が公に議論されることはなかった。例えば、2011年、名声高い戦略発展委員会Commission on Strategic Developmentは、中国本土での処遇に関する香港企業の不満の一覧を脚注に押し込めたが、その脚注では中国本土における不当行為の具体的な事例は削除されていた。同委員会は、一般論および十分とは言えないデータを持ち出して、香港企業がCEPAから得られた恩恵がごくわずかであることを隠蔽しようとした。恣意的に選んだ事例報告は、専門職が関わる分野において特に明らかだった。それについても、実現した進捗に関する記述は漠としたものにすぎなかった。

・「何人か*some*の香港のサービス提供者および香港人医師が、CEPAの下で医療機関を設立することを認められた」
・「かなりの数*a number of*の香港の法律事務所は、中国本土のパートナーと共同で合弁会社を設立した」【some や a number of を使うことで、具体的な成果の記述を回避している】
・「建設および建設関連のエンジニアリングサービスに従事する1000人以上の香港の専門家が、中国本土の専門家資格を取得した（有資格者が中国本土で実際に業務を行うことが認められたかどうかは公開されていない）」[51]。

このときまでに、国家指導者自身も、香港企業による中国事業への参入に際しての障壁撤廃が遅々として進まないことに業を煮やしていた。まだ副首相だった李克強は——最も複雑な産業部門である——サービスの完全自由化の達成時期は、CEPAで約束された通り、2015年であると確認した。2012年、香港の第三代行政長官就任に際して、梁振英がCEPAは残念な結果に終わっていると公に発言したのは賢明だったように見える。「CEPAの全面的な恩恵を感じることができないという、大きく明確な声を財界から聞いている」と梁は語った。梁はその原因として、中国本土の官僚主義と保護主義を挙げ、CEPAの改革に向けた真剣な努力を約束した。「我々には明確な手続きが必要である。我々には地方レベルでのより良き協力体制が必要である」と梁は述べた[52]。

しかし、1年が経っても、梁は前任者に比べよりフェアな取引を広東省から得ることはできていなかった。梁は“閣僚級連合会議”の設置を通じて、広東省との交渉に中央政府を引き入れたと自負した。しかし実際には、この組織は彼の中国本土への影響力を強めることには、ほとんど役立たなかったように見える。同組織の議題は、香港の特別なパートナーとして指定された広東省の三つの地域の問題についてより良く協調し、解決することだった[53]。香港政府の声明文は“この新たなプラットフォームを通じて、財界の考えが関連する中国本土の政府部門に効果的に伝達されることが期待される”と伝えた。しかし、同会議の諸規定は明確だが、適用される範囲が狭かった。すなわち上述の通り、その議論は三つの指定地域に限られたものであり、広東省全体ではなかった[54]。

前任者がそうであったように、梁は、より高い政治的地位にある本土の高官と交渉しなければならないという罠にはまっていた。結果として香港は、たとえ国の最高レベルの経済部門（計画部門最高位の国家発展改革委員会を含む）が広東省との交渉に参加したとしても、ほとんど常に広東省幹部の言いなりだった。梁が行政長官に就任した際、彼が北京で国務院の部長【大臣に当たる】から受けたという“尊敬”と私的な礼節にもかかわらず、中国政府幹部との実務レベルでの話し合いで香港が発揮できる交渉力は限られたものだった[55]。CEPAは中国市場の自由化をもたらすと考えられたが、実際にはビジネスの発展に結びつくような自由化は行われなかったのである。

李克強はCEPAの完全実施の時期を2015年としたが、彼が首相に昇格した後も、何もなかったかのように2015年は過ぎていった。その年、確かにCEPAの実施に関して、公的な障壁は撤廃されたようにも見えたが、“障害はなお存在する”と中国本土の公式メディアは報じた[56]。2016年、真に開放的で競争的な中国全土の市場が実現するはずだというCEPAの見通しは、ついに見通しを取り繕える限界に達したようだった。商務部部長の高虎城《こうこじょう》はCEPAの完全実施を約束したが、それがいつになるかは明言しなかった。国内市場の開放問題はCEPAの実現における第一目標ではなくなった、と彼は明らかにした。むしろ目標は「海外投資とより広範な海外市場を開拓」し、天津、上海、福建、広東の中国本土の四つの自由貿易区に参入するため、香港と中国本土の企業の協力を促進することと見られた[57]。その発表は、香港企業が直接、本土の企業の競争相手になるような状況は容認しない、と地方政府が認めたもののように見えた。

香港企業の中国本土市場への参入自由化のペースは、中国の全体的な国際貿易をめぐる政治的駆け引きによって決まる、と考えるのが妥当だろう。北京の指導的な外国貿易専門家は、市場参入自由化を進展させたいのであれば、中国と米国、EUとの通商交渉に歩調を合わせるべきだと忠告した。また、CEPA実施の最終段階の管理・監督に関わる商務部高官は、「外国投資の（ある一定）分野に関する禁止や規制」は「完全自由化」の後も継続するだろうと明言した。加えて、「国家安全に関わるセンシティブな部門」についてはさらなる解決策が必要だろう、とも述べた[58]。

林鄭月娥の行政長官就任時の雰囲気は、前任者の梁振英のそれと比べると、かなり異なるものだった。梁と違い、林鄭は北京の中央政府との特別な関係を誇示するようなことはしなかった[59]。むしろ彼女は、学生時代にしばしば訪れた中国本土の有名大学での経験を原点とする愛国心を強調した[60]。中国本土に関する不平不満や批判は消え去った。この新しい行政長官は、香港の繁栄の主な要因として中国政府当局を挙げた。特筆すべきは、CEPAが約束した中国市場へのオープン・アクセスに関する果てしない遅延や困難を無視し、林鄭がCEPAに謝意を表したことである。彼女は失望を示すことなく、むしろCEPAは香港の経済発展の要であると宣言した。だが、それは相当に誇張されたものであったと言わざるを得ない。

林鄭は2017年、投資と技術協力に関するCEPAの二つの新しい合意に謝意を表明した[61]。しかし、その背後には、合意の実践は円滑でも迅速でもない、と強く思わせるものがあった。中央政府は通常の官僚主義的非効率性と地方保護主義から香港の投資家を守る努力をしているのだ、と特別に保証する必要があると感じていた[62]。CEPAの歴史を顧みれば、破棄されたり実施が遅れたりしている、似たような約束が至るところにあることに気付くが、第四代の行政長官はそれらについては不問に付した。そして、商務部に対しては、むしろ称賛し寛大な態度を取ることが有益である、と信じているようだった。前述した通り、董建華も当初はCEPAに対して同様の態度を取ったが、そうした楽観主義は、結果を見れば誤っていたと後に認めざるを得なかった[63]。

林鄭は結局、中国本土のビジネス環境に関して広範な不満があることを表明せざるを得なかった。しかし彼女は，極めて巧みにそれをやってのけた。林鄭は、中国では、新興のイノベーション都市や技術ハブにおいてすら歓迎されるものは限られているものだ、そして「(そこで) 働き暮らす香港市民」は生活のいくつかの側面において「なお障害に直面」している、とごく簡潔に中国側の非を責める程度にとどめたのである[64]。

## 国家計画

地方レベルでは日常的に不満を経験していたが、第二代行政長官の曾蔭権は、中国経済との統合促進のため中央の５ヵ年計画に香港を加えさせる、という意欲は失わなかった。この目論見は予期せぬ形で始まった。2006年３月、全国人民代表大会において、香港が５ヵ年計画に含まれるべきだ、と曾《そ》徳成《とくせい》Tsang Tak-sing【全人代の香港地区代表。その後、曾蔭権政権で民政事務局局長に抜擢された】が初めて提案した。香港政府により任用された曾徳成は決して高い役職レベルにあったわけではなかったが、広く尊敬を集めるベテランの全人代委員だった。

曾徳成の提起は「多くの計画策定者にとって驚きであった」と、中国政府の計画部門ナンバー2の徐麟《じょりん》は後に回顧した。「というのも、香港基本法と『一国二制度』に基づけば、香港の経済・社会発展計画は特別行政区政府によって策定されなければならないからである」。「まさにこの理由によって」、「これまで香港の発展が、5ヵ年計画の一章にすら割かれたことはなかった」と彼は続けた。しかし、その一章がついに実現することになるのである[65]。曾蔭権はこの動きを、香港が今後の5ヵ年計画により完全に組み込まれるべくロビー活動を展開してよい、との招待状と解釈した。実際、曾は懸命にキャンペーンを展開したに違いない。2011年から始動した第12次5ヵ年計画に香港(およびマカオ)に関する特別な一章が設けられたのである[66]。

このときも、温家宝首相は香港経済の特異性を改めて確認した。彼は2003年、CEPAは期待ほどには香港に利益をもたらさないかもしれないと警告したが、今回も中国の経済計画に香港を含めることに慎重な姿勢を示した。温首相は、この提案は基本法と「一国二制度」「香港人が香港を統治する〔港人治港〕」「高度な自治」という三つの原則に基づいたものである、と説明したが、香港が中国本土に統合されるとは考えていなかった。第12次5ヵ年計画は香港に押し付けるものではなく、「香港自身の発展計画に取って代わるものでもない」と温首相は言明した[67]。温は曾蔭権のロビー活動に対して明確に冷淡な態度を示したのである。しかし、曾蔭権は、「国家の5ヵ年計画を補完するという香港の努力は大きなブレイクスルーを果たした」、と北京の香港基本法擁護者に対する勝利を宣言した[68]。

いったいなぜ、第二代行政長官は香港の繁栄の処方箋として中国本土の国家計画への関与を、中国の首相以上の熱心さで推し進めたのだろうか。一つの重要な要因は、香港が経験した、本土の省政府およびそれ以下のレベルの地方政府に、より大きな敬意をもって香港特別行政区に接してもらうことの難しさであった。5ヵ年計画の中で香港が独立した章として扱われたことは、「中央政府が香港を非常に重視していることの証左だ」と曾蔭権は記者会見で述べた。彼は「香港が組み込まれた(5ヵ年計画の)文書は香港—中国本土の安定した協力の土台となる」ので、「香港と本土の当局が政策とその手段について交渉する、法に則った基盤となる」と将来的な見通しを語った。この言葉を選んだ言い回しは、それまで両者の間の議論がいかに困難なものであったかをよく物語っている[69]。

## 国家の独占

香港経済と香港人の幸福追求という全体的な文脈の中では究極的には些末なことだったにもかかわらず、曾蔭権には、香港が５ヵ年計画で取り扱われることで解決を試みた問題があった。中国本土との食料貿易は、1978年以前の計画経済期から鄧小平の改革期に至っても存続していた数少ない国家独占ビジネスの一つであった。この遺物は、大部分の食料を中国本土からの輸入に依存する香港にとっては重要な意味を持った。食料の価格と品質は香港の生活コストに直接的な影響を及ぼす。香港への主要な食料供給を管理する国務院商務部は、その管理業務の廃止をためらっていたが、香港の人々のふくらみ続ける苦情を抑え込むことはもはやできなくなった。

なかでも食肉の独占は、今世紀に入って大きな怒りを引き起こした。抗議運動が活発化し、曾蔭権は無視できなくなった。価格操作の嫌疑も重なり、取引業者たちは2007年、中国本土からの供給者をボイコットした[70]。曾蔭権は2008年、立法会において「市場の透明性不足」に起因した、悪弊に対する社会の懸念を深く理解すると述べた。商務部と話し合いが行われたが、曾によれば、豚肉の最低限の供給を保証するとともに、香港政府に対し日々の供給見込みについて事前に通知すること以上の約束を得ることはできなかった。このような形式的な妥協に対し、曾蔭権は「香港への支援に対する感謝を商務部に表明する」ことを余儀なくされたと感じた。この出来事は中央による計画が支配的だった時代のもう一つの遺産を示していた。つまり――市場原理ではなく――政府の担当部局の政策が全て、という事実である[71]。

商務部のスポークスマンは結局、もし中国本土の食糧と食肉が入手できなければ、香港は空腹を満たすことができないので、香港は現況に感謝すべきである、と示唆したように見えた。香港のような開放経済に「自給自足」を押し付けることの妥当性について、商務部は明らかに無知だった。さらに同部の責任は当該商品の価格や品質を保証することではなく、主要な食品の物理的供給を確保することに限定されている、と強調した。それは国家計画が全てを管理する、過去の厳格な食品配給時代の考え方だった。しかし商務部は一つの新しい譲歩案を示した。それは、香港への食肉輸出について、いくつかの独立の供給業者を承認するというものだった。しかし、価格、品質、競争的な市場のような長期的な課題は未解決のままだった[72]。

当初、香港と中央政府双方の高官が、香港の苦情に向き合ったことで、市民の怒りは落ち着いたように見えた。実際、所管官庁の新しい施策によって「市場原理がより明確に機能し、価格操作は難しくなる」ものと理解された[73]。しかし、中国の国家管理と香港の自由市場への期待の間に存在する矛盾は解消されず、香港市民の抗議は再び強まった。当時の食物局局長の周一嶽《しゅういちがく》Dr.York Chow Yat-ngokは2011年、立法会議員に対し、開放的で競争的な食料品市場を保持する政策を改めて約束した。しかし「香港は自由市場であり、その食料品は世界各地から輸入される」が、食肉供給は中国本土の国家機関によって完全に管理されているという事実を覆い隠すことはできなかった[74]。

同年、香港が中国本土の次の５ヵ年計画に含まれたことで、商務部がより協力的になると曾蔭権は信じていた。香港のこの「昇格」について中央政府に謝意を表した際、彼はわざわざ商務部の名前を挙げた。曾によれば、同部の高官は「インフレ圧力と闘う香港への食料の安定供給」について同意した[75]。しかし、価格安定に関するこの約束が守られることはなかった。香港政府の統計年鑑Annual Digest of Statisticsによれば、食品価格は2011年以降の２年間も、その前の２年間と同じ上昇幅を記録した。商務部が国家計画の遺産に忠実であり続けたので、独占が続いていたからである。香港政府の高官たちは中央政府に対する自らの交渉力と政治的立場が極めて限定的であることを隠そうとした。2013年、商務部に中国本土の食肉サプライヤーに対する規制を緩和するよう説得したが、またも失敗したことを公に認めざるを得なかった[76]。

香港立法会のある委員会が、中国本土との交渉において遭遇する障害を特定せよと政府に迫ったのは2014年のことだった。香港政府高官はこれに対し、中国本土の所得増加や生活水準の向上に伴う需要増加で急速な食肉不足が起こっていると当局者から通知されたと明らかにした。中国本土の食肉業界は中国の需要全体を満たすには数年かかる見通しであった。国家発展改革委員会は2013年から20年の期間を対象とする「牛肉と羊肉の生産に関する国家発展計画」を策定したが、そこには「政策的支援の改善と市場規制を通じて」「牛肉・羊肉生産の発展を促進する」と記されていた。それは香港が中国本土のサプライヤーと自由に接触することを一段と遅らせるものだった。一方、中国本土では深刻な食肉不足が起こっており、供給は中国本土が優先された。市場操作に関する香港側からの苦情に対し商務部ができることは、香港への「安定供給」を保証し「品質を維持」するよう国営の供給業者に対して要求することだけだった[77]。

第三代行政長官の梁振英が、この問題の解決において前任者より成功した、というわけではなかった。就任直後から梁は、ことさら国家指導者と政策決定者にいつでもコンタクトできることを自負し、中央政府と地方政府のあらゆるレベルにおいて「強力なG2G（政府対政府）関係」を有していると誇った[78]。しかし、梁政権の閣僚らは「生きた豚の供給に関する状況のモニタリングを継続し、中国本土の貿易関連当局と対話を維持する以上のことはできなかった」と告白せざるを得なかった[79]。

## 香港の計画、始まる

国家計画に盛り込まれたことで、香港は政府の指示に従う産業部門を選定しなければならなかった。香港において斬新だったその試みは、惨憺たる失敗に終わった。香港経済は中国本土のそれとは完全に異なる、ということが見落とされていたからである[80]。企業や投資家に対して、香港政府が決めたビジネスプランに従う、もしくはその優先順位に従うよう企業や投資家に指示する権限を、香港政府は持っていなかった。実際に基本法は、社会主義ではなく、資本主義と市場経済が香港を支配すると明確に規定している。形式的に香港では、国家５ヵ年計画において発展させる優先順位が高いとされる産業に対し、金銭的なインセンティブを補助金もしくは優遇税制の形で提供はできる。しかし低税率の香港では、そのように財政的な影響力を及ぼす余地は非常に限られていた。行政長官とその閣僚らは、中国本土でビジネスを展開する上で国家計画と整合的に進めることのメリットを指摘し、説得を試みた。他方、香港の財界は、数十年にわたる経験を通じて、地方政府から得られる利益はごくわずかなものであることを知っていた。

にもかかわらず、曾蔭権は中国の計画部門と直接的な協力を始めた。国務院国家発展改革委員会は2008年、今後10年間の広東省の珠江デルタの発展に関する青写真を発表した。この文書は香港で今後の成長が見込まれる産業を含んでいた。これに対し香港政府は2009年に６大産業を特定して対応した。６大産業とは「検査・認証、医療、イノベーション・科学技術、文化・クリエイティブ、環境保護、そして教育」である。驚くべきことにこれら六つの産業は、将来の繁栄の潜在的な牽引役として金融に取って代わるものと記述された[81]。香港の長期展望において、金融部門に対する信頼がこのように欠如していることは驚愕すべきだろう。温家宝首相は同年の早い時期に、香港は中国の国際金融センターとして「代替不能」な存在であることを強調していた[82]。さらに、基本法第109条は、「香港特別行政区政府は適切な経済・法律環境を提供し、もって香港の国際金融センターとしての地位を維持する」と求めているのである。

これら６つの産業を今後の急成長が見込まれる「優先的な」産業に指定するにあたって、政府による事前調査や統計的な裏付け、また他の何らかのエビデンスが全く示されなかったことは、ビジネスの観点からは憂慮すべき事柄であった[83]。２年後になってようやく完成した政府自身の試算によれば、その６大産業は合計してもGDPのわずか８％、全雇用の11％しか貢献しない[84]。これらの数値は主要な「成長」産業としての潜在性の真の姿を誇張していたばかりか、ビジネス的な魅力という点でも怪しいものだった。医療・教育および関連「産業」の大部分は、「ビジネスとして」供給されていたわけではなく、公的部門によって提供されていたからである。また、政府は病院管理局Hospital Authority、各種学校と大学の費用を賄い、高齢者養護施設と非営利の幼稚園に補助金を支給していた。

市民の反応は敵対的だった。香港の「計画策定者たち」は、2000年以来、政府支出が削減される中でも良質なサービスを適切に提供し続けられるよう努めてきた社会福祉部門にのしかかる重圧を、全く気に留めていなかった。高成長部門の主要項目と考えられていた医療サービスの「計画」は、時を経ずに綻び始めた。中国本土からの医療ツーリズムの拡大という狙いは、あまりにうまく行きすぎた。中国本土の妊婦が、香港の妊婦にしわ寄せが行く中、産科病棟に殺到したのである。さすがに政府は「計画」を取り下げ、中国本土の妊婦の香港入境を大幅に制限せざるを得なかった[85]。

香港を教育の国際ハブとする野心も同様の障害に遭遇した。というのも、既存の教育サービスの供給が、地元民の需要を満たしていなかったからである。私学の学費がすでに危機的と言えるほど高額である一方、前世紀以来、大学は学部生の年間受け入れ数を増やすことを許されなかった。また、自己負担による高等教育の質についても不満が深刻化していた（これらの問題については第6章で議論した）。多くの学生を“輸入”しようとする試みは、香港域内の学生に対してすら限界に達していた教育施設を使い回すことで初めて成功するものだったため、政治的には受け入れ難かった。

第三代行政長官の梁振英は、曾蔭権の、議論を呼んだ国家計画を早々にあきらめた[86]。しかし、計画そのものは完全には否定せず、それほど不人気でなかった部分を再構成し、改めて提示した[87]。長年にわたり香港の繁栄を導き、中国本土自体も依存してきた金融その他のサービスにはもはや依存できない、とする提言を放棄することには、梁は慎重だった。もちろん梁に選択肢はなかった。人民元を国際通貨にするという中国の試みは、非常に成功していた。香港は、グローバル化に求められる管理体制・市場制度および金融市場としての厚みも有していたからである。「中国本土の他の省や市は、香港ほどの役割を担うことはできず、また香港のように、世界と幅広い取引を行った経験も有していない」と梁は任期の初めに述べた。「それらは香港のユニークな特性で、中国全土に対して香港が持つ独特の強み、かつ優位性である」[88]。

中国本土の限界についての梁振英の見解は、前任者たちに比べてより現実的だったが、香港の今後の繁栄は、どのように中国経済と関係を深め、その一部となるかにかかっていると彼は確信していた。彼は香港が「国家5ヵ年計画の策定と遂行により関わることができる」よう、香港を管轄する北京中央政府の計画策定者に熱心に働きかけ、それは成功を収めた。しかし彼は、香港市民が結果として期待できる具体的な利益についての予測を提示しなかった。例えば、高い経済成長率が実現できるという予測ではなく、より大きな計画において香港が果たす役割こそ「香港が熱望するものであり、母国の発展において香港の強みを最大限に発揮できる」という漠とした約束を示すだけであった[89]。

梁は、香港はかつての植民地体制下において香港を支配していたレッセフェールというハンディを負い続けている、と述べた。もし経済発展に政府が積極的に関与していたならば、香港はよりうまく行っていただろう、その発展モデルのアジアにおける典型的な成功例はシンガポールである、と語った。しかし、その事例はモデルとしては都合の悪い選択だった。政府が主導し中国ビジネスを推進したシンガポールの経験は、実際には非常に不幸なものだったからである。1994年、シンガポールは中国＝シンガポール蘇州工業園区開発集団を通じて大規模な政府間取引の先鞭をつけた。しかし、この300億米ドルの事業は毎年約2500万ドルの損失を出す、悲惨な結果に終わった。その失敗はシンガポールが無能だったからではなく、中国側の意図的な決定により生じた。シンガポールのリー・クアンユー首相は「中国でのビジネスは、契約書への署名は交渉の終わりではなく、交渉の始まりなのだ」と後に語った。蘇州の大失敗に解決策はあったのか？　1999年に結ばれた合意は「中国の企業体が最大の株主（となり）、経営と管理に主要な役割を果たす」と規定した。その後、効率と採算は劇的に改善した。しかし、それは当初のシンガポール投資家の犠牲の上に達成されたものだった[90]。

　このような状況にもかかわらず、梁の野心は、過去において香港が誇らしげに採用してきたレッセフェールと「積極的不介入主義」に、「新しいアイディア」を加えて手直しする、というものだった。すなわち、香港政府は「経済振興のため適度に積極的な役割を演じる」のである。統合とは中国本土での経済活動の拡大以上の意味を持つようになった。それは中国経済の野心的な海外展開において香港が演じる積極的な役割も含むことになった[91]。こうして、中国本土の政策と国家発展計画が、かつての圧倒的な自由市場よりも、香港経済の未来を支配するようになった。

　この野心が愛国主義に聞こえるとしても、中国の国家指導者たちは、国民経済に大きく貢献する香港の役割について、非常に異なる見方を長く示していた。国家計画の文脈で見れば、温家宝首相は2009年、「（香港のような）国際金融センターの地位は政府の決定によってではなく、市場競争によって確立される」と述べた。温家宝は香港を繁栄に導いた原理をリストアップした。すなわち、「金融管理に関する長い歴史、金融取引の柔軟な形式、成熟した法制度、豊富な金融専門家の存在」がそれである[92]。温首相は国家計画について何も言及しなかった。中国が近代的な金融部門を構築しようと取り組む中、温家宝を継いだ李克強は、国際金融市場との連携を築いていくことに関して、香港の新たな貢献を示す事例に注目した。「滬港通《フウカントン》Shanghai-Hong Kong Stock Connect〔上海・香港相互株式投資制度〕【上海・香港株式市場の相互乗り入れ制度】に続く、深港通《シェンカントン》〔深圳・香港相互株式投資制度〕は、中国の資本市場が法の支配を強め、市場志向のグローバルな市場へと変わる、さらに具体的なステップである」と述べた[93]。いずれの発言においても、国家の役割は小さくなり、中国本土の香港への依存がより鮮明になっている。

習近平にとっても、香港の役割がユニークであることに変わりはない。2017年、習近平は「発展と繁栄の新たな一章」を享受する「伝説的な都市」として香港に言及した。異例ともいえるその発言において、習近平は国家の近代化に対する香港の驚くべき広範な関与について要約し、次のように語った。

「香港は重要な国際金融、海運、貿易センターであり、中国本土と国際市場を結ぶ主要な経路であり、さらに海外からの投資家を満足させ、我が国の国際市場への進出を牽引する双方向のサービス・プラットフォームである。香港は、中国本土にとっての対外直接投資の圧倒的な拠点で、オフショアの金融プラットフォームであり、また中国本土企業の最大の投資先であり、世界最大の人民元オフショア取引センターとなっている」[94]

習近平の目には、中国本土に香港のライバルはいなかった。彼の唯一の懸念は香港の自己満足がもたらすリスクにあるように思われた。習は香港に対し、「国際経済環境の大きな変化が引き起こす大きな挑戦」に注意を払うよう促した[95]。

## 香港モデルの盛衰

香港の起業家と投資家は、事業機会や国家への奉仕について、行政長官から指導を受ける必要はなかった。広東省を中国の他の地域より早く近代化させるという鄧小平の計画は、同省が香港に近接しているという現実に基づいていた。中国共産党の広東省のトップは「（香港に住む華人の）諸資源は比較的豊富」であり、「経済発展を加速する多くの有利な条件を有している」と1979年に説明した[96]。同じく1979年に、中国本土の投資機会を宣伝するために香港を訪問した北京の政府高官も、「（香港の）過去20年間の製造業と商業の急速な発展」を引き合いに出し、香港を一つのモデルとした[97]。

その後まもなく、広東省の官吏は熱心に投資誘致を始めた。越境ビジネスの拡大加速にあたり、どのように障害を除去するかについて、香港財界人に率直な意見を求めた。1979年以降、同省は資金やその他の諸資源の管理に関し、大幅な裁量を認められた。下級政府は、当時行われていた計画経済やその他の制限に必ずしも制約されることがなくなった。彼らはむしろ起業家として行動する十分な余地を与えられた。同省はまた、大きな自由を享受する、香港と連携可能な深圳と珠海という二つの経済特区を設けた。

広東省が統制経済から早期に離脱したことは「香港モデル」が繁栄する条件を形づくった。1980年代の同省の輸出増加分の半分に香港が貢献し、それまで中国本土最大の輸出地であった上海を凌駕するに至った。ごく簡単に言えば、上海企業は国内市場に強く依存していた。上海企業ははるかに厳しい国家統制下にあり、変化する世界市場の需要にうまく対応することができなかった。その結果、広東省のように高成長を促す、競争的な企業文化を発展させる機会を得られなかった[98]。

香港との関係を強化するという広東省の戦略には確かな根拠があった。香港は同省に対し、金融、技術、専門知識の供与からスペアパーツの供給やメンテナンスに至るまで、ありとあらゆるサービスを即座に提供することができた。その結果、同省は1990年代までに「1970年代の香港をそっくり模した」産業部門を発展させることができた[99]。もっとも、中国本土への工場移転は、香港企業にとって単なる住所変更ではなかった。広東省が享受する高度な経済的自由にもかかわらず、香港の製造業者は、政府により監督され、成功するには政治的コネクションが必要不可欠という、香港とは異なる全く新しいビジネス環境に遭遇した[100]。しかも、工場用地を取得したり、設備や原材料を輸入したり、製品を輸出したりする権利を含む資本家としての活動は、法的には明確化されていなかったため、香港企業の事業の多くは、法律論的に言えば非合法だった。

しかし、政治的、法的リスクを背負う価値はあった。1985年の広東省の労働者の平均賃金は香港のわずか７％だったと推計される[101]。この生産コストの差は、「開放」政策から獲得できる開発政策の利益や私的配当というインセンティブを、中国本土の官吏に確信させるものとなった。香港のビジネスマンたちは、広東省での製造・販売から得られるはずの収益を圧迫するインフラの制約や官僚主義的障壁を克服する、非公式もしくはどう見ても非合法な対応手段の先駆者だった。香港はまさしく「中国本土の経済改革と貿易自由化の一つの触媒」となったのである[102]。

広東省は容易に利益を上げ続けられる場所ではなかった。香港工連会の1993年の報告書によれば、中国工場が「非常に儲かる」と答えたのは調査した企業のうち11％のみであった。33％がせいぜい「潜在的に儲かる」、もしくは率直に「儲からない」と回答した[103]。にもかかわらず、香港の資金と工場は広東省に殺到し続けた。香港政府は1998年において500万人以上の労働者が、香港ベースの製造業者に雇用されていると推計した[104]。2007年までにこの数は1000万人以上に達した。香港の工業企業の累計投資額は2000億米ドルにのぼった。このような香港と広東省の協力関係は、広東省に中国全土を年平均で3.5％ポイント上回る高いGDP成長率を実現させた。名目GDPは中国最大規模に増大し、全国シェアは10％以上に達した[105]。

香港モデルは、広東省の近代化に必要な資金を投入することに関しては非常に成功した。しかし、そのモデルは「生産工程の一番最後のプロセス」【組み立て工程】しか担っていないとして、次第に批判されるようになった。適切な技術標準に基づいて製造し、有名なブランド名で販売しているにもかかわらず、それらは「斜陽産業」と呼ばれるようになった[106]。ビジネスの現実を見ても、香港の企業家は、ハイテク産業や新製品・サービスの設計への投資から利益を上げたことはなく、商機を逃さずに輸出し、得意分野の専門知識や経験が活かされる事業展開を好んだ[107]。

広東省の指導者たちは、同省のニーズに関して異なる見解を持つようになった。香港スタイルの資本家の成功事例には満足できなくなった。広東省は、前世紀末までに香港によって形成された製造基盤は、次の段階の経済目標の達成においては必要ない、と断定した。中国本土での香港の製造企業の長期展望は著しく悪化する、という見通しが頭をもたげてきた。香港中華工商連合会の2000年の報告によれば、調査対象の「少なくとも80％」は深刻な不満を持っていた。「不安定な法体系」にうんざりし、「厄介な」追加的資金負担はおかしいと感じていた。しかし、何より彼らが心配したことは、「中国当局による外資企業（香港企業を含む）の監視強化という新たな政策」だった。中国本土の官吏は、香港の投資家や起業家たちを、高成長を維持するために必要不可欠な存在であると見なしていない、という事実に財界は気付いた。それどころか、中国が先進国の仲間入りを目指すにあたり、技術に劣る香港は、邪魔な存在だと批判される有り様であった[108]。

2002年までに広東省政府は、海外からの工場移転を今後歓迎せず、「低賃金、ローテク産業」に未来はない、と香港財界に明確に伝えた[109]。香港の投資家と企業家は、前世紀には利潤追求のため自由気ままに工場を建てることができたが、最低賃金や環境保護に関する新たな法律を含む規制に従うよう求められるのは時間の問題だった。同年の広東省の名目GDPは香港のそれを上回る見通しだったので、広東省政府は、この新たな政策に自信を深めていた。香港はすでに従属的な地位に成り下がろうとしていた。

香港の産業家は当初、このような痛みを伴う政策変更に対応する十分な経験を持ち、成長の勢いを維持することができた。しかし2006～07年頃から国家レベルで、輸出指向の労働集約的な低コスト製造業、つまり香港が得意とする「委託加工貿易」の規制を強化する動きが強まり始めた。「委託加工貿易」によって、香港企業や外国企業は、あたかも海外の飛び地にいるかのごとく、原材料その他の投入物を輸入し、最終製品を再輸出することを可能にしていた。しかしそれらの優遇措置は終わった。税の還付制度は廃止され、委託加工貿易型の製造業を抑制するため、一定の製品の輸入と輸出が禁止された[110]。理論的には、委託加工貿易に対する差別的待遇から逃れる方法は存在した。例えば、香港企業がその区分を「外資系企業」に転換することである。しかし実際には、中国本土の官僚主義による非効率性のため、大部分の企業にとってそれを実行するのは難しかった。香港政府の助言機関が2007年に報告した通り、ほとんどの企業は委託加工貿易に対する新たな政策に従おうとした。しかし、企業の区分変更に関して、「現状、中国本土には明確で標準化された承認手続きや事業転換の手続きは存在しない」と嘆かざるを得なかった[111]。

広東省で操業する香港企業の苦境が強まった。広東省にある香港企業の工場へのプレッシャーが強まるにしたがって、曾蔭権は自身が介入するには力不足であることに気付いた。同省には新しい省党委員会書記として、香港の行政長官をはるかに凌ぐ地位にある汪洋《おうよう》が着任したが、助けにはならなかった。また、中央政府はCEPAの改善についての交渉の多くの部分に責任を負う権限を、広東省政府に与えた[112]。さらに、汪洋自らが香港の今後の経済発展に関し、国家計画においてより直接的な役割を担うことになった[113]。いずれも、曾蔭権にとっては事態を悪化させるだけだった。

当初、曾蔭権はことを穏便に済まそうとした。しかし、香港の投資家と企業家が直面する苦境について省政府に責任はない、というふりをすることはもはや彼にはできなかった。2007～09年のグローバル金融危機の中で状況はさらに悪化した。曾蔭権は「(香港の) 問題の大部分は香港域内では生じていない。それは隣接する広東省の珠江デルタにある」と発言せざるを得なかった[114]。1ヶ月後、曾蔭権は広東省政府の指導者に対し、比較的小規模な香港企業は事業を高度化するか、別の場所に移転するなどして生き残りを図りたい、と発言した。また、税や新たな労働法に関して、香港企業に対する優遇措置を求めたが、芳しい返事はもらえなかった[115]。

香港貿易発展局Hong Kong Trade Development Council (HKTDC) の2008年の報告書は、中国本土の規制の影響は甚大だったと記した。同報告書によると、広東省での利益は大幅に減少し、香港企業の3分の1が閉鎖か減産を準備した[116]。2013年の政府報告書によれば、委託加工貿易の平均的な利益率は、5年前の18%から10%へとほぼ半減した[117]。2015年までに香港企業が雇用する労働力は、07年の半分に当たる「約450万人から500万人程度」にまで減少した[118]。企業や工場は、市場の悪化や経営の失敗ではなく、中央政府と広東省政府の発展戦略の変更により、ビジネスを停止せざるを得なくなったのである[119]。

香港ビジネスについて、労働集約的でローテクで、低付加価値の製品の輸出を行ってきた香港型の製造業に対する中国本土当局の厳しい政策こそが責めを負うべきだ、とする一般的な傾向がある。それは全く正しい。今世紀の中国本土の指導者たちは、低賃金労働力に依存し環境を著しく破壊する工場に対しもはや寛容ではない。香港の製造業者は長年にわたり、中国本土の企業と同じように、労働者を保護する法律を無視し、後には環境破壊を防ぐ法律を無視してきたために、彼らが脆弱だったのは間違いない。それらの法律は2007年までに国是として優先すべきものとなっていたが、ほとんどの香港企業はそうした規制を免れる政治的コネクションを失っていた。

香港モデルの評価が下がったのは、グローバル金融危機とそれによる経済不振を回避するために中国政府が発動した2008年以来の緊急措置の結果とも言える。これらの出来事は、近代化の推進力として国際貿易が果たす役割について再考する引き金として注目されている。しかし、注意深く行われた学術研究によれば、工場閉鎖を正当化する市場要因——例えば競争力の喪失、市場の需要減退——を見出すことはできなかった[120]。さらに、利益、生産性、輸出収益など市場の基準で判断される企業業績は別として、広東省経済のいかなるセクターにおいても、中央政府の指示に基づいて同省の経済活動から撤退することが経済的メリットとなることを裏付ける証拠はなかった。要するに、中央政府は「かつてのように外国の投資家を誘致するのではなく、国内企業の発展を促すより一層の政策」を長期的に導入する決定を下しただけだった[121]。

## 期末の評価報告

行政長官とその部下たちが中国本土であまたの挫折と失望に遭遇したにもかかわらず、彼らは自分たちが達成できたことはほとんどないということを認めたがらなかった。中国本土において無限の機会を約束された香港の優位性という中国側の公式見解に対して、他になすすべがあっただろうか？　2017年に中国共産党の日刊紙は「広大な市場における潤沢な機会、経済構造の再編と高度化を動力とする強靭な成長力を背景に、中国本土は発展という名の高速列車に香港が同乗することを歓迎する。中国は香港の繁栄のための揺るぎない支援者であり続けるだろう」と高らかに宣言した[122]。

しかし香港の統治は、社会に対する公開性を大きな特徴としているため、中国本土との期待外れの関係という現実は隠蔽できるものではなかった。かくして梁振英が退任準備をしていた2017年、「現政府の2012〜17年における中国本土との協力に関する実績」と題された公式報告書が公表された。同報告書からは、梁の任期中に達成したという、中国本土との関係から香港が得た実質的利益はごくわずかだったことがうかがえる。

「新たな発展機会を拓く」と題された導入部分においては、香港が中国本土の５ヵ年計画に組み込まれることのメリットが、熱情あふれる一般論として記述されている。しかし、具体的目標も、予想される成果も明示されなかった。次いで、中国本土に展開されている香港政府事務所のネットワークが紹介される。その職務を列挙したリストの最後に、同事務所の役割についての漠然とした一般論とともに、ビジネスの促進について「中国本土における香港人のキャリア形成と香港企業のビジネス展開の支援を強化する」と記述されている。しかし、実際のビジネスの詳細については言及されなかった。次いでCEPAに関する楽観的な見通しが記される。この部分では、あたかもCEPAの合意が2014年に初めて発効し、2016年から中国全土で全面展開されたかのごとくに記述されていた。もっとも、香港にとってのCEPAの価値を示す数値的情報はなかった。

その次の箇所は「金融市場への相互アクセスを促進する」と題されている。香港の小口投資家への販売が許可されているファンドを通じた中国本土との取引の統計が掲載されている。それ以外には、単に一般化された記述しかなく、中国本土の金融・通貨の自由化に関する政策手段の記述にもデータの裏付けはない。この箇所からは、ニュースとなりそうな情報を必死に探し出し、無理やり詰め込んだような印象を受ける。金融市場へのアクセス改善の手段として掲載されているのは、「高卒以上の金融人材の越境学習ツアー計画」という項目である。「260人以上の学生が2012年から17年の間に恩恵を受けた」とされるが、その程度では大成功とは言い難い。この学習コースがビジネスの発展にいつ、どのように結びつくかは読者の想像に任せたい。

中国企業がビジネス拠点を香港に設けることに熱心なことについては、いくつかの興味深いデータが存在する。しかし、この部分はむしろ、彼らを誘致するにあたって、香港政府の役割が限定的であるとの印象を残す。これは恐らく驚くことではなかろう。というのも、先進的で開放的な経済実体として、またグローバルな市場での主要なプレーヤーとして、香港の魅力は広告する必要がないほど中国本土では知れ渡っているからである。香港でそのプレゼンスを確立したいと考える中国本土系大企業がなくなることはあり得ないのである。

全体として、2012年から17年までのCEPAの進展に関するこの公式報告書は、中国本土における香港人のビジネスの現状が、1997年以来歴代の行政長官が約束し続けたものから、戸惑うほどかけ離れていることを印象付けるものである[123]。

## セカンドチャンス

林鄭月娥にとって幸運なことに、彼女の任期開始は、「世界で最も人口の多い国の驚くべき発展に道を開いた」1978年の鄧小平による「歴史的な改革開放政策の開始」の40周年と重なった[124]。習近平国家主席はこの記念すべき年の行事をフルに活用し、公約と計画を通じて中国共産党のイメージを強化し、中国政府のあらゆる面を変えることを目指した。それは、中国共産党の役割を強化し、政府運営を合理化し、活力ある経済を維持し、「適度に豊かな社会の良い基盤を築き、中華民族の復興という夢を実現する」というものであった[125]。

習近平国家主席は香港の特別な役割を、次のように説明した。香港は「国家統治の実践にもっと積極的、自発的に参加」すべきだ。特別行政区は「国民経済の質の高い発展と新しい段階のハイレベルな開放」を必要としている。これらの発言は、香港の中国本土への完全な統合を求めるものとして広く解釈された。実のところ、習近平はすみずみにまで目配りをする性格であった。習近平は同時に、鄧小平の改革を成功させた香港独自の歴史的貢献も強調し、「新時代における国家の改革開放が進展する中にあっても、香港はなお特別な地位と独自の優位性を持ち、代替不能な役割を果たすことができる」と宣言した[126]。

しかし多くのメディアは、香港政府が政治的圧力から中国本土との全面的な統合に譲歩し過ぎていると非難した。その結果として、マカオ、深圳、広東省の沿岸部の大部分を網羅した大規模開発プロジェクト「大湾区開発構想」が誕生したとのことであった。香港の財政剰余金の一部が、同計画に充てられる予定であった[127]。また、香港金融管理局Hong Kong Monetary Authority（以下HKMA）の準備金の一部が「連結スキーム」の名目で本土に移転されるとの指摘があった。HKMAの陳徳霖《ちんとくりん》Norman Chan総裁は、このような疑念を提起した市民と公開の場で会談し、香港ではこのようなスキームに投資する際、政府の資産を保護するための措置が講じられていることを明確に説明した[128]。HKMAは「一帯一路」の資金運用から中国本土との取引に至るまで、いかに国際業務と同じグローバル・スタンダードを適用しているのか、さらに説得力のある説明を淀みなく提供した[129]。香港は国際金融センターとしての長年の名声を背景に、習近平国家主席が自ら宣言したように、中国本土にとって依然として価値のある存在であり続けていることは、多くの実例が強く示している[130]。香港にとって、経済実績は常に政治的な運命を決定する前提条件である。

これを機に林鄭月娥は、過去の行政長官の「叩頭コンプレックス」【叩頭は中央政府高官に媚びへつらうこと】を打ち破り、香港人の、中国本土に対する無知と、上海や他の本土都市への経済的代替が差し迫っているとする彼らの見当違いの危機意識を正していくことになる。習近平国家主席は、国際金融界が求める水準のサービスを中国のために提供するなど、先進的な経済体としての香港の独自の役割を改めて詳しく説明した。林鄭月娥がこのようなポジティブシンキングを取り入れることができれば、香港は国内外で成功する能力を強化することができるだろう。

## 小結

香港・中国本土間ビジネス関係の管理は、対外貿易における交渉と比較して論じることができよう。中国本土の公式メディアは、2005年に省間の経済統合の先駆的モデルを称賛した際、その提案は「保護主義を制限し、通商と労働力移動を妨げる人工的な障壁を打ち破る」ために設計された、中国国内における「自由貿易協定のようなものである」と表現した[131]（そのような幸福な結果は達成されなかったが）。もっとも、董建華が、中国本土をさらに開放するスキームのために中国政府と「対話・協働」すれば、そのような目標は達成可能だと信じたのは間違いであった[132]。問題は、交渉相手の大部分が地方政府であり、彼らは香港に対して開放すれば——少なくとも短期的には——失うものの方が多い、と考えていたことである。

香港を中国本土の５ヵ年計画に組み込ませるためになされた努力は、香港が資本主義を維持する限り、徒労に終わることは自明だった。温家宝首相がこの点を指摘しながらも、それが無視されたのは不可解なことであった。同様に、香港基本法は香港が国家計画に参加することを想定していない、とする温首相の持論が真剣に受け止められなかったのも奇妙だった。香港と中国本土とを経済的に統合する手段として５ヵ年計画を利用しようとする試みは無駄であった。それは香港の最も重要な機能、すなわち中国経済の近代化の必要を満たすサービス——特に金融サービス——の中核的な拠点という香港の役割から目を背けようとするものですらあった。

本章で明らかになった最も大きな発見は恐らく、中国本土の未完の改革の経済的コストがどれほど重いものだったか、ということであろう。1992年に江沢民が設定した目標【社会主義市場経済の建設】を達成するまで、また中国本土で真に開放的で競争力のある市場が実現するまで、香港の行政長官が望んでいた香港と中国本土とのある種の経済統合は限定的なものであり続けるだろう。また、中国本土がその国家政策の実施に関する長年の遅れを取り戻すまで、香港の企業家と投資家にとって、中国本土での事業機会は限られたものとなるだろう。そして、2015年に李克強首相が容赦なく批判したようなビジネスの後進性が克服されるまで、中国の近代化は停滞し続けるだろう。そして、これらの結果として、香港との真の協力関係はかなり制約のあるものであり続けることになろう。

# 終章

# 結論

皆保険制度がないため、利用可能な医療保険カードを入口に表示する開業医（2021年、曽根リディア撮影）

香港は、これまでと同様に法の支配の下にあると考えられている。中国の指導者たちは、経済的な成功を続ける上で、法の支配を決定的なものとして受け入れ、香港市民も、法の支配を自らの核心的な価値を維持するために欠かせないものとみなしている。法の支配によってこそ、透明で説明責任を持つ誠実な行政が可能となり、腐敗や特権を許さない政府が成り立つ。本書は、香港の失政《ミスマネジメント》で法の軽視が繰り返され、それが香港の生存を脅かしていることを示してきた。

香港基本法は、香港の生存と福祉の青写真となるはずだったが、同法の執行は一様にはなされなかった。香港の行政長官および閣僚たちは、同法の中の保守的な財政政策に関する条項を至上任務と考えてきた。その姿勢は、香港の福祉が夥しく深刻な脅威にさらされているにもかかわらず、最低限の努力でしか対応しないという消極的な政策をとる口実になってしまった。本書が繰り返し示したように、貧困層や弱者層のみならず香港社会の全ての階層がその犠牲者となった。さらに、失政を修正するために必要な手段が最も適切なものであるかどうか、そのコストが管理可能であるかどうかは問題とはならなかった。いかなる場合でも支出が増加することに抵抗があった。それに加え権力者たちは、窮地にある市民に対する救済措置の導入を常に先延ばしにし、それが被害を一層悪化させ、財政的な負担とその他のツケの一切を社会に負わせることとなった。

本書が示した通り、中間層の住宅所有者は、物件の資産価値が毀損するのを傍観せざるを得なかった。なぜなら、政府は、既存の法令の強化や、必要な条文の追加もせずに、民間住宅が荒廃しスラム化するのを放置したからである。ティーンエイジャーの子供に、幸運にも高校卒業後も教育を受けさせることのできる財力のある親でさえも、政府が定めた大学定員のために、進学できる学力に達しない者にでも許される程度の学位をセカンド・ベストとして信じるしかなかった。しかし、そのような学位を得るための投資は、結局のところ浪費になるかもしれないということも、親子ともども受け入れるしかなかった。そのような学位は2010年までに、労働市場において限定的な価値しかないことが明らかになった。この他にも、失政のゆえに、もっと深刻な犠牲を強いられた人々がいる。とりわけ悲惨なのは、法律の執行に必要な人材と資金を手当てすることができなかったために、その直接的な結果として失われてしまった人命である。これらの悲劇の原因についてのケース・スタディは、第７章で詳述した通りである。

## 基本法公司

香港基本法が定める条文に則った施政を十分に遂行できなかったことが、不自然な均衡状態を生み出すに至った主要な要因であった。基本法の起草者たちは、香港の未来の統治者たちが、香港人のクオリティ・オブ・ライフを高めるための改善策およびイノベーションに深く関与すること、世界標準に適合する環境を提供し続けること、を当然のこととして期待していた。それによってこそ、開放的で競争力がある資本主義経済と、安定した社会の前提となる繁栄が保証されるのである。香港特別行政区政府が、基本法に忠実に従っていたならば、民間部門の住宅の荒廃、不十分な住宅供給、教育制度の限界などをめぐる危機は起こらなかっただろうし、行政の質の低下は回避されていたであろう。香港を中国本土の経済および５ヵ年計画に組み込むという、誤解に基づく間違った方策がもたらした痛々しい犠牲も発生しなかったであろう。

基本法は、消極的な政策を是認していなかった。また、過去20年間における香港の際立った特徴となった、多くの改革の先延ばしも是認してはいなかった。さらに言えば基本法は、香港の最初の３人の行政長官の任期中の施政が、これほどまでの失政となり市民の信任を失い、間違った政策が富裕層を除くあらゆる社会階層の住民の生活を著しく悪化させることなど、想定はしていなかった。

この由々しき一連の出来事の始まりは、董建《とうけん》華《か》政権初期に発生した1997・98年のアジア金融危機であった。そのときは、経済的利益を守る方策を追求することが、合理的な解決策と思われた。これらの緊縮策がもたらした、経済的な混乱や社会的な苦境によっても香港の公共サービスが崩壊することはなかったため、政府支出およびその人員を削減するという董政権の政策を放棄する必要はないと思われた。しかし、政府の責任と活動実績に関するほとんど全ての公開論争は、即座に財政的な議論に転化することが、現代の悩める香港の特徴となった。これらの論争は多くの場合、一方的であり、政府の介入に反対する立場が過半を占めた。均衡財政を優先するアプローチは、特に公共政策の質の低下という形の被害を招いた。もっとも、問題解決は民間部門と市場メカニズムに委ねるという主張によって、ほとんどの議論は片付けられてしまった。香港の人々のクオリティ・オブ・ライフに対する深刻な脅威は、大したことではないとみなされたのである。

## 危険にさらされる住宅

本書が明らかにした失政の中で、最も影響が大きかったのは住宅政策である。香港は類稀なる成功を遂げてきた。香港の人々は、洗練されたポスト工業化都市を作り上げ、その経済的な実績は、「奇跡」と称される他のアジア諸国・地域と比べても驚くべきものである。香港の金融サービス部門は長い間、中国にとって単独では最大の資金調達拠点であった。1978年以前においてはハードカレンシーの調達拠点として、それに続く改革期においては直接投資の投資元であり、グローバル通貨としての人民元を生み出す拠点として機能してきた[1]。香港の労働力は常に生産性が高く、実践的で驚くほどの柔軟性も備えていた。その結果、繁栄の初期段階での柱となった製造業部門が、1980～90年代に中国本土にそっくり移転した後でさえも、香港は繁栄を続けた。経済システムの中で製造業が占めていた地位は、ニューヨークやロンドンなどの国際金融センターと同じ水準のルールの下でのみ運営される、金融部門と関連のサービス部門に置き換わった。中国の指導者が、国益という観点から、このユニークな資産を経済的に活かし続けることに強くコミットしたことが、香港の成功に大きく寄与した。そのような成功があるだけに、香港の人々に安全で快適な住宅がなぜ保証されなかったのか、理解することができない。

あまりに多くの民間部門の住宅を危険にさらしたことは、過去20年間の権力者の重大な過失と言えよう。クオリティ・オブ・ライフの低下という事態は、貧困や社会福祉の問題として片付けられるものではない。安全・快適で経済的に負担可能な住居を手に入れることは、香港の人々の基本的な権利である。香港の人々の住宅は、政府の介入なしでは食い止められないような規模で破壊された。コンクリートの建物の寿命、および適切なメンテナンスがなされない限りは物件がかなり急速に劣化することを、所有者は何十年も気にかけてこなかった。香港の住居は、その所有者の寿命よりも長持ちするようには設計されていなかった。香港の人々は、他の都市に比べても密集度が高く高層の建物に住んでいるが、そこに住む人たちはデベロッパーによって恐ろしいほどのリスクに直面させられている。すでに発生している老朽化は長期間にわたり放置されてきただけに、相当な額の財政支出がなければ、民間部門の住宅在庫の減少を食い止めることはできない。財政支出をする以外にも、政府には効果的な解決策を実行する義務がある。この危機は、2002年までに香港の全ての問題を解決することを目指し、国際的な称賛を得ていた当初の住宅戦略を白紙に戻すという、間違った決断に直接関連しているからである。

過去20年間、政府は状況が深刻になるのを座視し、解決策を検討するという責任から逃れてきた。今ごろになって劇的な政策変更を行うことなど、市民が期待することはできるだろうか？　第四代行政長官とその閣僚は、20年間の空白の後に求められる劇的な改革措置の導入によって、香港社会と議員たちを納得させることができるだろうか？　新たな住宅プログラムの運営能力を持つ政策チームを、誰が組織することができるだろうか？　これらの問いに対して楽観的になることなど、とてもできない。2002年に高官問責制が導入されてからの失政をみれば、もはや政策チームへの信任が受け入れられる余地はない。

本書はその他の障害も明らかにした。特に、建設用地の不足、能力のある人的資源の不足、基礎的な行政能力の不足である。これらの問題が是正されない限り、民間部門・公的部門のいずれも、香港の人々の、新たな住宅需要を満たすことはできないであろう。住み替えの必要のある家庭にとっては、悪循環が続くであろう。老朽化した住宅から抜け出そうと懸命に働く家庭が、公営住宅を新たな住まいとすることは難しいからである。唯一の選択肢は、現代版の貧民窟であろう。このスラム的な住まいは、既存の建物に寄生しているものであり、老朽化と危険度は加速する。この状況を正そうとしても、克服すべき問題の難しさは考えただけでも恐ろしくなる。しかしその挑戦は、1956年の最初の住宅移転プログラムに比べれば難易度は低いはずである。当時の香港には、大規模な公営住宅の青写真はなく、また、香港には「第三世界」の経済としての財力しかなかった。現代の香港に欠けているのは、一定の水準の住宅を十分に供給し確保することを、政府が義務として受け入れる覚悟である。

## 政府の失敗

ここで強調しておかなければならないのは、住宅部門の悲惨な状況は、政府の失敗の唯一の事例ではないということである。それどころか、以下に示すように、その他にも、家計資産の毀損や個人のクオリティ・オブ・ライフに対する深刻な脅威を示す、非常によく似た事例がある。

### 破壊された被雇用者の権利

政府の責任という意味では、「強制性公積金」制度Mandatory Provident Fund（以下MPF）【雇用主に義務づけられた被雇用者の退職後の年金積立制度】と民間住宅の所有者の資産の毀損は極めて類似している。1967年から95年の間、財界と植民地政府の反対により、強制的な退職者保障制度の計画が5回も却下された[2]。2000年にMPFはようやく開始されたが、その時点で、2030～40年以前の平均的な退職者は、このスキームから全額給付を受けるのに十分な積立を行えないという制約があった。当面の間、労働者の相当数に必要な退職後の保障は、依然として既存の社会保障制度に依存しなければならなかった。

MPF計画には、他にも欠陥があった。政府は、この退職後の生活保障制度を策定するにあたり、その運用に当たる金融機関に潤沢な利益が得られるようにし、雇用主に内部的な特別配当金が支払われるような制度設計をした。一方で財政司司長も認めていたように、受給者に課せられた保険料は過大であった[3]。その結果、退職後の安全で快適な生活を保障する積立基金は本来可能な額よりも少なく、また本来積み立てられるべき額よりも少なかった。住宅の老朽化の例と同じように、基金の運用者と雇用主を過度に優遇したことによって生じた全てのコストは、数年後になって初めてその全貌がMPF加入者に対し明らかにされたのである。

その他にもMPF計画には、一般的な労働者が直ちに悪影響を被るような、多くの欠陥があった。MPFは、雇用主が極めて有利となるように設計されていた。従って、永年勤続報奨金および「遣散費」〔退職補償金〕の費用については、雇用主がMPFの給付金から引き落とすことができるという法的権利が付与されていた。雇用主たちは、この特権の維持を強硬に主張し、歴代行政長官もそれにほとんど抵抗しなかった。第二代行政長官の曾《そ》蔭権《いんけん》は、MPF改革に一時は関心を示した。後任の梁振英《りょうしんえい》は、「いくつかのMPFスキームにおける投資判断をする上での高コストと困難」について懸念を表明し、若干の修正を行った[4]。梁振英の最後の施政報告はこの件について、被雇用者に対しさらに有利な姿勢をとっているように見える。彼は「遣散費や永年勤続報奨金とMPF積立金との“相殺”を段階的に廃止する」と約束した。もっとも、この期に及んでは、親政府派の立法会議員からも、そうした約束に対する賞賛は得られなかった。2017年の立法会における本件の審議中に、梁に対して「我々は発言のための発言を求めているのではない、発言したことを実行してほしいのだ」という言葉が浴びせられた[5]。

梁の後任の林鄭月《りんていげつ》蛾《が》は、2012年に政務司司長に任命されて以来、一貫して労働者の権利を守るために努力した。林鄭は、退職補償金等とMPF積立金を“相殺”する制度の廃止を通じて「労働者の退職保障の強化」に不退転の決意で望むことを表明し、こうした仕組みが、MPFから享受できたはずの労働者の福利を不当に削減してきたことを財界に説明して回った。林鄭の最初の施政報告では、政府は「今後数ヶ月以内に」「雇用者と被雇用者の利益を考慮した政策を提出する」ことを約束した。しかし2018年の施政報告では、「数ヶ月」が数年に変更されていた。立法府で法案を可決し改革を実施するには２年を要するが、林鄭の１期目の任期が終了する2022年に間に合うことを想定していた。もっとも、林鄭には、財界の圧力に対抗しうる政治的スキルが欠けていた。サラリーマンを長年悩ませてきた問題を、少しの遅れもなく解決すると明言していたにもかかわらず、いまだ実現できていない[6]。

MPFの欠陥のゆえに、伝統的な年金制度の導入を求める声が日増しに大きくなった。政府は「人口構造の高齢化、出生率の低下、平均寿命の長期化という観点から、そのような年金モデルが長期的に持続可能なのか」という疑念を主な根拠に、いかなる形態の年金制度の導入にも反対を主張した。年金制度は破綻を招くという主張を大衆に信じ込ませるために、政府は学術界の専門家を動員した[7]。政府はさらに、威嚇的なデマとも言える粗野な戦略にも訴えた。福利局局長Welfare Ministerは、政府が年金制度の導入に反対するのは、保険制度のいかなる改善も、雇用主・労働者に対する「新たな税目の導入」という形で実行しなければならなくなる恐れがあるからだ、と主張した[8]。MPFへの強制的な積立は税金とは異なるのに、強制的な年金基金への積立が税金のようにみなされるのは、理解しがたい。

## 拒否された医療保険

非常に似通った問題が医療保険についても起きている。それは明らかに、政府が負担する過剰な医療支出の軽減策だった。歴代の行政長官と衛生局局長Health Ministerは、医療保険の導入に極めて消極的であり、常套手段である先延ばし戦略をとった。医療保険に関する公開諮詢public consultationsは1999年に始まり、2005年、2008年、2012年、2014年と繰り返された[9]。2017年に発表された、高額な医療費に対する香港社会の考え方について行われた最新の調査報告書では、自発的医療保険計画を始めることが承諾されたが、いまだ設計中である[10]。実のところ、衛生局局長たちは、政府の財政的な責任の拡大を回避したかったのである。衛生局局長は2012年に「公的な補助金は、民間の医療保険と民間のヘルスケア・サービスの利用においてモラルハザードを悪化させ、従って医療費の高騰を招く可能性がある」と率直に述べている[11]。

政府に弁解の余地がないのは、雇用契約に含まれているものか個人的に購入した保険商品かを問わず、2010年までに40%以上の労働人口が何らかの医療保険に加入していたことである。2015年までに、その比率は50%に迫っていた[12]。医療保険はすでに十分に発展し、広く受け入れられており、政府が皆保険制度を設計しうる基礎的なインフラは整っていたのである。これは財政面から見ても、とんでもなく馬鹿げた話だった。平均的な家庭に対する医療保険の保険範囲が小さければ小さいほど、政府が税収から医療機関や関連サービスに支出する予算は大きくなるからである。

政府が2017年に医療保険制度の導入を最終的に決定した際の報告書では、政府が同制度に対して行う財政的支援が、直接的なものか、税制上の優遇か、他のインセンティブによるものなのかといった問題は未解決であった[13]。同様に、報告書は「全く新しい法体系がもたらす意図せざる衝撃」を軽減するために「非立法的手段」による施行を目指していた。分かりやすく言えばこの決定は、政府がスポンサーとなる医療保険スキームは、保険会社の説明責任の強化、医療保険の加入者への十分な保護の提供を求めないことを意味していた。2018年に、20年間にわたる諮詢は、先延ばししていた決定を行ったことで終了した。政府はついに「任意医療保険計画」を発表し、加入者に税制上の優遇を与えることが認められた。

住宅危機と医療危機の間には重要な違いがある。民間住宅の劣化を軽視したのと同じように、社会的な医療の必要性を軽視することは、政府として不可能であった。住宅のメンテナンスと異なり、重い病にある患者の治療を無制限に延期することはできなかった。さらに、治療に携わる医療専門家は患者に対する責任を感じていたので、それが医療水準の低下を軽視する政府に対する牽制の役割を果たした。

### 高齢者のヘルスケア

社会階層にかかわらず社会の大勢を脅かすもう一つの失政は、労働力でなくなる高齢者の人口増加がもたらす人口構造の危機であった。退職者の大部分に対して、非常に限られた支援しかできなかった。この状況は病院管理局が無視できない形で悪化したことに現れた。病院管理局は、早期の健康診断を高齢者に提供する限定的なプログラムを2004年に開始した。「一次評価」では、高齢者向け医療行為のコスト削減に非常に成功を収めていることが明らかになった。高齢者の健康にとっての脅威を可能な限り早期に特定することで、「目標が明確な、積極的かつ地域社会に根差した治療」を享受させることができる。それは、費用対効果が良いのと同時に、高齢者のクオリティ・オブ・ライフの維持に寄与することが示された。

不幸なことに、住宅問題と酷似した状況が起きていた。人間にもメンテナンスが必要である。それが見過ごされると、健康問題への対応は一気に難しくなり、またコストも上昇する。病院管理局による健康診断の受診者は、当初は約４万人であったが、それは高齢者人口の５％にすぎなかった。その後の10年間で、65歳以上の人口が26％増加し100万人を上回ったのにもかかわらず、受診者数は変わらなかった。2014年の審計署署長〔会計検査署署長〕の報告によれば、このプログラムの拡大に必要な追加的人員が手当てできていなかった[14]。このプログラムに対して十分な規模の資金を投じなかったことは、非人道的であるばかりか、財政運営上の過失でもある。最も基本的な「メンテナンス」――可能な限り早期に可能な限り多くを受診させること――が実行できなかったため、高齢者向け医療を提供する公共衛生サービスのコストが増大したのである。

## サバイバルの可能性

中国への返還から二十年以上が経過し、2047年と定められた香港基本法の有効期限が刻々と近づいている。現状を踏まえて推測するならば、政治的リスクへの懸念は日増しに強まるであろう。多くの文脈において、香港は、地元の指導者からも国家的指導者からも、生き残りのため本土に懇願し、本土の助けに依存する脆弱な経済体として描かれる。2014年に中央人民政府が下した、選挙制度改革を進めないとする決定を、わざわざ香港市民に信認させ尊重させようとしたことは、本土側の“思いやり”から生じたものであった。下記のコメントは人々を納得させようとする一つの例である。

> **1960年代以来、中央政府と中国本土の地方政府は連携し、食糧、農産物・農産物加工品、水、電気、天然ガスなどの香港への供給を確実にするために、多大な努力をしてきた。2013年に至るまで、香港の市場で売買される食用豚の95%、食用牛の100%、食用鶏の33%、淡水魚の100%、野菜の90%、70%以上の小麦粉は、本土から供給されたものであった[15]。**

香港の人々が、そのような「思いやり」に心を打たれているに違いないという想定は、中国本土の現実を反映したものである。すなわち、（第8章で説明したように）中国本土の“供給不足”の下での食品の供給は、中央政府が計画に基づいて行っていた。それに対し香港では、一般市民も食品取引業者も本土産の食品は、国家的なカルテルゆえに値段が高過ぎると信じていた。香港の人々は、食品の輸入は経済的援助でも社会的救済でもないとみなしていた。それは、単に市場競争にさらされるべき商品の一つにすぎないと考えていた。従って、それに対して感謝の気持ちを表す筋合いなど微塵もない。

しかしながら、本土に関する章で検証したように、香港をどのように扱うかに関しての誤解は、国家の最高指導者にとっての香港の価値と、その代替不能性という現実主義との間で、かつては幸いにも均衡を維持していたのである。ある国家指導者は、グローバル経済の中で中国が台頭しているのは、香港が道を切り開き先導してくれたおかげである、と2000年に総括している。

（1978年以来）**中国本土の輸出入の半分以上は香港との間のものであり、資本取引についても然りである。香港がなければ、中国本土はグローバル市場にアクセスすることはできず、過去20年間のようにスムーズに世界の隅々にまで中国製品を届けることはできなかった**[16]。

第８章で説明したように、本土の地方官吏は、中国本土の香港への恩義をいとも簡単に忘れ去り、ほどなく香港の投資家と起業家は広東省で歓迎されていないことに気が付いた。不毛の地であった広東省を、中国を牽引する成長センターに押し上げた香港モデルは、あたかも広東省の先進工業センターとしての台頭を阻害するものであったかのように否定された。

鄧小平《とうしょうへい》の「開放」政策を成功させるため、彼の求めに応じた香港の熱意ある対応への「忘恩」は、本土の指導者の政治的現実を思い起こさせる。国民経済の離陸に果たした、香港のかけがえのない貢献を通して、香港は「高度の自治」を勝ち取った。この地位を将来にわたって維持していくにあたり最も望ましいことは、世界の最も先進的な経済体にランク付けされ、どこよりも秀でた金融センターであり続けることである。それは、香港基本法が香港に課した任務である。問題は、香港がそのような役割を果たし続けることができるかどうか、である。現時点では、本土に代替地を見出すことはできない。中央政府が「自由貿易区」を支援し、潜在的に優位性のある都市を特別扱いしようとも、である。

上海は香港に追いつこうとしたが、失敗した。上海は2003年に自由貿易区の計画策定を開始し、2009年には【証券取引所における】「国際取引立会場（国際ボード）」の導入にお墨付きを得た。後者は「中国において外国企業が人民元建て株式を売買する」ことを可能にし、国際金融センターの基盤を作るものであり、その導入はすぐにでも始まると言われていた。しかし、2012年、「法的、制度的、技術的、社会的問題」を含む「極めて複雑な」要因により、このプロジェクトは放棄された[17]。その後、自由な為替市場、十分な市場監督、整備された法律環境を作り上げるために、「金融改革の実験場」として2013年に同プロジェクトが復活した[18]。もっとも、いずれも計画通りには進んでいない[19]。３年経って同プロジェクトが稼働したとき、それは香港にとって脅威ではなく歓迎すべきものとなった。すなわち「本土の金融市場と世界とを結ぶ香港の役割を強化する」ことを促すという新たなビジネスの源泉となったのである[20]。上海は、やはりライバルとはならなかった。

従って、政治的なリスクや香港市民の暮らしに決定的な問題に直面したとき、本書はある程度の安堵感を与えることができる。中国共産党が政権の座に就いて以降の歴史の中で、香港の人々は、国家建設に対し独自の方法で貢献するという経済的実績を通じて、「異なるシステム」を保持する権利を維持してきたのである。香港がその役割を終えるときが来るだろう、という主張を信じる根拠はない。もちろん、このユニークな都市がいつまで政治的な自由を享受することができるかについては、これからも不安はあり続ける。もっとも、過去において、中国の国家指導者が、現在よりもはるかに深刻な香港の「不適合」を容認してきたことを想起すべきである。それは、香港の植民地化であり、米国海軍の寄港地としての活用であり、国民党の活動である。現在の不適合の度合いは、それらの「攻撃性」と比べればレベルの低いものである。

## 公開性と説明責任

本書で示した通り、香港で公共サービスに携わる公務員の一般的な行動規範に信頼をおくことは、依然として可能である。失政の主たる原因が、歴代の行政長官が次から次へと犯した誤った政策判断であることは、衆目の知るところである。彼らの失敗は認知されており、それにより個人としての名声を失ったばかりか、社会的制裁も受けている。その結果、政治家、圧力団体、専門団体、学術界、メディアは、政府の公開性と説明責任について今なお批判的ではあるが、完全には幻滅していない。

さらに言えば、政治システムの透明性を社会が一貫して求めていることで、香港における汚職や不正行為が、廉政公署（ICAC）〔独立汚職防止委員会〕が創設される1974年以前のように蔓延することを防いでいる。実務レベルにおいて公務員の倫理的・専門的な行動が組織全体で瓦解する兆候はほとんどない。政府機関で働く公務員たちの柔軟性と適応力は、香港が生き残るための苦闘において計り知れないほど貴重であった。しかし、本書で述べたような人員不足、資金不足と公務員に対する過小評価の下で、行政の質がいつまでも維持されると信じることは非現実的であろう。

香港市民の住宅を守れなかったこと、次世代のための教育の質を保証できなかったこと、高齢化がもたらす挑戦に対処する政策を策定できなかったことに対し、香港社会が不満を溜め込むことなく永遠に耐え続けられる、と期待することはできない。その限界点に達したとき、政治的環境は変わる。権力者に香港の生き残り——クオリティ・オブ・ライフを含む——を真剣に考えさせる唯一の方法は、これまでの失政を改めることが政治的な最優先課題だと主張する候補者に投票することだ、との思いを有権者は強くしている。そのシナリオはすでに近づいている。それは、香港の長期的なサバイバルにとって、これまでになかったような新たな種類の脅威を生み出すことになるだろう。

# 索引

## ■人名（日本語読みの五十音順）



## ■事項

### 英数



### あ



### か

## さ



## た



## は



## ま・や・ら

# 監訳者解題
# 市場の力の限界、そして香港のレジリエンスへの期待

曽根康雄

## 1. 著者について

本書は香港大学出版社Hong Kong University Pressから2018年に出版されたLeo F. Goodstadt, *A City Mismanaged: Hong Kong's Struggle for Survival*を全訳したものである。同書は、2019年3月に香港で中国語（繁体字）版（『失治之城―掙扎求存的香港』）も出版されており、その際に情報をアップデートするため加筆された段落が若干ある。本書はこの版の出版社である天窗出版の許諾の下、原則として中国語版の加筆箇所も収録した。

著者のレオ・F・グッドスタットLeo F. Goodstadt氏は、英国のオックスフォード大学とマンチェスター大学で経済学を修め、1962年にCommonwealth Scholarとして香港に赴任、香港大学で教鞭をとり（62～64年）、後に同大学のアジア研究センターCentre of Asian Studiesで研究に従事した。また、1966年からの10年間は、*Far Eastern Economic Review*誌の副編集長を務め、文化大革命期の東アジア情勢を世界に向けて発信しジャーナリストとして名を馳せた。さらに、1967～73年には*Times*紙、78～88年には*Euromoney*誌の特派員をそれぞれ務めた。

1989年に香港政庁（英国植民地時代の香港統治機関）のシンクタンクである中央政策組Central Policy Unitが設立されると、ジャーナリスト・研究者としての実績を買われ、当時のウィルソン総督から責任者に任命された。天安門事件から1997年の返還まで、香港政庁に政策提言を行う重要な役割を果たした。

1997年の中国への返還後、拠点をダブリンのトリニティ・カレッジに移したが、頻繁に香港を訪問して調査・研究を続け、多数の著書・論文を通じて中国に返還された後の香港の政治・経済・社会状況を分析し発信してきた。1960年代から英国植民地統治下の香港で研究活動を行い、最後には行政の意思決定に影響する立場にあったグッドスタット氏は、返還後の香港の行く末を案じつつも、本書で述べているように、多くの困難を乗り越えてきた香港が将来においても生き残るsurviveことを信じてきた。

本書の序文でも記されている通り、同氏の香港でのキャリアは不動産部門の分析から始まった。香港の不動産・住宅問題は同氏のライフワークの一つとなり、本書でも多くの紙幅が割かれている。後述するように、香港の土地制度や不動産市場の構造を抜きにして、香港経済の仕組み、政府と財界の関係を理解することはできない。

グッドスタット氏は本書の中国語版が出版された1年後、そして日本語版の翻訳作業中であった2020年4月にダブリンで逝去した（享年82）。本書は図らずもグッドスタット氏の遺作となった。半世紀以上にわたり香港を見つめてきた一人の英国人研究者は、その最晩年に起きた香港の政治的混乱をどのような思いで見ていたのだろうか。

## 2. 利益共同体の政府・財界

グッドスタット氏は、返還後の歴代行政長官とその閣僚によるさまざまな施策を批判的に考察し、香港社会が抱える問題を香港市民の目線から抉り出している。本書が一貫して主張している返還後の香港政府の施政の問題点は、①均衡財政への固執、②「市場の力」market force（市場原理）の妄信、に集約することができる。香港基本法第107条が規定している均衡財政の原則を忠実に実行したがゆえに、緊縮財政を貫徹し、その結果、本来必要とされる予算や人員が削減され、行政サービスの低下を招いた。返還後に導入された「高官問責制(POAS)」や「生産性向上プログラム（EPP）」が招いた行政組織内の混乱も、それに拍車をかける形となった。「市場の力」に委ねれば最大限の効率を発揮できるという信念は、社会サービスの利用者に不利益をもたらす一方、不動産開発業者や民間教育業者などの既得権益を温存することになった。

これらの失政mismanagementのしわ寄せを受けたのは、言うまでもなく香港の一般市民である。住宅の供給不足により「スラム」と形容される狭小住宅で生活せざるを得ない人々、十分なサービスを受けられない高齢者、高額の負担を強いられる医療サービス利用者、学力に見合う高等教育を受ける機会を奪われた若年層などである。さらに、失政は、SARS対策や建物・交通の安全をも脅かし、尊い命が失われるという事態まで招いたという。それらの中でも特に、高等教育の機会を奪われ、それゆえ十分な収入を得られる職業に就くことができず、また、将来の持ち家の希望も持つことのできない若年層は、香港政府の失政の最大の被害者であると言える。こうした将来への悲観や既存の体制に対する不満が、近年の若年層による激しい抗議行動の背景にある。多くの市民が若者の抗議行動に対して理解を示すのも、政府・財界といったエスタブリッシュメントに対する不満や反感が根底にあるからであろう。

米国のトランプ大統領の誕生や英国のEU離脱を契機に、この数十年間のグローバル化や新自由主義的政策の中で「取り残された人々」の存在に注目が集まった。中国はグローバル化Globalizationの波に乗って目覚ましい経済発展を遂げ、香港のマクロ経済および金融市場は中国本土の経済発展に貢献すると同時に、その恩恵に与っている。しかし、生み出された富の流れ着く先は、中国本土での事業拡大を進める財閥や金融機関に集中する。その一方で、経済発展の利益を享受できずに住宅や教育で不利益を被る「取り残された人々」が存在する。香港における政府・財界（エスタブリッシュメント）と市民との分断、21世紀に入ってからの抗議活動は、グローバル化という世界的な文脈でも捉えることができよう。香港は世界の中でも稀にみる国際都市であり、国際金融センター、アジアにおけるビジネス拠点として栄えてきただけに、「グローバル化の光と影」がことさら際立って体現されてしまった。

19世紀以来、香港政庁は経済発展の基礎となる港湾インフラの整備など、本来政府が担うべき最低限の事業の多くを、政庁のエージェントとして財閥に担わせていた。とりわけ香港特有の土地制度を通じて香港政府と財界の間に利益共同体の関係が築かれた。

香港の土地は一部を除いて原則として全て英国女王が所有し、香港政庁が管理してきた。そして土地の使用権（リース権）を民間に期限付きで売却し、その土地に対して、レイツRatesと呼ばれる税金を賦課していた。従って、唯一の土地供給者である香港政庁は、土地使用権の売却益に加え、レイツといった土地関連収入を財源とすることができた。政庁が土地売却量を抑制すれば不動産市況が高騰し、不動産評価額が上昇するため、政庁の税収は増大した。戦後、中国本土からの移民の流入、貿易業・製造業の発展により、居住用、商業用、工業用の不動産需要が継続的に膨れ上がった。香港政庁は不動産価格の上昇を期待する傾向にあったため、高い土地費用が製造業など他業種の企業を圧迫し、自己防衛や利潤追求から不動産開発業への参入を誘発する循環構造が形成された。

1970年代末には、財政収入の約35％が土地関連収入で占められ、これが国際金融センターの必須条件である低税率を可能にした。中国本土からの移民流入による人口増加の中で、土地制度と住宅政策が今日の有力な華人財閥の勃興を促した。

中国への返還後、香港の土地は英国女王に代わり国家の所有（香港特別行政区政府が管理）となったが、土地供給の仕組みは継承された。こうした歴史的背景を踏まえて見ると、中国への返還と同時に初代行政長官の董建華が公営住宅の供給増加策を打ち出したことは、財界よりも市民の利益を優先する政策として画期的であり、当然ながら市民に歓迎された。しかし、1997年のアジア金融危機を境に財界の抵抗・圧力に屈することになった経緯は本書の第４章で述べられている通りである。

なお、不動産開発を主要事業とする財閥が香港の実質上の「支配階級」であるという指摘はとくに目新しいものではない。近年こうした構造を問題視する著作が英語で出版されている。例えば、Alice Poon,*Land and the Ruling Class in Hong Kong*（2005, second edition 2011）および Yue Chim Richard Wong, *Hong Kong Land for Hong Kong People: Fixing the Failures of Our Housing Policy*（2015）、などである。中国への返還時に「香港人が香港を統治する」（「港人治港」）ことが原則とされ強調されたが、実際には「商人治港」になるのではないかと揶揄する見方もあった。その見通しはあながち間違いではなかった。

## 3.「自由放任主義」というハンディ

英国の植民地・香港を統治した香港政庁は「自由放任主義（レッセフェール）」laissez-faireの下、低税率と均衡財政を維持し、政府は企業活動には全く介入せず、企業は市場原理のみに基づいて経済活動を行うという原則を貫いた。

自由放任主義は、1970年代のマクレホース総督の時期（71～82年）に若干の変化をみる。本書でも説明されている公営住宅の供給やニュータウンの建設、交通インフラや工業区の整備、教育・技術支援などが本格化した。もっとも、当時のハドンケイブ財政司〔財政長官〕はこれを「積極的不介入主義positive non-interventionism」と呼び、政府の役割は純粋な公共財の提供と環境整備に徹することとした。宗主国の英国では1980年代にサッチャー首相のもとで「小さな政府」を標榜する新自由主義neo-liberalism的政策が始まり、やがてそれは先進諸国の潮流となったが、その原型は植民地・香港で実践されてきたものだったと言うこともできよう。

香港基本法は中国への返還後の香港の憲法に相当すると言われる。もっとも、通常の主権国家の憲法とは異なり、制度や政策について具体的な方針が定められている。その意味では香港統治のガイドラインと言った方がよいかも知れない。基本法では、植民地時代の法制度をはじめ、資本主義の制度、低税率政策、資本の内外の自由な移動などを維持することが細かく明記され、「レッセフェール」の原則を存続することが保証されている。

それは、中央政府や中国企業にとっても都合が良かった。「一国二制度」という枠組みで、英国統治下の香港の機能を存続させることは、中国本土の継続的な発展にとって必要なことであった。もっとも、香港基本法は、1980年代の香港の社会構造、中国本土の経済水準を前提として制定された法律である。1980年代までの「レッセフェール」「積極的不介入主義」は、21世紀に入ると香港の社会構造の大きな変化に対応できなくなってきていた。

本書では詳しく触れられていないが、「レッセフェール」の見直しをめぐり、返還後の香港ではしばしば論争が起きた。「自由放任主義」の下では企業の活力維持が優先され、最低賃金制の必要が指摘されても、経済界からの猛反発により立ち消えとなっていた。そうした中、曾蔭権行政長官は、2010年に最低賃金制の導入に踏み切った。曾の下で従来の方針が転換されたことは、「レッセフェール」の見直しとして議論を呼んだ。

さらに2015年には梁振英行政長官が、今後の香港経済の発展のためには「自由放任主義」を放棄し、企業活動への政府の介入を促進すべきだと発言し、物議を醸した。梁は香港の住宅不足は「自由放任主義」が生み出した問題だとした。本書187ページで引用されている梁の「レッセフェールというハンディ」というフレーズは政府のジレンマを的確に表現している。もっとも、梁は当初から中国政府に近い人物と見られていたために、彼の意見に対しては懐疑的な見方が支配的であった。すなわち、「自由放任主義」を放棄することは中国本土の政策との一体化が進むことを示唆するのではないか、「一国二制度」が今後守られていくのか、といった不安の声が高まったのである。長く続いた失政を修正するチャンスだったはずがその機も逸するほどに、梁と香港市民の間の信頼関係が崩れていたことを物語る。

## 4. 中国本土との関係

本書の中でもう一つ興味深いのは、中国本土（中央政府、地方政府）と香港の関係、中国と香港の経済的・政治的な力関係に対する認識である。

返還から二十数年が経過し、確かに、量的な面での経済関係については立場が逆転した。

中国の経済大国化、特に21世紀に入ってからの高度経済成長と貿易・投資活動の飛躍的拡大に伴い、実体経済の面において、香港の相対的地位は低下した。また、香港の金融システムにおいても、中国のプレゼンスが伸張している。一見すると、返還後二十数年の間に、"中国の経済発展に貢献する香港"から"中国の経済発展に依存する香港"へと変化したような印象を受ける。

もっとも、中央政府は香港に対し、中国本土の経済発展への貢献、本土の都市では代替不能な機能を高く評価している。本書で引用されている国家指導者が繰り返す香港への賛辞は、香港の人々を懐柔するためのリップサービスであったとしても、そこで語られていること自体は客観的な事実である。

本書では、香港政府が中央政府の評価する香港の強みを軽視し、中国本土の経済発展に便乗してサバイバルを意図したものの、本土に「自由市場」が存在するという幻想をもち「諸侯経済」と呼ばれる地方保護主義に気付かなかったこと、香港の貢献によって広東省がいち早く経済離陸に成功したが同省が産業高度化を図る中で香港の製造業が不要とされたことに衝撃を受けたこと、国家の５ヵ年計画に組み入れられることで地方政府との交渉力を高めようとしたこと、などが中国本土管理の失敗として描かれている。

80年代から世界に先駆けて中国市場に参入し中国ビジネスの経験を誰よりも多く積んできた香港企業が、中国ビジネスに関わる日本企業も直面した中国経済の変化にそれほどまでに無感覚であったとは、にわかには信じがたい。５ヵ年計画組み入れへの経緯、広東省から不要とされ「忘恩」に憤ったことなど、エピソードとしては面白いものの、やや一面的な見方ではないだろうか。本書の中で取り扱うには大きすぎるテーマであるが、多様な当事者の利害や香港自身の発展戦略の考え方なども考慮しながら、より多面的に分析する必要があると思われる。

中国本土との関係で我々が注目すべきは、中国の国家指導者が指摘している香港の強みである。2009年に温家宝首相は、香港を繁栄に導いた基準として、①金融管理に関する長い歴史、②金融取引の柔軟な形式、③成熟した法制度、④豊富な金融専門家の存在、を列挙した。習近平国家主席も2017年に、香港は「中国本土と国際市場を結ぶ主要な経路」「海外の投資家を満足させ、中国の国際市場への進出を牽引する双方向のサービス・プラットフォーム」と形容し、2018年には香港が「特別な地位と独自の優位性」をもって「代替不能な役割を果たすことができる」と明言している。

事実、香港は、中国本土では代替不能な機能をなお多く有している。上海市政府は、かつて2020年までに上海を国際金融センターとするという目標を掲げていたが、近年それは大幅にトーンダウンしている。香港には本土に比べ高い行政効率、低税率、コモンローに基づいた司法制度、公用語としての英語の普及、専門教育の充実、それらの結果としての外国の会計事務所・弁護士事務所などの集積などがある。また、資本主義の下で培われた経営ノウハウや制度設計を中国の地方政府や企業に伝授する役割を担い、国際基準での上場審査・情報開示・投資家対応（IR）がなされている。海外投資家の評価にさらされてきた香港は、上海で当面代替することが不可能な、国際金融センターとしての機能と資源を有している。

特に重要なのが、内外資本取引が完全に自由（為替規制が一切ない）で全世界に対して開放された金融市場だという点である。中国の人民元は2015年にIMFのSDR構成通貨に採用されたが、香港の人民元オフショア市場における取引の増大が、採用決定に際し高く評価された。中国のような内外の資本取引が厳しく制限されている国の通貨が“国際通貨”となることは通常は考えにくいが、香港のおかげで可能になったと言っても過言ではない。

中華人民共和国が成立して以降、中国共産党の香港政策の基本方針は「長期打算、充分利用」（長期的に考え、充分に利用する）であった。今日の中国経済の置かれている状況を見れば、香港を中国本土と同じ社会主義システムに変えてしまうことは中国本土にとって得策ではない。少なくとも英中共同声明と香港基本法が規定している2047年までは、現行の経済システムのもとに国際金融センターとしての繁栄を存続させることが「国益」にかなったことである。

筆者は返還後10年経過した頃から、香港のインテリの自信喪失にある種の危機感を感じていた。それは、香港のリーダーたちに、香港経済の強みを中国本土の必要のために主体的に発揮するという考え方が希薄だったことの、裏返しの表現だったのかも知れない。例えば、「中所得国の罠」を警戒する論説が内外で盛んになった習近平政権の発足前から、その回避のため、中国の中央政府は「自主創新」(自前のイノベーション)という標語を繰り返し唱えていた。そのとき香港には、イノベーションで貢献する条件は比較的整っていたはずだった。にもかかわらず、そうした分野に積極的に投資することはせず、結局イノベーションの拠点としては深圳に先を越されてしまった。その一方で、財界・金融界は「人民元国際化」「一帯一路構想」といった標語の後追いをしているだけのような印象を受ける。

本書196ページでは、林鄭月娥行政長官が「叩頭コンプレックス」から脱却し、習近平国家主席が望むような「先進的な経済体としての香港の独自の役割」を発揮すれば、国内外で成功する能力を強化できるとしている。中国本土で代替不能な機能・環境・資源を有しているという強みを盾に「二制度」の維持を保証し、さらに国家の発展に貢献し、それによって存在価値を高めることで、中央政府や地方政府との交渉力を強化するという生き方もあるのではないだろうか。

## 5. 生き残りの文化

本書の最後の文章(211ページ)でグッドスタット氏が「新たな脅威」と表現しているものは、2014年にすでに始まっている。本書で描かれている返還後の行政長官たちの失政を見れば、2014年8月に中国政府が提示した行政長官選挙制度の改革案に対し、学生を中心とした猛烈な抗議行動(「雨傘運動」と呼ばれる)が発生したのも頷けるだろう。改革案によれば、選挙委員会によって推薦された人物しか行政長官の候補者となることはできない。1200人で構成される選挙委員会の多数は財界人で占められ、彼らが支持する者のみが立候補できる。直接選挙と言っても財界寄りの候補者にしか投票できないのであれば、これまでの財界ファーストの施政が改まる可能性はほとんどないと言える。

香港島の中心街を2ヶ月近く占拠する行動へと若年層を結束させたのは「真

の普通選挙」という理念であった。しかし、そうした行動へと突き動かした背景には、本書で詳述された政府の管理不全により被った不利益、失政が深めた将来への絶望感があったのである。「雨傘運動」が収束した後も、政府・財界に対する不満と不信は溜まり続け、2019年6月の逃亡犯引き渡し条例を契機として、そのマグマが一気に噴き出し、雨傘運動を上回る苛烈な民主化運動が引き起こされた。

もっとも、原著の副題にあるstruggleが抗議活動を指すと考えるのは早計である。本書を読めば、グッドスタット氏が用いたstruggleは、行政長官や政府自身が抱える政策運営をめぐる「葛藤」から一人ひとりの市民がそれぞれの人生で経験する幾多の「もがき」まで、広範な事象を含んでいることが理解できよう。

香港特別行政区政府は確かに葛藤を抱え、格闘している。カレンシーボード制を採用している香港では、香港ドル為替レートを米ドルに固定することが優先目標であり、金融政策は米国に追従せざるを得ない。また、国際金融センターとしての競争力を維持するため、低税率政策を維持しなければならない。これらの制約の中で、社会サービス向上に必要な支出を確保するという難題と、政府は今後も「格闘」していかなければならない。

政治体制の問題がメディアで大きく取り上げられる中、香港政府が試行錯誤しながら、社会の歪みを是正しようと地道な努力をしていることは見過ごされがちである(*)。それらの動きを市場原理妄信や財界優遇を修正する兆しと期待したいところであるが、本書で描かれたような「時限的な措置」や「時間稼ぎ」なのかどうか、長期的に成果を見守っていかなければならない。

香港と半世紀以上にわたり深く関わってきたグッドスタット氏は、香港のレジリエンスresilience（復元力、耐久力、柔軟性）を高く評価している。中国本土で共産党政権が成立すると、自由な事業環境を求める企業家が香港に移り住んだ。また、大躍進運動や文化大革命などの混乱により多くの中国人が難民として香港に逃れてきた。それらの移民は、最低限の規制と低税率という環境の下、自由な経済活動が保証されている英国の植民地香港で、政府に依存しない自助・共助に基づく力強い生存能力を培い、それが社会のレジリエンスの源泉となった。別の言い方をすれば、オープンで柔軟性に富んだ競争的な経済の中で、政治的・経済的に不利な条件があっても、常にそれに適応し自らの事業や生活を切り開くという「生き残りの文化survival culture」が、香港社会の発展の原動力となった。

「生き残りの文化」は個人や企業に限ったものではなく、行政組織にも見られる。グッドスタット氏は「香港の制度には、生き残りのため、意図しなくとも何らかの改善策を作り出すレジリエンスがある」とも述べている。すなわち、政府の運営は、行政、立法会の各種委員会・研究会、審計署〔会計検査署〕、オンブズマンの間に形成された実務的な協力関係によって市民からの監視を受け続けている。これらの組織が求めれば、政府部門は政府の業務に関する失態や欠陥など不都合なものについても証拠を提出する。香港社会による監視は、1997年以前よりもはるかに高度なものであると、かつての宗主国である英国出身の著者は言う。その結果、政治家、学界、メディアからの批判に対し、行政は非常に高い説明責任を果たしている。こうした情報の公開性が中国語だけでなく英語でも確保されていなければ、本書のような書籍が出版されることもあり得なかった。これは香港を中国本土とは大きく異なる特殊な存在とする決定的な要因である。

グッドスタット氏は、香港の歴代行政長官とその政権チームに対して辛辣な評価を下しているが、トップの方針さえ修正されれば、高い行動規範をもつ公務員を適切に組織し、人々の生活上の課題を解決へと導くことは可能だと主張している。歴代の政権チームへの苦言は批判のための批判ではなく、これからの香港の運営managementを担う政権チームに対する叱咤激励と受け止めたい。

たとえ中国本土の経済発展のためであったとしても、香港は国際金融センターとしての繁栄を続けなければならない。その繁栄を支える香港市民が豊かな生活を享受し、能力の高い人材を再生産していくことは重要である。また、董建華が返還時に宣言したように「公共サービスの質を維持することは、香港に住む者と海外のパートナーたちが将来への信頼を共有するにあたってきわめて重要」である。それなくしては、国際金融センターとしての信認が国際的に低下し、中国の「国益」に反することになる。

返還後の香港は自由主義的政策が誤った方向に進み、社会の歪みを助長させてしまったが、英国統治のもと自由主義経済の中でレジリエンスの源泉となる活力や自助・共助の精神が培われたことも事実である。そこに住む人々に活力や忍耐力があったからこそ、香港はサバイバルしてきたのだとグッドスタット氏は主張する。そのことは、香港の戦後の経済的成功の要因として正当に評価されるべきであろう。

2019年以降の事態は、中央政府との関係において全く新しい局面を作り出した。香港の底力がまさに試されている。若年世代にも「生き残りの文化」が継承されていることを信じたい。筆者は、1990年代以降公私にわたり香港と深く関わってきた者として、希薄化したように見えるレジリエンスが本来の底力を発揮し、中国本土のいかなる都市も代替することのできない国際都市として香港が将来も生き残り、ユニークな都市経済モデルを世界に示すことを切に願う。

香港の非居住者である日本人としてなし得ることは限られている。しかし、本書で詳細に描かれた香港の人々の生活上の課題を知り、いかに忍耐をもって香港の人々が困難な時代を生きてきたのかを理解し、先進国の中でも上位に位置する経済水準に相応しい、クオリティ・オブ・ライフ実現への手掛かりを自らのこととしてともに考えることはできる。それこそが、将来への不安を感じる香港の人々に本当の意味で「寄り添う」ことになるのではなかろうか。

本書は、現代の香港を理解する意欲のある者に対し、多くの材料を提供してくれている。日本における香港に関する一般的な論調は、「親中派vs民主派」という単純な構図や「中国に呑み込まれる国際金融センター」というイメージで固定されていないだろうか。本書はそうした日本の香港観に新たな視角を投じるものである。

日本の香港研究では、香港の経済社会構造や政策過程、特に住宅や社会サービスの問題に焦点を当てた論評や研究は少ない。本書は香港政府の公文書を中心に膨大な資料の裏付けをもって、それらの解明を試みている。特設サイト〈https://topic.hakutou.co.jp/china/archives/category/hongkong/〉で公開しているNotesおよびBibliographyをぜひ御覧いただきたい。翻訳作業を通じ、香港研究者として、本書の記述の根拠となっている膨大な文献をより深く吟味する必要を痛感した次第である。

翻訳作業は、筆者とともに香港の諸問題を研究している森一道氏（New Asia Invesco (HK)）＝第２章・第８章、澤田ゆかり氏（東京外国語大学）＝序章・第７章、小栗宏太氏（東京外国語大学大学院博士課程）＝第１章・第６章、の諸氏に初訳をお願いした。筆者がその他の章の初訳を行うとともに、それらを監訳者としての責任において全篇補正した。なお、それぞれの訳者は、必ずしも原著の分析や評価に与するものではない。

2020年年初からの新型コロナウイルスの感染拡大により、大学内外での業務遂行に大幅な変更を迫られ、翻訳・監訳作業が思うようにはかどらなかったにもかかわらず、本書の刊行のために終始並々ならぬ御尽力をいただいた株式会社白桃書房に対し、ここで厚く御礼申し上げる。特に、構想の段階から強い関心を示していただき、翻訳原稿を丁寧にチェックし、編集過程で終始適切な助言を与えて下さった寺島淳一氏には、心より感謝したい。

本書によって、より多くの人々が香港に関心をもち、また、香港に関心をもつ人々にとって香港に対する理解が一層深まることを願いたい。さらに、香港に限らず、グローバル化と新自由主義という世界的な潮流に関心を寄せる広範な読者にとって、現代社会がどこに向かっていくのか、どのような時代を築いていくべきかを考える上での一助となれば、望外の喜びである。

2021年３月記

(*) 2020年２月、香港政府が2021年度中に狭小アパートを規制する法律制定を目指していることが明らかになった。また、同月に発表された2021/22年度の予算教書では、新型コロナ感染への対策が盛り込まれたこともあり2020/21年度の財政収支が赤字を計上したこと、および今後４年間財政赤字が続くとの見通しが明らかになった。さらに、同予算では、歳入増に向けて株式取引に課す印紙税率を従来の0.10％から0.13％へと引き上げることも提案された。

## □著者紹介

**レオ・F・グッドスタット**（Leo F. Goodstadt）

ジャーナリスト・研究者。英国のオックスフォード大学、マンチェスター大学で経済学を修め1962年に香港に赴任、香港大学で教鞭をとり（64〜66年）、後に同大学のアジア研究センターで研究に従事した。1966年から10年間*Far Eastern Economic Review*誌の副編集長、1967〜73年に*Times*紙、78〜88年に*Euromoney*誌の特派員を務めた。1989年に香港政庁のシンクタンクである中央研究組Central Policy Unitの責任者に任命され、1997年の中国返還まで政策提言を行った。中国への返還後は、ダブリンのトリニティ・カレッジを拠点に頻繁に香港を訪問して調査・研究を続け、多数の著書・論文を通じて中国・香港の政治・経済・社会状況を分析し発信した。著書に、*Poverty in the Midst of Affluence: How Hong Kong Mismanaged Its Prosperity* (2013)、*Reluctant Regulators: How the West Created and China Survived the Global Financial Crisis* (2011)、*Uneasy Partners: The Conflict between Public Interests and Private Profit in Hong Kong* (hb:2005, pb:2009)[いずれも香港大学出版局より出版] などがある。2020年4月、ダブリンにて82歳で逝去。

## □監訳・訳者紹介

**曽根　康雄**（そね・やすお）

日本大学経済学部教授。1961年生まれ。東京外国語大学中国語学科卒、同大学院地域研究研究科（修士課程）修了。学術博士。87年に野村総合研究所に入社、野村総研（香港）、野村国際（香港）で計11年間香港に駐在し、中国・香港の経済・金融・社会動向の調査・研究に従事した。2007年に日本大学経済学部に移り、中国経済の調査・研究を行っている。主な著書に『江沢民の中国経済』（1996年、日本経済新聞社）、『中国経済はどう変わったか』（共著、2014年、国際書院）、『香港の過去・現在・未来』（共著、2019年、勉誠出版）、監訳書に『呉敬璉、中国経済改革への道』（2015年、NTT出版）など。

◉『香港 失政の軌跡』フォローアップサイト

URL https://topic.hakutou.co.jp/china/archives/category/hongkong/

---

アジア発ビジョナリーシリーズ　〈検印省略〉

**香港《ほんこん》 失政《しっせい》の軌跡《きせき》**　市場原理妄信が招いた社会の歪み

発行日　2021年10月6日　初版発行
監訳・訳　曽《そ》根《ね》康《やす》雄《お》
発行者　大矢栄一郎
発行所　株式会社　白桃書房
〒101-0021　東京都千代田区外神田5-1-15
☎　03 3836-4781
fax　03-3836-9370
振替　00100-4-20192
https://www.hakutou.co.jp/
編集協力　株式会社POWER NEWS　印刷・製本　藤原印刷
　ISBN 978-4-561-91317-7 C3036